Fran Lebowitz arbeitete u. a. als Taxifahrerin und Putzfrau, bevor Andy Warhol sie als Kolumnistin für sein legendäres Magazin «Interview» entdeckte. Später schrieb sie für «Mademoiselle» und «Vanity Fair». Sie gilt als Stilikone, Verkörperung des New Yorker Witzes und als Expertin für das Leben an sich. Durch Martin Scorseses Netflix-Serie «Pretend It's a City» wurde sie weltweit bekannt. Ihr Kolumnenband «New York und der Rest der Welt» war in den USA ein Bestseller und wurde jüngst in zehn Sprachen übersetzt. 2023 erschien das Kinderbuch «Mr. Chas und Lisa Sue treffen die Pandas», Fran Lebowitz' einzige fiktive Geschichte, die die «Süddeutsche Zeitung» «wahnsinnig entzückend» nannte.

«Fran Lebowitz beschreibt die Schrullen ihrer Mitmenschen ... präzise und urkomisch.» *Süddeutsche Zeitung*

«Was für eine Energie und urbane Kraft von dieser Frau ausgeht!» *Berliner Zeitung*

«Diese Frau ist larger than life ... Ein Vergnügen, das keinen Moment Langeweile aufkommen lässt.» *Bayerischer Rundfunk*

FRAN LEBOWITZ

NEW YORK
UND DER REST
DER WELT

Aus dem Englischen
von Sabine Hedinger
und Willi Winkler

Rowohlt Taschenbuch Verlag

Die amerikanische Originalausgabe erschien unter dem Titel
«The Fran Lebowitz Reader».

Die meisten Texte erschienen ursprünglich in
Andy Warhols «Interview» und in «Mademoiselle».

«Mein Tag: Eine Art Einführung» erschien in leicht anderer Form
in der englischen «Vogue».

Willi Winkler übersetzte «Großstadtleben» sowie «Steuererklärung»,
«Neujahrsvorsätze für andere: ein Alphabet» und «Haben und keine Arbeit
damit haben». Sabine Hedinger übersetzte «Sozialstudien».

Veröffentlicht im Rowohlt Taschenbuch Verlag,
Hamburg, September 2023
Copyright © 2022 by Rowohlt · Berlin Verlag GmbH, Berlin
Copyright © 1974, 1975, 1976, 1977, 1978, 1979, 1980, 1981,
1994, 2021 by Fran Lebowitz
Covergestaltung any.way, Barbara Hanke/Cordula Schmidt,
nach einem Entwurf von Anzinger und Rasp, München
Coverabbildung © Netflix 2022. Used with permission.
Satz aus der Newzald Book
bei Dörlemann Satz, Lemförde
Druck und Bindung GGP Media GmbH, Pößneck
ISBN 978-3-499-00830-6

NEW YORK UND DER

REST DER WELT

INHALT

Wissenschaft

Kunst

Literatur

II. Sozialstudien

Leute

Dinge

Orte

Ideen

Vorwort

Die ersten Stücke in diesem Band entstanden, als ich Anfang zwanzig war, die letzten mit Anfang dreißig. Mittlerweile befinde ich mich in einem Stadium, das nur ganz besonders einseitige und weltfremde Beobachter als meine frühen Vierziger bezeichnen würden. Nicht weiter überraschend erhebt sich daher die Frage nach dem, was einmal als Relevanz bezeichnet wurde. Ich möchte die Erwartungen ein bisschen herunterschrauben.

Es ist richtig, dass CB-Funk, Disco, Inneneinrichtung in Hightech und *safer sex* mit Fremden nichts Neues sind oder gar nicht mehr existieren, doch ist nicht zu leugnen, dass von diesen Dingen etliche (wenn auch leider nicht das letzte) wiederholte Revivals erlebt haben. In dieser einmalig langweiligen, rückwärtsgewandten Ära von einem Autor Zeitlosigkeit zu erwarten, ist daher nicht nur grob unfair, sondern auch unangebracht, wo doch Zeitlosigkeit nicht einmal mehr von der Zeitlosigkeit erwartet wird.

Wenn das, was gegenwärtig als Kunst gilt, Kunst ist und wenn das, was gegenwärtig Geschichte genannt wird, Geschichte ist (und – wo wir schon dabei sind – wenn das, was als Gegenwart gilt, die Gegenwart sein sollte), dann möchte ich den heutigen Leser – diese einsame Gestalt – dringend bitten, diese Texte so

zu nehmen, wie sie ursprünglich gedacht waren: als Kunstgeschichte. Kunstgeschichte ein wenig anders allerdings: modern,
relevant, aktuell, Kunstgeschichte auf dem neuesten Stand.
Kunstgeschichte im Entstehen.

Fran Lebowitz

I.
GROSS-STADT-LEBEN

Mein Tag:
Eine Art Einführung

12:35 – Das Telefon klingelt. Ich bin nicht erfreut. Nicht meine Art, aufzuwachen. Am liebsten wache ich damit auf, dass mir ein ganz bestimmter französischer Filmstar nachmittags um halb drei sanft ins Ohr haucht, es werde langsam Zeit, nach dem Frühstück zu klingeln, wenn ich rechtzeitig in Schweden sein wolle, um meinen Nobelpreis für Literatur in Empfang zu nehmen. Kommt leider nicht so oft vor, wie man es gern hätte.

Heute ist ein wunderbares Beispiel, denn es ruft ein Agent aus Los Angeles an, um mir zu sagen, dass ich ihn nicht kenne. Stimmt, stimmt genau. Er ist hörbar braungebrannt. Er interessiert sich für meine Arbeit. Für ihn heißt das, es wäre eine gute Idee, wenn ich eine Filmkomödie schreiben würde. Ich hätte selbstverständlich völlige künstlerische Freiheit, denn unverkennbar hätten *Comedy*-Autoren die Filmindustrie übernommen. Ich sehe mich in meiner Wohnung um (was nicht schwer ist, weil ich nur hochschauen muss) und weise ihn darauf hin, dass Dino de Laurentiis davon bestimmt noch nichts gehört habe. Er kichert braungebrannt und meint, wir sollten reden. Ich weise ihn darauf hin, dass wir bereits reden. Er meint allerdings *dort*, und zwar auf meine Kosten. Ich entgegne, dass ich mir den Trip nach Los Angeles nur als Postkarte leisten könnte. Er kichert wieder und schlägt vor, dass wir reden. Ich sage ihm, ich bin dabei, sobald ich den Nobelpreis bekommen habe – für herausragende Leistungen in Physik.

12:55 – Ich versuche wieder einzuschlafen. Obwohl Schlafen eine Disziplin ist, in der ich es an Mut und Ausdauer mit den Helden von Horatio Alger aufnehmen kann, scheitere ich.

13:20 – Ich gehe nach unten, um die Post zu holen. Ich gehe wieder ins Bett. Neun Pressemitteilungen, vier Pressevorführungen, zwei Rechnungen, eine Einladung auf eine Party zu Ehren eines gefeierten Heroinsüchtigen, eine letzte Mahnung, dass mir die New York Telephone endgültig den Anschluss sperrt, sowie drei Hassbriefe von *Mademoiselle*-Leserinnen, die wissen wollen, wie ich mir eigentlich anmaßen könnte, Topfpflanzen – *grüne lebende* Wesen – mit einem so demonstrativen Abscheu zu behandeln. Ich rufe die Telefongesellschaft an und versuche, mit ihnen zu handeln, weil ich gar nicht zahlen kann. Möchten sie vielleicht zu einer Pressevorführung? Oder zur Party für den Heroinsüchtigen? Interessiert es sie, wie ich mir anmaßen kann, Topfpflanzen mit diesem demonstrativen Abscheu zu behandeln? Offenbar nicht. Sie möchten $ 148,10. Kann ich verstehen, muss aber darauf hinweisen, wie sinnlos ein Leben bleibt, das ausschließlich der blinden Jagd nach dem Mammon gilt. Wir finden keine Lösung. Ich ziehe mir die Decke über den Kopf, und das Telefon klingelt. Die nächsten paar Stunden verbringe ich damit, freundlich plaudernd Redakteure zu vertrösten und auf Rache zu sinnen. Ich lese. Ich rauche. Dummerweise fällt mein Blick auf die Uhr.

15:40 – Ich spiele mit dem Gedanken, aufzustehen, aber das scheint mir dann doch übertrieben. Ich lese und rauche weiter.

16:15 – Ich stehe auf und fühle mich erstaunlich unausgeschlafen. Ich mache den Kühlschrank auf. Ich entscheide mich gegen die halbe Zitrone und das Glas mit Gulden's Senf und beschließe spontan, auswärts zu frühstücken. Aber so bin ich halt – ganz das launenhafte Mädchen.

17:10 – Beladen mit Zeitschriften, kehre ich in meine Wohnung zurück und verbringe den restlichen Nachmittag damit, Artikel von Autoren zu lesen, die anders als ich den Abgabetermin nicht verpasst haben.

18:55 – Romantisches Zwischenspiel. Das Objekt meiner Zuneigung erscheint mit einer Topfpflanze in der Hand.

21:30 – Ich gehe mit einer Gruppe von Leuten essen, zu denen zwei Models, ein Modefotograf, die Pressefrau des Modefotografen und ein Artdirector gehören. Ich rede fast nur mit dem Artdirector, vermutlich weil er über den größten Wortschatz verfügt.

2:05 – Ich komme in meine Wohnung zurück und treffe Vorbereitungen, um zu arbeiten. Gegen das leichte Frösteln wehre ich mich mit zwei Pullovern übereinander und einem zusätzlichen Paar Socken. Ich gieße mir ein Glas Wasser ein und rücke die Lampe an den Schreibtisch. Ich lese noch mal in ein paar alten Ausgaben von *Rona Barrett's Hollywood* und einen großen Teil der *Briefe* von Oscar Wilde. Ich nehme mir einen Stift und starre auf das Blatt Papier. Ich zünde mir eine Zigarette an. Ich starre das Blatt an. Ich schreibe: «Mein Tag: Eine Art Einführung». Gut. Knapp, dabei rhythmisch. Ich denke nach über den Tag. Ich bin aus unerfindlichen Gründen deprimiert. Ich kritzle auf dem Rand herum. Sehnsüchtig geht der Blick zum Sofa, das sich doch ohne Weiteres in ein Bett verwandeln lässt. Ich zünde mir eine Zigarette an. Ich starre auf das Blatt.

4:50 – Das Sofa gewinnt. Wieder ein Sieg für die Möbel.

MANIEREN

Manieren

Ich bin keineswegs gefühllos. Ich finde, alle Menschen sollten warme Kleidung, ausreichend zu essen und eine angemessene Unterkunft haben. Ich finde aber auch, dass sie sich gut einpacken, irgendetwas essen und gleich zu Hause bleiben sollten, wenn sie nicht bereit sind, sich halbwegs vernünftig zu benehmen.

Mir geht es nicht um Umgangsformen. Damit hat es sicherlich auch zu tun, doch gehört zu einem vernünftigen Benehmen sehr viel mehr. Zum Beispiel, dass die breite Masse darauf verzichtet, neue Trends zu erfinden, ihre Hemmungen zu überwinden oder verborgene Talente zu entwickeln. Dazu gehört auch, sich mit der Tatsache abzufinden, dass das Gemeinwohl normalerweise gar keines ist und man es mit der Demokratie auch übertreiben kann. Unterdrückung und/oder Repression haben ebenso ihre Reize wie Freiheit und/oder Freizügigkeit ihre Nachteile. Bitte einen Blick auf folgende Aufstellung zu tun:

DIE NEBENWIRKUNGEN VON UNTERDRÜCKUNG UND/ODER REPRESSION	DIE NEBENWIRKUNGEN VON FREIHEIT UND/ODER FREIZÜGIGKEIT

FRAUEN

1. Gepflegte Fingernägel	1. Das Wort Vorsitzende*r
2. selbstgebackene Kekse	2. Sicherheitsschuhe als passendes Outfit für das zarte Geschlecht
3. Die Garantie, dass sich zumindest ein Teil der Bevölkerung anstrengender körperlicher Betätigung beharrlich widersetzt	3. PastorInnen
4. Eine gewisse Wahrscheinlichkeit, dass sich auch in einer kleinen Gruppe wenigstens einer findet, der weiß, wie man angemessen auf die Einladung zu einer Hochzeit reagiert	4. Männliche Pin-ups
5. Filterkaffee	5. Erica Jong

DIE NEBENWIRKUNGEN VON UNTERDRÜCKUNG UND/ODER REPRESSION	DIE NEBENWIRKUNGEN VON FREIHEIT UND/ODER FREIZÜGIGKEIT

JUDEN

1. Höchst unterhaltsame *stand-up comedians*	1. Fortschrittliche Kindergärten
2. Das Deli *«The Stage»*	2. Bagels aus der Tiefkühltruhe
3. Die Garantie, dass sich zumindest ein Teil der Bevölkerung anstrengender körperlicher Betätigung beharrlich widersetzt	3. Die Upper West Side
4. Die Entwicklung und Vervollkommnung des Bühnenrechts als erfolgversprechender Beruf	4. Die Vorstellung, ein Autor müsste einem Agenten einen Teil seiner Einkünfte überlassen
5. Interessante Slang-Ausdrücke, insbesondere solche zur Bezeichnung von Nichtjuden	5. Erica Jong

DIE NEBENWIRKUNGEN VON UNTERDRÜCKUNG UND/ODER REPRESSION	DIE NEBENWIRKUNGEN VON FREIHEIT UND/ODER FREIZÜGIGKEIT

TEENAGER

1. Der Nervenkitzel beim verbotenen Genuss von Alkohol	1. Erdbeerwein
2. Die Unterdrückung der Sexualität führt zur Entwicklung wirklich aufregender sexueller Phantasien	2. Sex für alle wird bald uninteressant
3. Das Protzen mit strafbaren Handlungen	3. Soziales Engagement
4. Der Glamour der schlechten Laune	4. Menschen, die vielleicht gerade erst symbolistische Lyrik für sich entdeckt haben, dürfen bereits wählen

DIE NEBENWIRKUNGEN VON UNTERDRÜCKUNG UND/ODER REPRESSION	DIE NEBENWIRKUNGEN VON FREIHEIT UND/ODER FREIZÜGIGKEIT

HOMOSEXUELLE

1. Formationstanz	1. *A Chorus Line*
2. Sarkasmus	2. Poppers
3. Kunst	3. Lederunterwäsche
4. Literatur	4. Lesbische Mütter
5. Richtiger Klatsch	5. Heterosexuelle Friseure
6. Die lustige Vorstellung, dass *Wer hat Angst vor Virginia Woolf?* ursprünglich von zwei Männern handelt	6. Die lustige Vorstellung, dass *Wer hat Angst vor Virginia Woolf?* ursprünglich von einem Mann und einer Frau handelt

Es braucht zwei entscheidende Schritte, um schließlich zu einem angemessenen Benehmen zu gelangen: Der erste (den Sie, wie ich annehme, bereits getan haben) besteht darin, die Tabelle oben gründlich zu studieren. Der zweite besteht darin, sich von bestimmten weitverbreiteten, aber schädlichen Vorstellungen wie den folgenden frei zu machen:

Es ist nicht wahr, dass jede Form von Arbeit adelt. Manche Jobs sind einfach besser als andere, und so schwer ist es nicht, die guten Jobs von den schlechten zu unterscheiden. Die Leute mit den guten Jobs sind glücklich, reich und gut angezogen. Die Leute, die schlechte Jobs haben, sind unglücklich, arm und verwenden Fleischzusätze. Leute, die Würde in einer Arbeit suchen, die sie dazu zwingt, möglichst fleischlos gestreckte Hamburger herzustellen, werden garantiert enttäuscht. Sie benehmen sich auch schlecht.

Den inneren Frieden gibt es nicht. Es gibt nur Nervosität oder Tod. Der Versuch, das Gegenteil zu beweisen, ist inakzeptabel.

Nur ganz wenige Menschen verfügen über eine echte künstlerische Begabung. Deshalb ist es ungehörig und auch unproduktiv, die Lage noch dadurch zu verschlimmern, dass man es trotzdem versucht. Wenn Sie das brennende, nicht zu unterdrückende Bedürfnis zu schreiben oder zu malen überkommt, essen Sie einfach etwas Süßes, und die Aufwallung gibt sich. Ihre Lebensgeschichte macht noch kein gutes Buch. Versuchen Sie es gar nicht erst.

Nicht alle Kinder Gottes sind schön. Die meisten Seiner Kinder sind in Wahrheit kaum vorzeigbar. Es ist ein verbreiteter Irrtum zu glauben, dass man beim Erscheinungsbild über das Äußere hinwegsehen und stattdessen den Blick auf die Schönheit der Seele darunter richten müsse. Sollte es Stellen an Ihrem Körper geben, wo das möglich wäre, sind Sie nicht attraktiv, sondern undicht.

Berufsberatung für die wahrhaft Ehrgeizigen

In jedem Alter wollen die Leute mehr aus sich machen. Die Mehrheit sucht sich ihren zukünftigen Job mit diesem Gedanken im Hinterkopf. Die meisten Berufe erfordern eine Ausbildung und bestimmte Fertigkeiten. Zu einigen – es sind die ausgefalleneren – gelangt man allerdings auf andere Weise. Da es ziemlich schwierig ist, sich in diesen Bereichen zu etablieren, empfiehlt es sich, zunächst sicherzustellen, dass man für diese Form von Arbeit überhaupt geeignet ist. Deshalb habe ich eine Testreihe entwickelt, die ich hier vorlege.

Sie wollen also Papst werden?

Diese Stellung war bisher traditionell Männern vorbehalten. Frauen, die an diesem Job interessiert sind, sollten sich klar darüber sein, dass er für sie praktisch unerreichbar ist. Religion spielt hier übrigens eine nicht geringe Rolle, wenn Sie also eher dem Zweifel zuneigen, sollten Sie sich um etwas bemühen, wo es ein kleines bisschen weniger restriktiv zugeht.

1. Ich rede gern ...
   a) am Telefon.
   b) nach dem Essen.
   c) spontan.
   d) vertraulich.
   e) *ex cathedra*.

2. Mein Lieblingsname unter den folgenden ist ...
   a) Muffy.
   b) Vito.
   c) Ira.
   d) Jim Bob.
   e) Innozenz XIII.

3. Meine Freunde sind überwiegend ...
   a) linke Intellektuelle.
   b) lose Weibspersonen.
   c) bedeutende Menschen.
   d) Normalos.
   e) Kumpel.
   f) Kardinäle.

4. Alle Straßen führen nach ...
   a) Bridgehampton.
   b) Cap d'Antibes.
   c) Midtown Manhattan.
   d) Tampa.
   e) Rom.

5. Woran denken Sie bei dem Wort Bulle?
   a) An ein männliches Rind.
   b) An die unfreundliche Bezeichnung für einen Polizisten.
   c) An meinen ersten Erlass.

6. Meine Freunde nennen mich ...
   a) Stretch.
   b) Doc.
   c) Toni.
   d) Izzy.
   e) *Pontifex maximus.*

7. Wenn ich mich schick mache, tendiere ich zu ...
   a) etwas Schrillem, das auch elegant ist.
   b) allem von Halston.
   c) Abendpyjamas.
   d) Chorhemd und Mitra.

8. Sicher würde ich mich fühlen, wenn ich wüsste, dass ...
   a) ich genug Geld ...
   b) eine Alarmanlage ...
   c) einen großen Hund ...
   d) einen unbefristeten Vertrag ...
   e) die Schweizergarde habe.

9. Wenn ich mich über meine Disziplinlosigkeit ärgere ...
   a) fange ich eine kohlenhydratarme Diät an.
   b) lese ich Emerson.
   c) schwimme ich vierzig Bahnen.
   d) hacke ich Brennholz.
   e) wasche ich Armen die Füße.

Sie wollen also reiche Erbin werden?

Das ist ein Bereich, in dem der Zufall der Geburt keine ganz unwesentliche Rolle spielt. Das Problem lässt sich durch eine vorteilhafte Heirat beheben und/oder, indem man einen alten Mann sehr glücklich macht. Der Erfolg ist bei dieser Methode keineswegs garantiert, und wem dafür das Durchhaltevermögen fehlt, der sucht sich besser einen anderen Job.

1. Wenn ich mich mit einem einzigen Wort charakterisieren müsste, dann wäre das ...
   a) freundlich.
   b) energiegeladen.
   c) neugierig.
   d) angenehm.
   e) verrückt.

2. Am Wochenende gehe ich gern ...
   a) zelten.
   b) Rollschuh laufen.
   c) lang spazieren.
   d) einen heben.
   e) nach Gstaad.

3. Eine gute Methode, bei neuen Bekanntschaften das Eis zu brechen, besteht darin, sie zu fragen, wo sie ...
   a) ihr Gemüse kaufen.
   b) ihre Haushaltsgeräte herhaben.
   c) ihre Filme zum Entwickeln geben.
   d) den Winter verbringen.

4. *Poppy*/Mohn ist ...
   a) eine rote Blume.
   b) Rohheroin.
   c) Körnchen, die sich manchmal in oder auf Brot und
      auf Gebäck finden.
   d) mein Spitzname.

5. Männer machen die besten ...
   a) Brathähnchen.
   b) Blumengestecke.
   c) Drinks.
   d) Pagen.

6. Was habe ich als Kind am liebsten gespielt?
   a) Mit Puppen.
   b) Doktor.
   c) Baseball.
   d) «Die magische Reise durch das süße Land der
      Abenteuer».
   e) Prinzessin im Schloss.

7. Was ich nie habe ...
   a) eine Brieftasche.
   b) Lügengeschichten.
   c) Typhus.
   d) Geld.

8. Mein erster richtiger Schwarm war ...
   a) Tab Hunter.
   b) Paul McCartney.
   c) der Nachbarsjunge.
   d) mein Pferd.

Sie wollen also unumschränkter Diktator werden?

Dieser Job erfordert Stehvermögen, Tatendrang und einen eisernen Willen. Nichts für Angsthasen.

1. Nichts macht mir mehr Angst als ...
   a) neue Leute kennenzulernen.
   b) Höhen.
   c) Schlangen.
   d) die Dunkelheit.
   e) ein Staatsstreich.

2. Was tue ich am liebsten an einem gemütlichen Sonntagnachmittag?
   a) Kochen.
   b) Mit Make-up experimentieren.
   c) Ins Museum gehen.
   d) Zu Hause herumlungern.
   e) Menschen aus dem Land weisen.

3. Ich finde, am besten steht Leuten ...
   a) ein klassischer Anzug.
   b) Badeanzug.
   c) Stilbewusstsein.
   d) Bermudas.
   e) Sträflingskleidung.

4. Wenn ich auf eine große Ansammlung Fremder treffe, reagiere ich wie?
   a) Ich gehe auf jeden zu, der interessant aussieht.
   b) Ich warte darauf, dass mich jemand anspricht.
   c) Ich verkrieche mich in eine Ecke, um zu schmollen.
   d) Ich veranlasse eine Säuberungsaktion.

5. Wie sollte man mir begegnen? Mit ...
   a) Lächeln.
   b) Nicken.
   c) «Hallo!»
   d) Küsschen.
   e) Salutieren.

6. Wenn jemand anderer Meinung als ich ist, reagiere ich wie?
   a) Ich versuche, seinen Standpunkt zu verstehen.
   b) Ich bekomme schlechte Laune.
   c) Ich diskutiere ruhig und vernünftig.
   d) Weinen.
   e) Ich lasse ihn hinrichten.

7. Was formt den Charakter am besten?
   a) Pfadfinder.
   b) YMCA.
   c) Sonntagsschule.
   d) Kaltwasserduschen.
   e) Zwangsarbeit.

Sie möchten also Aufsteiger werden?

Von den Jobs, die hier behandelt werden, ist dieser zweifellos der zugänglichste. Er ist allerdings auch am schwersten auszuhalten, was aber, wenn man sich den Andrang in dieser Sparte ansieht, die wenigsten abzuschrecken scheint.

1. Wenn ich allein bin, vertreibe ich mir die Zeit mit ...
   a) Lesen.
   b) Fernsehen.
   c) Sonette dichten.

d) Flugzeugmodellbau.

e) Ich rufe im Beverly Hills Hotel an und lasse mich ausrufen.

2. Wenn eine Freundin etwas besonders Lustiges sagt, reagiere ich wahrscheinlich so:

a) Ich sage: «Du, das ist wirklich sehr komisch.»

b) Ich lache begeistert.

c) Ich kichere hemmungslos.

d) Ich sage: «Du erinnerst mich so an Dottie.»

3. Wenn das Telefon klingelt, sage ich bestimmt als Erstes:

a) «Hallo, wie geht's?»

b) «Oh, hallo.»

c) «Hi.»

d) «Oh, hi. Ich höre grade eine von Wolfgangs kleinen Symphonien.»

4. Wenn mein Haus oder meine Wohnung brennt, was würde ich als Erstes retten?

a) Meinen Sohn.

b) Meine Katze.

c) Meinen Freund.

d) Den Artikel in *Women's Wear Daily,* in dem ich vorkomme.

5. Essengehen ist für mich ...

a) ein Genuss.

b) eine Abwechslung.

c) eine Gelegenheit, Freunde zu treffen.

d) ein romantisches Intermezzo.

e) karrierefördernd.

6. Eine gelungene Party wäre für mich ...
   a) eine große, laute Feier mit ganz viel Alkohol und ganz viel Trubel.
   b) gute Gespräche, gutes Essen, guter Wein.
   c) nur ein paar gute Freunde zum Essen und hinterher Bridge.
   d) die, zu der ich leider nicht eingeladen bin.

7. Würde ich allein auf einer einsamen Insel stranden und dürfte nur ein Buch dabeihaben, dann wäre das ...
   a) die Bibel.
   b) das Gesamtwerk von William Shakespeare.
   c) «Der Wind in den Weiden».
   d) das Adressbuch von Truman Capote.

8. Einige meiner besten Freunde ...
   a) sind jüdisch.
   b) sind schwarz.
   c) sind Puerto Ricaner.
   d) haben noch nie von mir gehört.

9. Wenn Sie mich fragen, dann ist eine Rose ...
   a) eine Rose.
   b) eine Blume.
   c) ein Duft.
   d) eine Kennedy.

Sie wollen also Kaiserin werden?

Auch hier spielen familiäre Bindungen eine gewisse Rolle. Lassen Sie sich aber nicht durch die scheinbare Ähnlichkeit mit der Erbinnennummer täuschen, denn dieser Job bringt erheblich mehr Verantwortung mit sich. Dennoch wären Sie ein dummes Gör, wenn Sie sich dadurch entmutigen ließen, denn nur diese Branche bietet das unglaublich wohltuende Gefühl, von anderen bedient zu werden.

1. Vollenden Sie den Ausdruck: Damen-
   a) -wahl.
   b) -programm.
   c) -uhr.
   d) zuerst.
   e) Hofdamen.

2. Was mich bei meinem Mann am meisten stört:
   a) Sein Schnarchen.
   b) Seine Angewohnheit, die Zahnpastatube nicht zuzuschrauben.
   c) Seine Saufkumpane.
   d) Seine Sturheit.
   e) Seine kaiserlichen Konkubinen.

3. Ich wüsste nicht, was ich täte ohne meine(n) ...
   a) Munddusche.
   b) Telefonauftragsdienst.
   c) Kaffeemaschine.
   d) Vorkoster.

4. Im Leben bringt man es nur zu etwas mit ...
   a) harter Arbeit.
   b) Vitamin B.
   c) Fairness.
   d) dem richtigen College-Abschluss.
   e) Gottesgnadentum.

5. Wie hätte ich mir meine Mutter gewünscht?
   a) Liberaler.
   b) Weniger neugierig.
   c) Als eine bessere Köchin.
   d) Innerlich jung geblieben.
   e) Als Kaiserwitwe.

6. Stehen sollten die Leute nach meiner Meinung ...
   a) zu Prinzipien.
   b) auf festem Boden.
   c) auf ihren eigenen Füßen.
   d) auf Zehenspitzen.
   e) bei Zeremonien.

7. Ich denke, am wichtigsten wäre es, für was zu sorgen?
   a) Übereinstimmung.
   b) Eine ordentlich funktionierende Beziehung.
   c) Einen Präzedenzfall.
   d) Eine Dynastie.

8. Die besten Dinge im Leben sind ...
   a) umsonst.
   b) Sklaven.

9. Weihnachten würde ich am liebsten wo verbringen?
   a) Connecticut.
   b) Palm Beach.
   c) Great Gorge.
   d) Im Winterpalast.

10. Ich finde, Männer sind am attraktivsten, wenn sie ...
    a) Tennis spielen.
    b) schlafen.

c) tanzen.

d) lachen.

e) knien.

11. Wenn ich mir einen Anbau für mein Haus leisten könnte, wäre das ...

a) eine Werkstatt.

b) ein Hobbykeller.

c) eine Veranda.

d) eine Sauna.

e) ein Thronsaal.

12. Für meinen Sohn wünsche ich mir, dass er was wird?

a) Adrett.

b) Wie seine Eltern.

c) Arzt.

d) Ein großer Sportler.

e) Kronprinz.

13. Bei einem Rendezvous macht mir was am meisten Spaß?

a) Ein Arthousefilm.

b) Kegeln.

c) Dinner und Theater.

d) Herrschen.

Sport heute

Sport finde ich nicht supermäßig spannend. Für mich ist das eine gefährliche und ermüdende Betätigung von Leuten, mit denen mich nichts außer dem Recht auf einen fairen Prozess verbindet. Wobei mich die Freuden athletischer Anstrengung keineswegs völlig kaltlassen; nur deckt sich meine Vorstellung von Sport nicht mit dem, was man allgemein darunter versteht. Dafür ließen sich eine Menge Gründe aufzählen, die damit beginnen, dass die freie Natur für mich etwas ist, das es zu durchqueren gilt, wenn ich von meiner Wohnung in ein Taxi wechsle.

Es gibt allerdings etliche Wettkämpfe, an denen ich mich tatsächlich beteilige und für die ich, wie ich anmerken möchte, eine gewisse Qualifikation mitbringe. Die folgende Liste ist alles andere als vollständig:

1. Frühstück liefern lassen.
2. Nach der Post schauen.
3. Zigaretten holen.
4. Sich auf einen Drink treffen.

Wie Sie merken, sind das im Wesentlichen urbane Tätigkeiten, die aus diesem Grund bei Sportenthusiasten nicht viel gelten.

Dennoch erfordern auch sie Fertigkeiten, Ausdauer und Mut. Und es fehlt auch hier nicht an Sanktionen und Preisen.

Genau genommen gibt es sogar viele solcher Aktivitäten, und es ist höchste Zeit, dass sie die ihnen zukommende Anerkennung finden. Deshalb möchte ich dem Organisationskomitee der Olympischen Spiele von 1980 vorschlagen, New York als eigenes Teilnehmerland einzuladen. Die Mannschaft New Yorks würde nur an einem Wettbewerb teilnehmen, dem New York *Decathlon*. Dieser Zehnkampf würde aus vier statt der üblichen zehn Disziplinen bestehen, weil in New York alle immer sehr beschäftigt sind. Des Weiteren würde er sich vom klassischen Zehnkampf dadurch unterscheiden, dass jeder Teilnehmer nur in einer einzigen Disziplin antritt, denn in New York spezialisiert man sich besser. Die vier Disziplinen wären: Presseagent, Wäsche/Reinigung, *Party Life* und Hundehaltung.

Die Olympischen Spiele werden traditionell von einem Fackelträger eröffnet, gefolgt von sämtlichen Athleten, die unter der jeweiligen Fahne ihre Stadionrunde drehen. Das soll beibehalten werden, doch werden 1980 den Sportlern siebzehn gelbe Taxis mit der New Yorker Mannschaft folgen. Der erste Fahrer wird seinen Arm aus dem Fenster strecken, in der Hand eine Fackel. Die Funken stieben bis zum Rücksitz, und die Fahrgäste brüllen den Chauffeur an. Er wird sich taub stellen. Wenn der Aufmarsch beendet ist, wird der erste Taxifahrer das nicht sofort merken und dann scharf bremsen müssen. Unweigerlich rauschen die nachfolgenden Taxis ineinander. Die Fahrer werden die ganzen Olympischen Spiele damit verbringen, einander anzuschreien und unter Drohgebärden die Vorfälle zu notieren. Die Mannschaften müssen mit den Wettkämpfen beginnen, obwohl sich die Karambolage genau dort ereignet hat, wo sie die meisten Unannehmlichkeiten verursacht.

Presseagent

Die Wettkämpfer betreten das Stadion durch entgegengesetzte Eingänge, nachdem ihnen der Schiedsrichter vorher versichert hat, dass sie beide gleich wichtig sind. Sie hauchen sich Küsschen auf die Wangen und wenden sich dann mit elegantem Schwung der Menge zu. Sie schauen nicht weiter als bis in die ersten zehn Reihen. Dann lassen sie sich auf zwei einander zugewandten Alcantara-Sofas nieder und zünden sich eine Zigarette an. Zwei unterbezahlte Balljungen kommen mit Kaffee gelaufen, schwarz, ohne Zucker. Die Wettkämpfer greifen zum läutenden Telefon. Punkte werden folgendermaßen vergeben:

1. Wer kann mehr Anrufe von Leuten ignorieren, die ihn sprechen wollen?
2. Wer weckt die meisten Leute, die ihn nicht sprechen wollen?
3. Wer sagt den meisten Leuten, die bei einem Event dabei sein wollen, dass es für sie kein Ticket gibt?
4. Wer sagt den meisten Leuten, die kein Interesse an dem bewussten Event haben, dass die Tickets bereits per Boten unterwegs und sie ihm jetzt etwas schuldig seien?

Wäsche/Reinigung

In der ungünstigsten Ecke des Stadions sind zwei voll eingerichtete Reinigungen mit Waschmaschinen und Trocknern aufgebaut. Mehrere unschuldige Menschen betreten die beiden Läden. Wie der Fuchs bei der Jagd übernehmen diese Menschen die Rolle des Opfers. Sie wuchten Berge schmutziger Kleidung auf den Tresen, erhalten kleine farbige Papierstreifen als Quittung und verlassen den Laden wieder. Punkte werden wie folgt vergeben:

1. Wer am meisten Knöpfe abreißt.
   a) Zusatzpunkte gibt es, wenn für die Knöpfe keinerlei
      Ersatz aufzutreiben ist.
2. Wer die meisten Seidenhemden trotz der Warnung
   NUR TROCKEN REINIGEN wäscht.
   a) Zusatzpunkte, wenn sie zusammen mit auslaufenden
      Madrasjacken gewaschen werden.
   b) Sollten die Hemden auch noch weiß sein, winkt bereits
      der Sieg.
3. Wer die meisten Hemden zusammenlegt, die auf Bügel
   sollten.
4. Wer die meisten Teile verliert.
   a) Je teurer die Stücke, desto mehr Zusatzpunkte.
5. Wer sich als besonders geschickt darin erweist, einen
   Tintenfleck von einem Hosenbein auf das andere zu
   übertragen.

Party Life

Mitten im Stadion ist ein Raum aufgebaut, halb so groß, wie
er eigentlich sein müsste. Zu viele Wettkämpfer betreten ihn.
Punkte werden wie folgt vergeben:

1. Wenn man es an die Bar schafft.
2. Wenn man es von der Bar wegschafft.
3. Einem Konkurrenten, der einen um einen Auftrag
   gebracht hat, aus Versehen Wein drüberkippen.
4. Ungewollt heiße Zigarettenasche auf ihm abschnipsen.
5. Wer die meisten lustigen Bemerkungen über Abwesende
   macht.
6. Wer als Letzter mit den meisten Promis eintrifft.

7. Wer als Erste mit der neuen Flamme einer Verflossenen abzieht.

Hundehaltung

Im Stadion wird die exakte Kopie eines fünfzehn Block großen Teils von Greenwich Village errichtet. Zwanzig Wettkämpfer verlassen Häuser am äußersten Rand dieser Anlage, und jeder führt drei Hunde aus, die an diesem Tag noch nicht draußen waren. Ziel dieser Ausscheidung ist es, als Erster den Bürgersteig vor meinem Haus zu erreichen.

Wenn alle Punkte errechnet und zusammengezählt sind, betritt der Teilnehmer mit der höchsten Punktzahl das Stadion. Ihm folgen die mit dem zweit- und drittbesten Ergebnis. Die beiden gehen mit dem Schiedsrichter zur Seite. Der Schiedsrichter holt seine Stoppuhr hervor, und jeder der beiden bekommt fünf Minuten, um auf unterhaltsame Weise zu erklären, warum nicht er es auf die höchste Punktzahl gebracht hat. Wer von den beiden sich als arroganter und überzeugender erweist, erhält die Goldmedaille. In New York geht es nämlich nicht darum, ob man gewinnt oder verliert, sondern darum, wem man die Schuld daran geben kann.

Auf die Herkunft kommt es an:
Ein Familienroman

In einem Magazin erschien einmal ein Foto von mir, das erkennbar unter jugendlichen Umständen entstanden war. Ich ging fälschlich von der Annahme aus, es müsse jedem klar sein, dass es sich um das Foto aus dem Jahrbuch meiner Highschool handelte. Allerdings hatte ich nicht bedacht, dass sich unter meinen Bekannten eine Reihe von Leuten situierterer Herkunft befinden. Das wurde mir schlagartig bewusst, als ein junges Model aus besserer Familie meinte: «Mir hat dein Bild vom Debütantinnenball echt gefallen, Fran.» Hätte es damit sein Bewenden gehabt, dann hätte ich den Vorfall längst vergessen, doch am selben Abend fiel diese Bemerkung fast wörtlich noch einmal, jetzt von einer niederrangigen Bostoner Patrizierin. Wenn Sie mich fragen, war das bereits ein Trend. Ich sah mich deshalb vor eine Entscheidung gestellt: Entweder bei der bloßen Vorstellung verächtlich schnauben oder mir eine amüsante Geschichte ausdenken, die zu diesem Bild passte. Da ich zumindest am Rande im Amüsiergewerbe tätig bin, entschied ich mich für Letzteres und arbeitete deshalb die hier folgende Erblinie aus.

Margaret Lebowitz, meine Großmutter väterlicherseits, kam

zu Beginn des Fin de Siècle im ungarischen Ghetto Point (einer zugangsbeschränkten Gemeinde) zur Welt. Der Wonneproppen wurde im Wesentlichen vom treuen Personal aufgezogen (meine Tante Sadie und Onkel Benny), da die Geschäfte ihres Vaters diesen kaum zu Hause hielten (sie bestanden im Wesentlichen darin, dass er von der Armee eingezogen wurde). Obwohl sich ihre Mutter hauptsächlich auf den Kohläckern verlustierte, legte sie doch größten Wert darauf, jeden Abend im Kindertrakt zu erscheinen und dafür zu sorgen, dass das Töchterchen sein Abendgebet verrichtete. Margaret verlebte eine glückliche Kindheit. Mit ihren Freundinnen tauschte sie Geheimnisse und Babuschkas aus und vergnügte sich damit, Runkelrüben zu ernten und mit den Kosaken Haschmich zu spielen. Tariff, der Familiensitz, wo die Lebowitzens den Winter verbrachten (und den Sommer auch), war ein Ort der Wunder, weshalb sich Margaret nicht weiter überraschend dagegen sträubte, auf eine Schule fortgeschickt zu werden. Ihr Vater, während einer kurzzeitigen Desertion zu Hause weilend, rief sie in sein mit Stroh ausgekleidetes Arbeitszimmer – das scherzhaft «Paps Unterschlupf» genannt wurde – und erläuterte seiner Tochter geduldig, es gehöre zur unerschütterlichen Tradition, dass Mädchen von Margarets Herkunft und Klasse die notwendigen sozialen Fertigkeiten wie sittsam fliehen und stilvoll am Leben bleiben erwerben müssten. Gehorsam hörte Margaret zu und erklärte sich bereit, mit dem Studium bei Miss Belief zu beginnen.

Bei Miss Belief erwies sich Margaret als sehr erfolgreich. Ihr Interesse an Schuhen trug ihr den Spitznamen Bootsie ein. Bootsie war eine herausragende Schülerin und zeigte ein besonderes Talent für kaum hörbares Atmen, sodass sie einstimmig zur Vorsitzenden des Frühlingsfluchtkomitees gewählt wurde. Dabei war Bootsie alles andere als eine Streberin: Als unverbesserlicher Irrwisch geriet sie häufig in solche Schwierigkeiten, dass die anderen Mitglieder des Clubs, die geknechteten Massen, sie immer wieder aus dem Schlamassel befreien mussten. Bootsie liebte alle Arten von Sport. Sie sehnte sich nach den Sommerferien und fiel deshalb begeistert in den Mädchenchor von «Hurra, Fronurlaub!» ein, mit dem die Ferien eingeläutet wurden.

Als sie ihren achtzehnten Geburtstag feierte, wurde Bootsie in die Gesellschaft eingeführt. Mit ihrer Schönheit, ihrem Charme und ihrem Umgang mit der Hacke erwarb sie sich den Ruf einer Brenda Frazier von Ghetto Point. Die jungen Männer in ihrem Umkreis waren alle so hoffnungslos in sie verknallt, dass sie sich Tage im Voraus den Walzer zusichern ließen, weil ihre Pogromkarte natürlich voll war. Unter ihren Verehrern war ihr Tibor der liebste, ein großgewachsener, blendend aussehender junger Deserteur, außerdem zweimaliger Sieger beim ungarischen Pokalrennen, das jedes Jahr in einem großzügig gefluteten Weizenfeld abgehalten wurde. Tibor mochte Bootsie, doch ihm war auch nicht entgangen, dass sie eines Tages den großen Pflug ihres Vaters erben würde, und das war für ihn der eigentliche Reiz. Als sie herausfand, dass Tibor es nur auf ihre Mitgift abgesehen hatte, war Bootsie am Boden zerstört und wurde krank vor Kummer. In der begreiflichen Sorge um Bootsie trat der Familienrat zusammen, um das Problem zu besprechen. Man kam überein, dass ihr eine Luftveränderung guttun würde. Also wurde Bootsie Lebowitz im Zwischendeck nach Ellis Island verschifft, auf dass sie über die Affäre hinwegkäme.

Disco-Tipps:
Die neue Etikette

Es wird manche, die mich nur als Literatin kennen, überraschen, dass ich eine begeisterte Tänzerin bin, und gar keine so schlechte. Andererseits mag ich keine großen Menschenansammlungen. Unglücklicherweise ist es nicht möglich, die Disco mit all ihren Reizen nach Hause zu holen – als da wären der DJ, mehrere Stunden an Band sowie die Möglichkeit, so wenig wahrscheinlich sie auch sein mag, die Liebe seines Lebens kennenzulernen. Daher bin ich gezwungen, Abend für Abend in Gesellschaft von Horden wildfremder Menschen zu verbringen, von denen sich viele ohne die geringste Rücksicht auf die Empfindlichkeiten der anderen Tänzer verhalten. Ich nehme also Gelegenheit, eine kleine Liste nützlicher Tipps zusammenzustellen, auf dass das Tanzen für alle angenehmer werde.

1. Wenn es sich bei der Diskothek um einen privaten Club handelt, der nur Mitglieder einlässt, gehört es sich nicht, draußen zu stehen und mit sich überschlagender Stimme darum zu betteln, doch eingelassen zu werden. Noch weniger ist es angezeigt, einem durchgewinkten Mitglied mit

dem Tod oder dem Verlust seines Ansehens zu drohen, indem man ihm ein Messer unter die Nase hält oder darauf hinweist, dass man seinen richtigen Namen kenne und vorhabe, daheim bei seinen Leuten anzurufen und den wahren Grund dafür zu petzen, warum er nicht verheiratet ist.

2. Bereits nach wenigen Minuten auf der Tanzfläche wird einem ziemlich warm. Das ist aber noch lange kein Grund, sich seiner Oberbekleidung zu entledigen. Sollte einer der anderen Tänzer wissen wollen, wie sich Ihr Fitnessprogramm so macht, dann wird er sich, da können Sie sicher sein, von ganz allein danach erkundigen. Sollte Ihnen die Hitze vollends unerträglich werden, können Sie das Tuch aus Ihrer Gesäßtasche holen und sich damit die Stirn abtupfen. Aber vergessen Sie nicht, es in die richtige Tasche zurückzustecken.

3. Sollten Sie der Meinung sein, dass ein Abend ohne Poppers wie ein Tag ohne Sonne ist, dann versorgen Sie sich damit am besten im stillen Kämmerlein und nicht mitten auf einer überfüllten Tanzfläche.

4. Sollten Sie Discjockey sein, vergessen Sie bitte nicht, dass Ihr Job darin besteht, Platten aufzulegen, zu denen die Leute gern tanzen, und nicht darin, eventuell durchreisende Discjockeys mit Ihrem ausgefallenen Geschmack zu beeindrucken. Beim Tanzen mögen die Leute normalerweise Songs, die einen Text haben und nicht ewig dauern. Sechzehnminütige Instrumentalstücke von Trommlern aus einem westafrikanischen Stamm sind häufig die Ursache für unangemessenen Poppersverbrauch und Oberkörperentblößung.

Lieber Lesen als Sterben:
Eine revisionistische Haltung

Meine Zeit in der Highschool fiel auf recht unangenehme Weise mit dem Höhepunkt des Kalten Krieges zusammen. Das hatte zur Folge, dass ich jeden Tag eine Zeit lang mit dem Kopf im Schoß in der Hocke entweder unter meiner Bank oder, nicht ganz so einsam, gegen die Wand im Korridor gelehnt verbrachte. Wenn nicht damit beschäftigt, saß ich im Klassenzimmer und las eifrig über die Schrecken des Lebens im Kommunismus. Ich war bestimmt nicht zurückgeblieben, aber ich war felsenfest davon überzeugt, dass Kommunisten eine Rasse von Männern mit Hörnern waren, die es darauf abgesehen hatten, alle Bücher von Nancy Drew zu verbrennen, und ansonsten einen Plan für einen atomaren Angriff aussheckten, bei dem die größte und tödlichste Bombe pfeilgrad auf der dritten Klasse der Thomas Jefferson School in Morristown in New Jersey landen würde. Diesem Glauben hingen auch die meisten meiner Klassenkameraden an und wurden darin täglich von den Lehrern und den Eltern republikanischer Ausrichtung bestärkt.

Zu den vielen Hilfsmitteln, die diesen Glauben am Leben erhielten, gehörte eine detaillierte Tabelle, die alljährlich in unseren Arbeitsbögen in Gemeinschaftskunde auftauchte. Diese Tabelle illustrierte die schlimmen wirtschaftlichen Nöte im kommunistischen Alltag. Das laute Vorlesen dieser Tabelle war begleitet vom laufenden Kommentar des Lehrers, was sich dann ungefähr so anhörte:

«Diese Tafel zeigt, wie lange ein Mann in Russland arbeiten muss, um eines der folgenden Güter kaufen zu können. Anschließend vergleichen wir das mit der Zeitspanne, die ein Amerikaner braucht, um das Geld für die gleichen Güter zu verdienen.»

RUSSLAND	USA
EIN PAAR SCHUHE – **38 STUNDEN** «Und in Russland haben sie nur braune Schnürschuhe, weshalb niemand Schuhe ohne Senkel bekommt, auch nicht für festliche Anlässe. Und sie haben noch nie von Tanzschuhen gehört, und wenn doch, dürften sie keine tragen, weil sie da alle auf Farmen arbeiten, wenn sie nicht gerade Atombomben herstellen.»	**EIN PAAR SCHUHE –** **2 STUNDEN** «Und wir haben ganz viele verschiedene Schuhe, sogar Pappagallos.»

RUSSLAND	USA

**EIN LAIB BROT –
2½ STUNDEN**

«Sie haben keine Erdnuss-
butter in Russland und
keine Marshmallows, und
ihr Brot hat eine ganz dicke
Rinde, die die Kinder essen
müssen.»

**EIN LAIB BROT –
5 MINUTEN**

«Wir haben Rosinenbrot mit
Zimt und englische Muffins,
und wir können alles drauf-
streichen, weil wir eine
Demokratie sind.»

**EIN PFUND NÄGEL –
6 STUNDEN**

«Und sie brauchen ganz viele
Nägel in Russland, weil sie
alle hart arbeiten müssen,
um etwas zu bauen – sogar
die Mütter.»

**EIN PFUND NÄGEL –
8 MINUTEN**

«Obwohl wir gar nicht so
viele Nägel brauchen, weil
wir Klebeband und Hefter
haben.»

**EIN KOMBI –
9 JAHRE**

«Wenn sie überhaupt einen
besitzen dürften, was sie
nicht dürfen, weshalb alle
immer überallhin *gehen*
müssen, obwohl sie vom
Bauen der vielen Sachen wie
Atombomben ganz müde
sind.»

**EIN KOMBI –
4 MONATE**

«Und wir haben so viele
verschiedene zur Auswahl –
solche, die lackiert sind,
dass sie wie Holz aussehen,
oder solche mit gleich zwei
Farben. Wir haben auch noch
viele andere Autos, zum Beispiel Cabrios.»

RUSSLAND	USA

**EINE LATZHOSE –
11 STUNDEN**

«Und alle müssen die ganze
Zeit Latzhosen tragen, alle
in der gleichen Farbe, sodass
niemand einen normalen
Rock hat, nicht einmal in der
Highschool.»

**EIN DUTZEND EIER –
7 STUNDEN**

«Aber sie können nur selten
Eier essen, Eier gelten nämlich in Russland als Luxus,
und im Kommunismus gibt
es keinen Luxus.»

**EINE LATZHOSE –
1 STUNDE**

«Aber da wir uns in einer
Demokratie aussuchen
können, was wir tragen,
tragen vor allem Farmer
Latzhosen, weil sie die gern
tragen.»

**EIN DUTZEND EIER –
9 MINUTEN**

«Wir haben bei uns ganz
viele Eier, deshalb haben wir
Eierlikör, Eiersalat, sogar
Ostereier, außer für die
jüdischen Kinder hier in der
Klasse, die an ihrem Fest,
das man Chanukka nennt,
bestimmt auch was ganz
Schönes bekommen.»

**EIN FERNSEHER –
2 JAHRE**
«Es gibt aber gar keine.
Das stimmt, in Russland
gibt es keine Fernseher,
denn sie wissen, wenn die
Russen ‹Leave It to Beaver›
anschauen dürften, würden
sie alle in die USA ziehen
wollen, und die meisten von
ihnen wahrscheinlich nach
Morristown.»

**EIN FERNSEHER –
2 WOCHEN**
«Und viele haben sogar zwei
Geräte, und manche, so wie
Dougie Bershey, haben sogar
Farbe und können deshalb
der Klasse erzählen, was bei
Walt Disney welche Farbe
hatte.»

Das alles wurde von mir und meinen Klassenkameraden brav mitgeschrieben, und die meisten von uns waren während der gesamten Schulzeit ziemlich rechts. Als wir in die Pubertät kamen, begann ein Teil von uns zu rebellieren, und ich muss gestehen, dass ich in dieser Zeit einigen entschieden linken Positionen anhing. Ganz allmählich bin ich wieder bei meinen früheren Ansichten angelangt, und auch wenn ich überhaupt nicht mit unserer heimischen Regierungsform einverstanden bin, habe ich erneut eine heftige Abneigung gegen die der anderen gefasst.

Meine politische Haltung hat entscheidend mit meiner Abneigung gegen große Gruppen zu tun, und wenn ich etwas über den Kommunismus weiß, dann dass er ohne große Gruppen gar nicht vorstellbar ist. Ich bin nicht gut in Teamarbeit und habe auch keine Lust, mich daran zu gewöhnen. Ich tanze nicht einmal gut mit anderen, wenn es zu viele sind. Kommunistische Discos, da bin ich mir sicher, sind auf schlimmste Weise überfüllt. «Jeder nach seinen Fähigkeiten, jedem nach seinen Bedürfnissen» ist keine Entscheidung, die ich Politikern überlassen möchte, denn ich habe meine Zweifel, ob die Gabe, humoristische Bemerkungen über die sich ständig wandelnde Szene zu machen, bei den Genossen auf besonderes Interesse stoßen würde oder dass man sie von der Notwendigkeit eines tatsächlich funktionierenden Auftragsdienstes überzeugen könnte. Das Gemeinwohl ist nicht meins – ich bin am ungemein Guten interessiert, und ich bilde mir nicht ein, dass solche Aussagen in Bauernkolchosen beklatscht würden. Kommunisten scheinen alle kleine Kappen zu tragen, was meiner Meinung nach bei Zahnpastatuben besser aussieht als bei Menschen. Bei uns gibt es natürlich auch jede Menge Kappenträger, aber ich versichere Ihnen, dass man ihnen leicht aus dem Weg gehen kann. Soweit ich weiß, müssen die Anhänger des Kommunismus immer früh raus und erst mal eine anstrengende Runde Calisthenics mitmachen. Für jemanden wie mich, die sich wünscht, Zigaretten gäbe es schon angezündet, ist der Gedanke an eine solche Folter zu einer Tageszeit, wenn anständige Menschen grade erst wegdösen, einfach ein Graus. Aus verlässlicher Quelle wurde mir außerdem zugetragen, dass die Fähigkeit, amüsant zu reden und zu schreiben, in der kommunistischen Welt nicht die Bohne gilt. Deshalb ist es meine feste Absicht, alles zu tun, damit der Eiserne Vorhang nicht quer durch die 57. Straße niedergeht. Zur Erbauung meiner lieben New Yorker Mitbürger habe ich deshalb eine kleine Tabelle vorbereitet.

Diese Tabelle vergleicht die Zeit, die ein Kommunist braucht, um das Geld für den Kauf der folgenden Güter zu erwerben, mit dem Zeitaufwand eines New Yorkers.

	KOMMUNIST	NEW YORKER

EIN COOP, EINE EIGEN-TÜMERGEMEINSCHAFT, AN DER UPPER EAST SIDE AM PARK – 4000 JAHRE – Und selbst dann wohnen da noch alle anderen aus dem Kollektiv. In der ganzen Stadt gibt es keine Wohnung mit so vielen Badezimmern.

EIN COOP, EINE EIGEN-TÜMERGEMEINSCHAFT, AN DER UPPER EAST SIDE AM PARK – Überhaupt nicht lang, falls Sie sich die richtigen Eltern ausgesucht haben. Wenn nicht, kann es bis zu zwanzig Jahre dauern, aber Sie hätten wenigstens Ihr eigenes Bad.

EIN ABO DES *NEW YORKER* – 3 WOCHEN – Und selbst dann werden Sie die Cartoons wahrscheinlich noch nicht verstehen.

EIN ABO DES *NEW YORKER* – 1 STUNDE, vielleicht sogar noch weniger, denn in einer Demokratie bekommt man so was oft als Geschenk.

EIN FLUGTICKET ERSTER KLASSE NACH PARIS – 6 MONATE – Paris, Genosse? Moment mal!

EIN FLUGTICKET ERSTER KLASSE NACH PARIS – Große Preisunterschiede, aber ein halbwegs kluges Mädchen kommt leicht dran, wenn es weiß, wie's läuft.

KOMMUNIST	NEW YORKER
EIN PYJAMA VON FERNANDO SANCHEZ – 3 MONATE. Mit der Kappe? Sieht super aus!	**EIN PYJAMA VON FERNANDO SANCHEZ – 1 WOCHE** und noch weniger, wenn Sie jemanden in der Branche kennen. Braucht es den Hinweis, dass die Chancen auf eine solche Verbindung in einer Demokratie wie der unseren weit besser sind als in Peking?
ESSEN IN EINEM GUTEN RESTAURANT – 2 JAHRE, um das Geld dafür zu verdienen; 27 Jahre, bis das Kollektiv entschieden hat, welches Restaurant es sein soll.	**ESSEN IN EINEM GUTEN RESTAURANT –** Kein Problem, wenn man sich die richtigen Freunde ausgesucht hat.

Kinder:
Pro oder Contra?

In den Kreisen, in denen ich mich bewege und die sich mit einiger Übertreibung als Boheme bezeichnen ließen, sind Kinder eher selten. Doch selbst innerhalb der bohemistischsten Kreise halten sich hartnäckig kleine Inseln von Häuslichkeit.

Da ich Kinder im Allgemeinen mag, bereitet mir diese Erscheinungsform weit weniger Missbehagen als meinen anspruchsvolleren Bekannten. Das heißt beileibe nicht, dass mich schon jede Andeutung von Lächeln kirre machen würde. Ich beanspruche schlicht unhinterfragbare Objektivität für mich und bin daher besonders gut geeignet, bei diesem Thema mit besonderer Kompetenz Stellung zu beziehen.

Die unüberschaubare Zahl der Kinder gibt Grund zu der Vermutung, dass sie höchst beiläufig entstehen. Würden sich die Leute auch nur einen Gedanken dabei machen, ließen sie es nicht so konsequent an jedem Anstand fehlen. Natürlich waren die künftigen Eltern nicht auf das vorbereitet, was sie erwartete, weshalb man sie vernünftigerweise für ihr Tun auch nicht verantwortlich machen wird. In der inbrünstigen Hoffnung, dass die Zukunft von einer attraktiveren Ansammlung von Kindern, als sie mir bisher begegnet sind, bevölkert wird, habe ich alle hierfür relevanten Informationen zusammengetragen.

Pro

Mich stört die Rede von «bloß ein Kind», denn ich fand die Erfahrung regelmäßig bestätigt, dass die Anwesenheit eines bloßen Kindes der eines bloßen Erwachsenen unbedingt vorzuziehen ist.

* * *

Kinder sind üblicherweise nicht sehr groß und deshalb sehr nützlich, um an schwer erreichbare Stellen zu gelangen.

* * *

Kinder sitzen im Restaurant nicht neben einem und schwadronieren lauthals über ihre lachhaften Zukunftsaussichten.

* * *

Kinder stellen bessere Fragen als Erwachsene. Fragen wie «Krieg ich den Keks?», «Warum ist der Himmel blau?» und «Was sagt die Kuh?» sorgen eher für eine gutgelaunte Antwort als «Wo bleibt das Manuskript?», «Warum haben Sie nicht angerufen?» und «Wer ist Ihr Anwalt?».

* * *

Kinder verkörpern echte Unreife.

* * *

Kinder sind die besten Gegner beim Scrabble, weil man gegen sie leicht gewinnt und es Spaß macht, sie auszutricksen.

* * *

Es ist ohne Weiteres möglich, inmitten einer Kinderschar zu stehen, ohne auch nur den Anflug eines aufregend männlichen Rasierwassers oder Herrendufts wahrzunehmen.

* * *

Aus der Gruppe der Minderjährigen ist noch keiner mit dem Begriff «kleiner Führer» dahergekommen.

* * *

Kinder schlafen allein oder mit ihrem Kuscheltier – ein grundvernünftiges Verhalten, weil sie damit nicht den unsagbar öden Bekenntnissen ausgesetzt sind, die einem sonst ins Ohr geflüstert werden. Mir ist noch kein Teddybär begegnet, den die Phantasie plagt, er müsse sich als Zimmermädchen verkleiden.

Contra

Sogar frisch gewaschen und auch ohne Süßigkeiten sind Kinder irgendwie klebrig. Die einzig mögliche Erklärung: Sie rauchen nicht genug.

* * *

Kinder haben erschreckend wenig Sinn für Mode. Wenn man sie sich selbst überlässt, neigen sie meist zu extrem unvorteilhaft geschnittenen Sachen. Damit unterscheiden sie sich nicht groß von den Älteren, aber die schimpft man nicht gleich dafür aus.

* * *

Kinder reagieren nicht immer angemessen auf zynische Witze und versteckte Drohungen.

* * *

Da ihnen jedes Gefühl für leichte Stimmungsumschwünge abgeht, müssen Kinder unbedingt weiter über die Farbe eines Zementmischers diskutieren, obwohl man selber längst das Interesse an dem Thema verloren hat.

* * *

Kinder sind so gut wie nie in der Lage, einem mit einem ordentlichen Betrag auszuhelfen. Es gibt Ausnahmen, und solche Kinder bilden eine echte Bereicherung für jede Party.

* * *

Kinder werden zu den unchristlichsten Zeiten wach und haben oft die Angewohnheit, nach Fütterung zu verlangen.

* * *

Kinder sehen in Abendgarderobe nicht gut aus.

* * *

Kinder erscheinen allzu häufig in Gesellschaft Erwachsener.

Training für Vermieter.
Eine Handreichung

Jeder Beruf erfordert spezielle Fertigkeiten, Talente oder eine Ausbildung. Tänzer müssen leichtfüßig sein, Hirnchirurgen ein Medizinstudium absolvieren, Kerzenmacher müssen Wachs toll finden. Diese Tätigkeiten bilden natürlich nur die Spitze eines Eisbergs. Wie erwerben andere ihr Gewerbe? Das schauen wir uns jetzt mal an.

Wie wird man Vermieter? Eine Einführung

Als Vermieter muss man zunächst ein Haus oder auch mehrere erwerben. Dafür gibt es zwei Möglichkeiten. Am leichtesten ist das Erben – eine Methode, die nicht nur die Brieftasche schont, sondern einen auch der lästigen Aufgabe, sich für ein Gebäude zu entscheiden, enthebt. Die vorliegende Handreichung ist allerdings nicht für diese Gruppe Vermieter gedacht, denn ein solches Erbe geht mit einer genetischen Disposition einher, bei der sich formale Anweisungen von vornherein erübrigen.

Weniger attraktiv, aber weit gewöhnlicher (wie oft diese beiden Elemente zusammenfinden!) ist die andere Methode: der Kauf. Hier beginnt unsere eigentliche Arbeit.

Lektion 1: Kaufen

Häuser lassen sich in zwei Hauptgruppen unterteilen: billige und teure. Dabei sollte klar sein, dass diese Begriffe nur intern und niemals in Gegenwart von Mietern verwendet werden dürfen, die fast alle Wörter wie «sehr» und «vernünftig» bevorzugen. Kommt Ihnen der Preis für ein Haus maßlos vor, empfiehlt es sich, an die alte Weisheit «Es sind nicht die Anschaffungskosten – es geht um den Unterhalt» zu denken, denn als Vermieter sind Sie in der beneidenswerten Position, dass es in Ihrem Beruf die Kunden sind, die für den Unterhalt aufzukommen haben. Am besten verdeutlicht man sich dieses Prinzip, indem man sich selber als eine Art Telefonanbieter betrachtet. Sie werden erst recht Mut fassen, sobald Ihnen klar wird, dass es zwar erhebliche Unterschiede im Preis von Häusern gibt, diese schreckliche Ungleichheit aber keineswegs in Form niedriger Mieten weitergegeben werden muss. Wer bis jetzt aufgepasst hat, wird wissen, dass die Wahl eines Hauses im Wesentlichen eine Sache des persönlichen Geschmacks ist. Für den normalen Vermieter ist der aber kein Thema, deshalb können wir zur nächsten Lektion schreiten.

Lektion 2: Zimmer

Damit wir uns nicht falsch verstehen – der Begriff Zimmer ist Ansichtssache. Schließlich ist es Ihr Haus, und wenn Sie sich dafür entschieden haben, einen Raum als Zimmer zu bezeichnen, dann *ist* es ein Zimmer. Auch die Zuschreibung, die ein Raum bekommt, fällt in Ihre Zuständigkeit. Daran müssen Mieter gelegentlich erinnert werden, da sie viel zu häufig dazu neigen, eines Ihrer Zimmer begehbaren Wandschrank zu nennen. Das ist natürlich eine absolut lächerliche Behauptung, weil die wenigsten Mieter je einen begehbaren Wandschrank gesehen haben.

Lektion 3: Wände

Zu den unvermeidlichen Übeln in diesem Geschäft gehört eine Mindestanzahl von Wänden. Begreiflicherweise wird ein Teil von Ihnen diese Ausgaben scheuen, doch wer bisher aufgepasst hat, wird wissen, dass Wände nicht die schlechteste Investition sind, weil sie zu den wesentlichen Bauteilen eines Zimmers gehören. Womit keineswegs gesagt sein soll, dass Sie als Vermieter sich dieser Konvention sklavisch unterwerfen müssen. Putz und ähnliche Baumaterialien kommen für Sie als fortgeschrittener Kursteilnehmer doch wirklich nicht mehr in Betracht. Sollten Sie zufällig Vater sein, werden Sie wissen, welche Freude Kinder daran haben, Wände zu Hause oder im Ferienlager aus Mehlpapp mit Wasser und Daddys alten Zeitungen zu basteln. Der kinderlose Vermieter findet dafür womöglich Wallies interessant – ein nützliches neues Produkt, das von der Rolle verkauft wird. Wallies lassen sich leicht ablösen und sogar bemalen, falls das je gesetzlich vorgeschrieben werden sollte.

Lektion 4: Heizung

Der Winteranfang scheint beim Mieter regelmäßig eine geradezu fanatische Sucht nach Wärme zu bewirken. Selbst wenn er über massenhaft Pullover und Socken verfügt, weigert er sich, deren

Nutzen zu erkennen, und besteht hartnäckig und selbstsüchtig darauf, *seine* Wärme über *Ihre* Heizung zu beziehen. Der kreative Vermieter kennt dagegen jede Menge Tricks, doch der wirkungsvollste erfordert einen gewissen finanziellen Einsatz. Trotzdem, die Sache ist es wert, und der Spaß ist garantiert. Kaufen Sie ein Tonband und platzieren Sie es in Ihrem Haus auf dem Land neben der Heizung. Das empfindliche Gerät wird das Geräusch aufsteigender Wärme festhalten. Wenn diese Aufnahme mit voller Lautstärke im Keller des Mietshauses abgespielt wird, werden Mieter verlässlich tagelang ruhiggestellt.

Lektion 5: Wasser

Angesichts des überwältigenden Angebots an Säften und alkoholfreien Getränken aller Art in einem modernen Supermarkt muss dem Vermieter die Wassergier des Mieters unbegreiflich erscheinen. Diese Zumutung wird nicht kleiner dadurch, dass dieses Wasser zumindest ab und zu auch noch heiß sein soll. Diese Situation ist aber nicht ganz so verzwickt, wie man denken könnte – Sie wissen ja, dass «heiß» ebenso wie «Zimmer» reine Ansichtssache ist.

Lektion 6: Ungeziefer

Es gehört zu den vornehmsten Aufgaben eines Vermieters, für einen angemessenen Bestand an Kakerlaken zu sorgen. Das Verhältnis Mieter – Kakerlaken sollte wenigstens 1 : 4000 betragen. Sollte sich jemand daran stören und sein Missvergnügen äußern, ist das schlicht zu ignorieren. Mieter sind so, sie müssen immer meckern. Warum, kann nur vermutet werden, es gibt aber unzählige Theorien dazu. Die wahrscheinlichste geht dahin, dass

die chronische Reizbarkeit des Mieters eine Folge seines offenbar exzessiven Missbrauchs von Wärme und heißem Wasser
ist, was bekanntlich zum tragisch schnellen Durchbrennen der
Glühbirnen im Hausflur führt.

Erfolgreich ohne College

Bühnenmutter ist der übliche Begriff für einen weiblichen Elternteil, der es sich, um es freundlich auszudrücken, zur Aufgabe gemacht hat, dem Kind theatralischen Ehrgeiz und damit Gier nach Erfolg einzuträufeln. Die gesamte Erziehung wird auf dieses Ziel ausgerichtet und hat zweifellos eine ganze Reihe von Stars hervorgebracht.

Aber wir leben im Zeitalter der Spezialisierung, und die Konkurrenz schläft nicht, deshalb wäre es naiv anzunehmen, dass diese Art der Kinderaufzucht auf die Welt des Showbusiness beschränkt wäre. Hier also einige Beispiele:

Die Architekten-Mutter

Die Architekten-Mutter kann in ihren Bemühungen tatsächlich nach Plan vorgehen. Ihre Tage sind mit der schwierigen Aufgabe angefüllt, ihrem Sprössling den Nutzen klarer Linien beizubringen und dass man sich besser die Schuhe abputzt, bevor man seine Wohnmaschine betritt. Andere Mütter haben aufmerksame Kinder, die von allein wissen, dass die Form sich nach der Funktion richten sollte, und die selbstverständlich über Reflexionseigenschaften von Glas nachdenken, *bevor* sie zum Spielen rausgehen. Andere Mütter können sich ab und zu entspannen, weil ihre Kinder ihnen gleich beim *ersten* Mal zuhören, ohne dass man es ständig wiederholen muss, bis ich es selber nicht mehr hören kann: «*Weniger, weniger, habe ich gesagt. Und ich will das nicht noch mal sagen müssen.*»

Die Talkshow-Moderatoren-Mutter

Hier haben wir einen Beruf, der eine solche Fülle von Problemen verspricht, dass sich nur wenige auf dieses Gebiet wagen. Die Arbeit am Kind ist hart und langwierig, zumal man ja noch nicht sagen kann, ob es sich für Frühstücksfernsehen, Nachmittagsshows oder für Late Night eignet. Kein Aspekt des modernen Lebens darf unberücksichtigt bleiben. «Vegas, Liebes, das ‹Las› ist was für die *anderen*. Einfach nur Vegas. Ganz genau. Und was tun wir in Vegas? Nein, Liebling, das ist, was die *anderen* in Vegas tun. *Wir gehen* nach Vegas. Wir *werden* nach Vegas *gehen*. Wir *sind* nach Vegas *gegangen*. Immer schön an die Grammatik denken. Wir wollen uns doch immer korrekt ausdrücken. Und wenn wir nach Vegas gehen, was tun wir dann noch? Ganz genau – wir *machen sie alle platt*. In Vegas *machen wir sie platt. Haben sie plattgemacht* in Vegas, *machten sie platt* in Vegas. Und was tun wir, wenn es interessant wird? Ja, natürlich können wir im Notfall bleepen, aber das bringt nichts, davon kann man kein Fahrrad kaufen. Nein. Wir verkaufen etwas, und deshalb machen wir eine Werbepause. Wir blenden unsere Sponsoren oder das Senderlogo ein. Gut. Sieh mal, ein Buch. Was machen wir mit Büchern? Nein, und ich will das nicht noch einmal sagen müssen, *wir* lesen keine Bücher. Willst du Bücher lesen oder Talkshow-Moderator werden? Beides geht nicht. Wir *lesen* Bücher nicht. Wir *haben vor*, Bücher zu lesen. Und wo haben wir vor, Bücher zu lesen? Ganz genau – *im Flugzeug. Wir hatten vor, es im Flugzeug zu lesen.* Und warum haben wir das nicht getan? Komm schon, wir sind das doch schon tausendmal durchgegangen. Ich gebe dir einen Tipp – aber das ist das letzte Mal. Okay, hier ist der Tipp – es fängt mit *D* an. Ganz genau, der Duke. Wir wollten es im Flugzeug lesen, aber dann haben wir den Duke getroffen – John Wayne. Sehr gut, Liebling, ganz ausgezeichnet. Ich glaube, das ist genug für heute. Eine Sekunde, junger Mann, *wo* willst du hin? Ins Bett? Tatsächlich? Ohne noch mal schnell die Gäste für morgen Abend anzukündigen? So gehst du einfach weg? Na wunderbar. Ganz hervorragend. Du machst das achtzehn Stunden am Tag, und dann willst du einfach los, ohne schnell die nächsten Gäste anzukündigen. So was tut man nicht als Talkshow-Moderator, und wenn du das jetzt nicht begreifst, wirst du es später auf die harte Tour lernen müssen. Ich meine das *ernst.* Ich sag's nicht gerne – schließlich bin ich deine *Mutter* –, aber dann wirst du abserviert, ganz einfach. Wie bitte? Wer? Cloris Leachman? Gore Vidal? Shecky Greene? Dr. Joyce Brothers und Jim Bouton? So ist's richtig, mein Kleiner. Du bist ein guter Junge, Liebling. Gute Nacht.»

Die Bestatter-Mutter

Die Bestatter-Mutter hat es wirklich nicht leicht, denn sie muss praktisch jeden wachen Moment darauf verwenden, das Benehmen ihres Kindes zu kontrollieren. Wer *kichert* da? Entnervt geht sie in sein Zimmer und tadelt es zum zehntausendsten Mal: «Kannst du bitte ein wenig traurig aussehen? Ist das denn zu viel verlangt? Ein bisschen Würde? Ein bisschen Trauer und Empathie? Andere Kinder schaffen es, traurig auszusehen, ohne dass man es ihnen alle zwanzig Sekunden sagen muss. Bei anderen Kindern braucht man nicht zu befürchten, dass sie gleich loslachen, wenn man sie mal zehn Minuten unbeaufsichtigt lässt. Andere Kinder zucken nicht mit den Schultern und lassen ihre Mutter einfach stehen, wenn die sie fragt, wie sie aussieht. Andere Kinder sagen ‹sehr lebensecht›, und zwar gleich auf die erste Nachfrage und mit angemessen gedämpfter Stimme. Andere Kinder können einen ganzen Tag lang eine Nelke tragen, ohne dass sie verwelkt. Ich weiß nicht, was ich bei dir falsch gemacht habe. Ich weiß nicht, wo du diesen Hang zur Unbekümmertheit herhast. Obwohl, unbekümmert ist das falsche Wort, billig trifft es eher, wenn du mich fragst. Oh ja, glaub bloß nicht, dass ich nicht über den schmucklosen Kiefernkasten Bescheid weiß, den du da drin hast. Ich bin doch nicht blöd. Nun, dann lassen Sie sich das eine von mir gesagt sein, Herr Allwissend: Es gibt so etwas wie massives Mahagoni mit echten Messinggriffen und Satinfutter, und je eher du das lernst, desto besser wirst du später zurechtkommen.»

Die Oberkellner-Mutter

Wenige machen sich einen Begriff, welche Probleme die Mutter eines zukünftigen Oberkellners umtreiben. Sie muss sich nicht nur der schweren Aufgabe stellen, ihm eine Leidenschaft für geziertes Gehabe einzurichten, sie muss auch einen instinktiven Hang zur Freundlichkeit in ihm ersticken. «Wie oft habe ich dir schon gesagt, dass du nicht gleich beim ersten Mal reagieren darfst, wenn du angesprochen wirst? *Wie oft?* Und was soll plötzlich dieses *hilfsbereite Getue*, wenn ich mal fragen darf? Wo hast du *das* denn her? Willst du wirklich so sein, wenn du mal groß bist? *Hilfsbereit?* Na prima, toll. Dann sei hilfsbereit, bitte sehr. Werd doch Pfadfinder. Ja genau, Pfadfinder – so wirst du nämlich enden, wenn du nicht langsam den Ernst des Lebens erkennst. *Ich* bin schließlich nicht die, die Oberkellner werden will. Ich war es nicht, die gesagt hat: ‹Oh, Mami, wenn du einen Oberkellner aus mir machst, werde ich dich nie mehr um etwas bitten, nie wieder.› Also bin ich auch nicht die, die hier leiden wird. Du willst Oberkellner sein? Dann *benimm* dich wie ein Oberkellner. Immer schön ein bisschen ignorieren bitte. Ein bisschen unangebrachte Arroganz. Du willst beflissen sein? Glaub mir, alles hat seine Zeit und seinen Ort. Wenn Gracia Patricia hereinkommt oder David Rockefeller, Tennessee Williams, okay, gut, in Ordnung, *dann* sei beflissen – du hast meinen Segen. Aber ich will das nicht andauernd sehen. Nicht für irgendeinen Spesenritter, der auf dicke Hose macht. Nicht für jeden Freizeitanzug mit zwei billigen Tickets für *A Chorus Line*. Verstanden? Bisschen mehr die Macht ausspielen und dafür weniger Freundlichkeit, okay? Dein Vater und ich werden schließlich nicht immer für dich da sein können.»

Die Restaurantkritiker-Mutter

Die Restaurantkritiker-Mutter ist eine stolze Frau. Tatsächlich ist sie so stolz, dass keiner in ihrer Umgebung mehr hören kann, was sie da für einen Essensneurotiker produziert hat. Aber ihr Stolz ist verständlich, denn sie hat ihn sich hart erarbeitet. Jahrelang hat sie gefragt: «Wie war das Mittagessen, Liebes?», nur um dafür ein knappes «Okay» zu ernten. Wieder und wieder hat sie sich ihren kleinen Schützling vorgeknöpft bis zu dem glücklichen Tag, an dem ihre Frage mit dieser Antwort belohnt wurde: «Mami, das Sandwich war superb. Das Wonder Bread war weich und unaufdringlich, der perfekte Kontrast sowohl für die angenehm scharfe Superchunky-Skippy-Erdnussbutter als auch das klare, zartduftende Traubengelee von Welsh's. Die Karottensticks waren von erlesener Süße und wahrten die Form bis zum letzten wunderbaren Biss. Die Yoo-Hoo-Trinkschokolade war interessant – frisch und doch robust –, und der Yankee-Doodle-Muffin eine Symphonie von weißcremiger Füllung und saftigem, dunklem Teig; das Ganze in herrlichen, nachgerade sündigen Schokoladenguss getaucht.»

Spezialbanken:
Etwas für jeden Geschmack

Vor nicht allzu langer Zeit tauchte auf Höhe der schicken Avenues in den Fünfzigern an der East Side von Manhattan eine Institution mit dem Namen First Women's Bank auf. Dies veranlasste mich zu folgender Spekulation:

1. Ist das nur ein Mode-Gag oder bereits ein Trend?
2. Was hat es mit der First Women's Bank auf sich?
3. Dürfen wir uns auf die Eröffnung eines Konkurrenz-
   unternehmens freuen, das dann die Other Women's Bank
   heißen wird?

Ich habe mir das gründlich durch den Kopf gehen lassen und tatsächlich Antworten auf alle drei Fragen gefunden. Ursprünglich wollte ich sie der Reihe nach durchgehen, aber dann habe ich doch eine andere Vorgehensweise gewählt. Bevor hier ein falscher Eindruck entsteht, möchte ich Ihnen nur rasch versichern, dass es mir nicht darum geht, auf Teufel komm raus meine Launen auszuleben, ich habe einfach meine Meinung geändert – was schließlich mein Recht als Frau ist.

Was hat es mit der First Women's Bank auf sich?

Ich hätte natürlich wie ein klassischer investigativer Reporter verfahren können – Rausgehen, Recherchieren, Faktensammeln –, aber ich habe mich für die Rolle der unbekümmerten Klatschbase entschieden: auf dem Sofa rumliegen, telefonieren und sich etwas aus den Fingern saugen. Diese Methode stellte sich als sehr befriedigend heraus und erbrachte den folgenden Befund:

Die First Women's Bank heißt nur aus formalen Gründen First Women's Bank. Das ist nicht der wirkliche Name. Der wirkliche Name lautet Kontensplitting. Wenn eine typische Kundin (nennen wir sie der Einfachheit halber Jane Doe) die Bank betritt, kann sie zwischen drei Schaltern wählen:

1. (HEIM)ZAHLUNGEN
2. LAUFENDE ZUWENDUNGEN
3. ABRECHNUNG VON GESCHMACKSVERIRRUNGEN

Sollte sich Jane mit ihren Bedürfnissen in diesen Abteilungen nicht richtig aufgehoben fühlen und vorübergehend verzagen, wird sie doch nicht vergessen, dass ihre Bank jede denkbare Annehmlichkeit bietet – einen Weihnachtsclub, einen Chanukka-Club und einen Bridge-Club –, damit sie zu ihrem alten Selbstvertrauen zurückfindet. So gestärkt, werden sie auch die zwei oder drei Tage im Monat, die die Bank natürlich wegen Bauchkrämpfen geschlossen ist, nicht davon abhalten, sich zu den richtigen Geschäften vorzuwagen. Hier sieht sie sich dann einer schmucken Reihe von Tischen mit gediegenen Namensschildern gegenüber: Madge, Delores, Wilma und Mary Beth. Jane wählt Mary Beth und setzt sich. Mary Beth schenkt Jane eine Tasse Kaffee ein, entschuldigt sich für ihre vollgeschmierte Schreibunterlage und fragt Jane, wo sie der Schuh drückt. Wenn

Jane dann Mary Beth fragt, woher sie wisse, dass sie der Schuh drücke, lächelt Mary Beth nur und sagt: «Weibliche Intuition.» Jane erzählt Mary Beth, dass sie elfhundert Dollar für die Reparatur ihres Wagens aufnehmen müsse, der bei Janes Versuch, Lipgloss aufzutragen und gleichzeitig scharf rechts abzubiegen, stark beschädigt worden ist. Jane möchte den Schaden unbedingt behoben haben, bevor ihr Mann von seiner Geschäftsreise zurückkommt. Mary Beth ist natürlich voller Verständnis, und sie einigen sich darauf, dass Kontensplitting Jane elfhundert Dollar leiht, wenn Jane ihrerseits Kontensplitting acht Bestecke von ihrem guten Silber für das nächste Vorstandstreffen zur Verfügung stellt. Nachdem das Geschäft erfolgreich abgeschlossen ist, verabschiedet sich Jane mit dem fröhlichen Slogan der Bank auf den Lippen: «Geld und Leben – wir wissen Bescheid.» Sie ist elfhundert Dollar reicher und überzeugter denn je, dass Kontensplitting die Dauerwelle der Zukunft ist.

Ist das nur ein Mode-Gag oder bereits ein Trend?

Die Antwort auf diese Frage lautet: «bereits ein Trend». Der Erfolg von Kontensplitting wird zu einer Epidemie von Spezialbanken führen, die jeweils eine ausgesuchte Klientel bedienen.

Kinder

Dieses Unternehmen wird First National Piggy Bank heißen (Erstes nationales Sparschwein). Sie wird ihren Kunden einen einmaligen Service bieten – Bankgeschäfte nach Farben, und die Filialen werden flächendeckend mit festgebundenen Buntstiften ausgestattet sein. Ihr Motto wird lauten «Unsere Schecks platzen lauter als deine», und statt der Tiefdruckmuster wird es die

Schecks in unterschiedlichsten Geschmacksrichtungen geben: Himbeere, Schokolade-Marshmallow, Vanille-Karamell und Blaubeere. Die Angestellten werden freundlich, aber bestimmt sein, und diejenigen, die für kompliziertere Vorgänge wie einen Vorschuss auf das Taschengeld von nächster Woche zuständig sind, sitzen dann hinter Tischen, auf denen Schilder mit ihren Namen stehen – Onkel Ralph, Tante Marcia, Onkel Harold und Tantchen Ruthie. Sollte einer der Kunden seinen Kredit nicht bedienen, wird er für 6½ Prozent pro überzogenem Monat ohne Nachtisch auf sein Zimmer geschickt. Führt das nicht zum gewünschten Ergebnis, bleibt der Bank nichts anderes übrig, als das Geburtstagsgeld des Schuldners zu pfänden, bis der Kredit abgezahlt ist. Öffnungszeiten: nach Schulschluss und am Wochenende, wenn die Hausaufgaben gemacht sind.

Homosexuelle

Die First National Raving Bank wird sich dadurch auszeichnen, dass sie als einzige Bank der Stadt einen Mindestverzehr von zwei Drinks fordert. Zu ihren Besonderheiten gehören Drei-Dollar-Noten und Schecks mit dem Konterfei von Ronald Firbank oder der vollständige Liedtext von «Somewhere over the Rainbow». Sollte ein Kunde dieser Bank eine Kreditkarte beantragen wollen, braucht er sich nur in den Geschäftsbereich zu begeben, wo er dann Mr. Eugene, Mr. Randy, Mr. Joel und Eduardo vorfindet, die ihn gerne darüber informieren, dass es in der Stadt neben Master Charge noch andere Optionen gibt. Öffnungszeiten: spät.

Psychiater

Die New York Bank of Self-Pity (Die Winselbank) wird nicht in einem einzigen Gebäude, sondern in einem ganzen Häuserkomplex untergebracht sein, denn schließlich ist alles nicht so einfach. Wenn einer der Kunden im Minus ist, kann er versuchen, die Bank zu überreden, seinen Scheck trotzdem einzulösen, weil es nur aufgrund ihrer Realitätsverweigerung zu diesem Rechenfehler kommen konnte. Sollte er den Wunsch verspüren, eine tiefere Beziehung zu seinem Konto aufzubauen, kann er sich auf die Couch legen und das Problem mit einem der selbstzerstörerischen, unreifen Angestellten durchsprechen. Die Schreibgeräte in dieser Bank sind wohlweislich mit einer Tinte bestückt, die symbolträchtige Kleckse verursacht. Öffnungszeiten: 10:10 Uhr – 10:50 Uhr.

Dürfen wir uns auf die Eröffnung eines Konkurrenzunternehmens freuen, das dann die Other Women's Bank heißen wird?

Ohne Zweifel. Unverkennbare Anzeichen dafür werden Schließfächer voller teurer Christbaumkugeln, geschürzte Lippen und eine Tendenz zu einsamen Weihnachtsfesten sein. Öffnungszeiten: Dienstag- und Donnerstagnachmittag.

Jeder hat das Recht,
zu tun und zu lassen,
was ich für richtig halte

Gesetze sind grundsätzlich dazu da, die Öffentlichkeit vor Schaden zu bewahren. Unter Schaden versteht man grundsätzlich eine Bedrohung der körperlichen Unversehrtheit. Körperliche Unversehrtheit ist grundsätzlich kein übermäßig interessantes Thema. Richtig ist, dass es auch Gesetze gibt, die die Öffentlichkeit vor finanziellen Katastrophen schützen sollen. Noch richtiger allerdings, dass die finanzielle Katastrophe trotzdem eintritt. Und am richtigsten: Die Öffentlichkeit ist keine übermäßig interessante Gruppe.

Unser Rechtssystem ist nicht wirklich faszinierend, weil es sich nicht mit den drei wichtigsten Fragen beschäftigt. Diese drei wichtigsten Fragen sind:

1. Ist es attraktiv?
2. Ist es amüsant?
3. Weiß es, wo es hingehört?

Bereits auf den ersten Blick ist zu erkennen, dass diese drei Fragen nicht nur alle Eventualitäten des gegenwärtigen Systems abdecken, sondern sich, und das ist noch viel wichtiger, ohne Zaudern den wahren Gefahren des modernen Lebens entgegenstellen. Deshalb bilden sie die einzig mögliche Grundlage für jedes vernünftige Rechtssystem und sollen fortan als solche betrachtet werden. Wenn Sie eine dieser Fragen mit Nein beantworten müssen, begehen Sie eine Straftat. Der Einfachheit halber werde ich jede Frage einzeln untersuchen, obwohl eigentlich offensichtlich sein sollte, dass sie brüderlich miteinander verbunden sind.

Ist es attraktiv?

Als ich auf der Oberschule war, pflegte der Lehrer zu Beginn jedes Jahres das Wesen der individuellen Freiheit in einer Demokratie folgendermaßen zu erklären: «Euer Recht, die Faust auszufahren, endet da, wo die Nase der anderen Person beginnt.» Eine bewundernswerte Haltung, keine Frage, aber irgendwie fehlt ihr das gewisse Etwas, das die Sache lohnenswert macht.

Mit dieser Haltung verpasst man das Entscheidende. Ich jedenfalls verkrafte eher einen Hieb auf die Nase als einen Anschlag auf mein Stilgefühl. Jetzt kommt mein Vorschlag: «Euer Recht, mintgrüne Freizeitanzüge aus Polyester zu tragen, endet dort, wo mein Auge darauf fällt.» Sollten Sie diesem Gebot mutwillig zuwiderhandeln, werden Sie wegen Geschmacksverirrung verhaftet.

Um all den Würmern gerecht zu werden, die aus dieser bis dato verschlossenen Büchse kriechen, wird ein Kommissar für ansprechendes Äußeres eingesetzt, der auf einer Liste folgende Einzelvergehen aufführt:

A) Die Errichtung von Gebäuden, die aussehen wie gigantische Elektrorasierer.

B) Fernsehwerbung und Zeitungsannoncen mit echten Personen statt Models.

C) Zigaretten in verschiedenen Farben. Wenn weiße Zigaretten gut genug waren für Edward R. Murrow, sind sie auch gut genug für Sie.

D) Eiswürfel in originellen Formen. Blumen gehören ans Revers, nicht in den Bourbon.

E) Flughafen-Beschilderungen, die Grafikdesignern mit einem Hang zu radikaler Schlichtheit in die Hände gefallen sind.

F) Möbelstücke, die aussehen sollen wie Kinderspielzeug aus den Vierzigern.

G) Langärmelige T-Shirts, die aussehen sollen wie eine Smokingjacke und ausnahmslos von Leuten getragen werden, die eine Smokingjacke allenfalls zur Arbeit anziehen würden.

Wer sich irgendeines der oben genannten Vergehen schuldig macht, soll zur Strafe neunzig Tage mit dem Kerl leben müssen, der das männliche Pin-up erfunden hat, oder zweiundsiebzig Monate in Los Angeles – je nachdem.

Ist es amüsant?

Es war einmal vor langer, langer Zeit, da wollten die Menschen wortgewandt sein. Wer sich elegant auszudrücken wusste, wurde sehr bewundert. Esprit war gefragt. Es war die Zeit der Epigramme.

Die Jahre vergingen, und mit der Zeit begab es sich, dass den Menschen nichts wichtiger war, als gemocht zu werden.

Wer einen kräftigen Händedruck hatte, wurde sehr bewundert. Freundlichkeit war gefragt. Es war die Zeit der Telegramme.

Heutzutage scheinen die Menschen vornehmlich darauf bedacht, ausgeruht zu sein. Wer durchschlafen kann, wird sehr bewundert. Bewusstlosigkeit ist gefragt. Es ist die Zeit des Milligramms.

Fern sei es von mir, Sie durch Geräusche im Schlaf zu stören, aber ich möchte Sie doch darüber in Kenntnis setzen, dass Sie wegen Langweiligkeit verhaftet sind. Der Kommissar für Wortgewandtheit verdächtigt Sie eines oder mehrerer der folgenden Delikte:

A) Statt sich in der Kunst der Konversation zu versuchen, kommunizieren Sie lieber mit Ihren Mitmenschen, indem Sie vollkommen Fremde umarmen, die gerade in einem Swimmingpool voll warmem Wasser die schlimmen Erlebnisse ihrer Kindheit noch einmal durchleben.

B) Sie glauben im Ernst, dass die Frauenbewegung Sinn für Humor hat.

C) Sie gebrauchen Sätze, wie sie auf T-Shirts zu lesen sind.

D) Sie teilen David Susskinds offenbar unerschöpfliches Interesse am Privatleben zu Recht unbekannter Homosexueller.

E) Sie verspüren den Drang, Ihre innersten Gedanken jede Woche vor sechs anderen Personen auszubreiten, von denen eine Geld dafür nimmt.

F) Sie verspüren keinen Drang mehr, Ihre innersten Gedanken jede Woche vor sechs anderen Personen auszubreiten, von denen eine Geld dafür nimmt, weil Sie finden, dass Erica Jong alles schon gesagt hat.

G) Die Buchstaben *est* haben für Sie noch eine andere Bedeutung als Eastern Standard Time, nämlich Erhard Seminars Training.

H) Sie sind der Gastgeber einer Fernseh-Talkshow, für den die Welt nur aus Leuten besteht, die irgendwann mal zwei Wochen in Las Vegas auftreten, und deshalb stellen Sie Ihren nächsten Gast auch so vor: «Dr. Jonas Salk – ganz toller Typ!»

Sollten Sie im Sinne der Anklage schuldig sein, werden Sie zu einem Jahresabo von *Psychology Today* oder zweiundsiebzig Monaten in Los Angeles verurteilt – je nachdem.

Weiß es, wo es hingehört?

Während der Gerichtsbarkeit des Kommissars für angemessenes Verhalten wurde der alte Satz «Alles hat seinen Ort und seine Zeit» folgendermaßen erweitert: «Ein Platz für jeden und jeder an seinem Platz.» Sie sind nicht an Ihrem Platz oder verantwortlich dafür, dass etwas nicht an *seinem* Platz ist, wenn man Ihnen eine der folgenden Handlungen vorwerfen kann:

A) Sie sind ein Mann, der an Bewusstseinserweiterungsgruppensitzungen teilnimmt.

B) Sie sind eine Frau, die an Bewusstseinserweiterungsgruppensitzungen teilnimmt.

C) Sie sind ein Hund und leben in New York, wahrscheinlich in meiner Nachbarschaft.

D) Sie sind ein Camouflage-Kampfanzug, getragen von einer Person, die nicht als Soldat in Südostasien dient.

E) Sie sind Teppichboden im WC.

F) Sie sind auf dem Weg zu meiner Wohnung, ohne vorher angerufen zu haben.

G) Sie schreiben Gedichte und sind nicht tot.

Wer wegen eines der oben genannten Verbrechen verurteilt wird, soll entweder als in einem Schnapsglas serviertes Dessert enden oder für zweiundsiebzig Monate in Los Angeles – je nachdem.

Familiengeschichte:
Eine moralische Erzählung

Das Adjektiv *natürlich* beim Wort Geburt setzt voraus, dass es auch so etwas wie eine unnatürliche Geburt gibt. Befürworter wiesen darauf hin, dass Frauen über Tausende von Jahren ihre Babys in aller Stille zu Hause oder im Reisfeld bekamen, indem sie sich einfach hinlegten und tief atmeten. Dieser ganze Aufstand, dass man im Auto ins Krankenhaus rast, um sich mit Medikamenten abfüllen und von Ärzten versorgen zu lassen, sei falsch. So war das nie gedacht. Manche hörten darauf, andere nicht. Manche von denen, die nicht darauf hörten, taten dies nicht aus Arroganz und weil sie von der Richtigkeit ihres unnatürlichen Treibens überzeugt waren. Sie rasten einfach gerne ins Krankenhaus. Sie ließen sich gerne mit Medikamenten abfüllen. Sie waren begeistert, von Ärzten umsorgt zu werden. Für sie war Unnatürlichkeit ein Lebensstil. In ihrer Hingabe ans Künstliche grüßten sie einander mit wissendem Blick und verabschiedeten sich mit einem geflüsterten «À rebours». Sie waren zufrieden und hielten sich für so kultiviert, wie es ihnen unter den gegebenen, unzweifelhaft heterosexuellen und deshalb eingeschränkten Bedingungen überhaupt möglich war.

Dann begann sich in diesem Segment ganz allmählich ein verstörendes Gerücht zu verbreiten. Dunkles Gemunkel war zu vernehmen. Die leichtlebige Fraktion ließ sich immer seltener in den besseren Wartezimmern blicken. Nach Monaten voller Spekulationen hinter vorgehaltener Hand kam die Wahrheit ans Licht: Irgendwelche überspannten Typen hatten eine Geburtsmethode gefunden, neben der eine unnatürliche Geburt so atavistisch wirken musste, als würde man die eigene Plazenta aufessen. Diese Leute kamen völlig ohne körperlichen Einsatz aus und kriegten ihre Kinder in Bars.

Die beliebteste dieser Bars hieß Chicken Little und lag in einem Backsteingebäude in einer der schicken Straßen nahe dem East River. Zukünftige Eltern auf Beutezug fuhren im eigenen Wagen oder im Taxi vor, klopften einmal kurz an die schokoladenbraun lackierte Tür und stellten sich einer scheinfreundlichen Frau in den Siebzigern vor, die allgemein nur als die Großmutter bekannt war.

Wenn sie diese Prüfung bestanden hatten, setzten sie sich an kleine Tischchen oder an die Bar und versuchten eine liebevolle Miene aufzusetzen, während sie die Kinder inspizierten. Gesprochen wurde nicht, höchstens um die Qualität der Waren zu kommentieren. «Meinst du, er sieht aus wie ich?», «Das ist ein Studentensprecher, wie er im Buche steht» oder «Meinst du, sie macht ihr Bett selber?». Besonders Forsche schmissen sich immer gleich säuselnd an die vielversprechendsten Krabbelkinder ran: «Na, Kleiner, wollen wir was spielen?» Oder sie nahmen besonders blonde Mädchen beiseite, steckten ihnen selbstgebackene Schokoladenkekse zu und ließen sie wissen, dass es bei ihnen noch viel mehr Kekse gäbe.

Die Kinder ihrerseits hatten auch so einige Tricks auf Lager, und manche der kleinen Racker waren sich für nichts zu schade. Wenn der Abend sich hinzog und die richtig großzügig aussehenden Erwachsenen langsam vergeben waren, kam es durchaus vor, dass sich die Verzweifelten, die noch nicht adoptiert waren, mit einem schlau versteckt gehaltenen braunen Augenbrauenstift hastig besonders niedliche Sommersprossenmuster auf ihre kleinen Nasenrücken malten oder mit lauter, unüberhörbarer Stimme verkündeten, dass sie später mal Arzt werden wollten.

Einem aufmerksamen Beobachter konnte nicht entgehen, dass manche Besucher den Hauptraum schnurstracks durchquerten und im Hinterzimmer verschwanden. Dieses Hinterzimmer war jenen mit ausgefalleneren Wünschen vorbehalten. Um ihre besonderen Präferenzen anzudeuten, ließen die Kleinen hier einen Träger ihrer Spielhose offen. Ein nicht zugeknöpfter linker Träger bedeutete: *Ich gebe Widerworte ... Ich mache meine Hausaufgaben nicht ... Ich werde ins Bett machen, bis ich fünfzehn bin ... Ich werde euch das Leben zur Hölle machen ... Ihr werdet nicht wissen, warum ihr mit mir gestraft wurdet.* Diese Gruppe wandte sich schnell den Erwachsenen zu, die ihre Zigarette in der rechten Hand hielten, was bedeutete: *Keine Angst, wir kriegen das hin ... Wie kann ich dir helfen? ... So habe ich das nicht gemeint ... Was habe ich nur falsch gemacht?*

Ein nicht zugeknöpfter rechter Träger bedeutete: *Es war mein Fehler ... Ich werde versuchen, mich zu bessern ... Ich kann nicht lügen ... Wahrscheinlich bin ich von Natur aus schlecht.* Dieser Trupp fand sich unweigerlich bei den Erwachsenen mit der Zigarette in der linken Hand, was bedeutete: *Kein Nachtisch ... Geh auf dein Zimmer ... Ich werfe das jetzt weg ... Bei uns gibt's kein Weihnachten.*

Sie ahnen schon, dass das nicht ewig so weitergehen konnte. Andere Eltern mit unnatürlichen Neigungen strömten ins Chicken Little, und schon bald kamen sie auch von außerhalb. «An den Wochenenden ist es absolut unmöglich», sagten die Cognoscenti. «Ich meine, hast du die von letzter Woche gesehen? Lauter Förderkinder mit Leseschwäche, also wirklich.»

Schließlich wurde auch die Polizei auf die Vorgänge aufmerksam, und an einem Samstagabend kam es im Chicken Little zu einer Razzia. «Alle an die Wand, Hosenscheißer!», brüllten die Polizisten ein Grüppchen von Kindern an, die sich an die Hände von verdächtig beschürzten Frauen klammerten. «Reißt euch los, wir werden niemals groß!», schrien die Kinder zurück. Und schon riss sich ein kleiner Junge von seiner frisch erworbenen Mutter los, rannte zur Bar und schnappte sich eine Milchflasche. «Sofort aufhören!», riefen die Vertreter des Gesetzes, doch niemand hörte auf sie. Zu dem Kleinen gesellten sich schnell drei weitere Kinder von genau der Sorte, die nie weiß, wann Schluss ist. Sie nuckelten gierig aus ihren Fläschchen, starrten die Polizisten schelmisch grinsend an und präsentierten ihre Milchbärte. Das war zu viel für die Jungs in Uniform. Sie feuerten ihre Waffen ab. Alle vier Kinder wurden getötet. Und das war die Tragödie der verhinderten Wunderkinder von Chicken Little.

Selbsterfahrungshunger:
Mir geht es gut, dir nicht

Schon immer neigten Menschen unseligerweise dazu, sich in Gruppen zusammenzurotten. Die Gründe für dieses Phänomen sind sehr vielfältig, lassen sich aber grundsätzlich in zwei Kategorien fassen: reine Not und reine Begierde. In der Abteilung reine Not (und ich versichere Ihnen, dass das Wort «rein» mit Bedacht gewählt wurde) finden wir Dinge wie linksgerichtete politische Parteien, Nachbarschaftshilfe, Löwenrudel, die Schwulenbewegung, Rentner-WGs, das Magazin *Ms.*, Armeen, Nähkränzchen, die Rockettes und Selbsterfahrungsseminare.

Unter das Rubrum reine Begierde – die in Klammer angeführte Bemerkung gilt auch hier – gehören rechtsgerichtete politische Parteien, Gymnastik, die Chicago Seven, Entouragen, die New School for Social Research, Massenvergnügen und Selbsterfahrungsseminare. Wenn manche, vielleicht sogar alle Einzelnennungen in den jeweiligen Kategorien austauschbar wirken, so ist das kein Zufall, sondern hat damit zu tun, dass Not und Begierde, genau wie falsch sortierte Wäsche, zum Ausbluten neigen.

Wenn Sie aufgepasst haben, dann haben Sie sicherlich bemerkt, dass Selbsterfahrungsprogramme in beiden Kategorien vorkommen. Aus zwei Gründen: Erstens, die Teilnehmer an solchen Seminaren sind ebenso bedürftig wie begierig, und zweitens sind diese Seminare der Inbegriff von Gruppengewese und deshalb so unfassbar unattraktiv. Dass ich für alles, was mit Gruppen zu tun hat, weder Sympathie noch Interesse aufbringe, hat natürlich damit zu tun, dass *meine* beiden größten Bedürfnisse und Begierden – Zigaretten rauchen und auf Rache sinnen – im Grunde einsame Tätigkeiten sind. Manchmal kommen schon auch ein, zwei Freunde vorbei, und wir rauchen eine zusammen, und manchmal teste ich eine Rachephantasie an einem gefügigen Zeitgenossen aus. In Wirklichkeit aber sind persönliche Begegnungen vollkommen überflüssig.

Deshalb bin ich bestürzt, dass sich Angebote wie *est* in einer Geschwindigkeit ausbreiten, wie man sie sonst nur von besonders ekligen Bakterieninfektionen kennt – wobei Schnelligkeit nicht das Einzige ist, was hier verbindet. Da dieser Selbstfindungswahn immer noch weiter grassiert, werden wir wahrscheinlich schon bald weitere Angebote für allerlei Bedürfnisse und Begierden bekommen, von denen man bisher noch gar nichts geahnt hatte. Hier einige Beispiele:

rip

rip, ruhe, aber nicht in Frieden, sondern in *pleasure*, im Vergnügen. Das wäre eine Organisation für all jene Verstorbenen, die aus irgendeinem Grund der Meinung sind, der Tod biete ihnen nicht genug. Der Name des Anführers dieser Gruppe ist unbekannt – er lässt sich allenfalls als eine schwer fassbare Figur charakterisieren, doch ist man sich darin einig, dass *rip* auf die Bedürfnisse eines kleinen Zirkels von Leuten zugeschnitten ist, die einander immer vorjammern, sie würden sich nicht richtig tot fühlen. Deshalb die Vermutung, dass Judge Crater, Gott, Amelia

Earhart, Adolf Hitler und das Lindbergh-Baby für die Etablierung dieses Programms verantwortlich sind.

Die auf ungeklärte Weise von uns Gegangenen treffen sich jedes Mal, wenn der Geist sie beseelt, und die Sitzungen bestehen weitgehend aus der ehrlichen Beantwortung grundsätzlicher Fragen wie «Heben Sie Ihre Quittungen auf?», «Husten Sie?», «Verzichten Sie auch auf Kohlenhydrate?», «Warten Sie noch auf die Rechnung?», «Sind Sie in der Warteschleife?». «Nein?», sagt der Gruppenleiter. «Dann sind Sie offenbar tot. Und wenn Sie tot sind, gibt es keinen Grund, nicht die ewige Ruhe zu erlangen. Wenn Sie die ewige Ruhe haben, sind Sie alle Verantwortung los und müssen sich über nichts mehr ärgern. Also bitte. Was könnte angenehmer sein?»

rip-Sitzungen haben auch ihre Nachteile. Die Teilnehmer dürfen nicht auf die Toilette, sie dürfen sich nicht die Beine vertreten oder etwas essen. Und obwohl sich von ihnen noch keiner beschwert hat, gibt es wie immer wieder diese Unzufriedenen, Skeptiker und Negativlinge, die überzeugt sind, dass sich, wenn *rip* einmal gründlich durchleuchtet würde, mehr als eine Leiche im Keller fände.

rau

rau, rüpelhaft, abstoßend und ungenießbar, so heißt das Seminar, das sich in der Überzeugung zusammenfindet, Vulgarität und schlechter Geschmack seien unveräußerliche Menschenrechte. Die *Raudies*, wie sie manchmal genannt werden, treffen sich, so ihnen danach ist, im La Gaucherie, dem Seminar-Hauptquartier, das mit siebentausend Farbfernsehern im Dauerbetrieb, neunhundert ununterbrochen jaulenden Stereoanlagen, Flokatis in sechshundertachtundsechzig Farbtönen und einer eklektischen Mischung von Esszimmermöbeln im mediterranen Stil, Lümmelsofas, geschmacklosen Wandbehängen und

Sitzelementen ausgestattet ist. Wer nicht gerade mit E-Gitarre-Spielen oder Artikelschreiben für *Playgirl* beschäftigt ist, fläzt breitbeinig herum und tut lauthals seine ehrlichen Gefühle und Ansichten kund. Männliche Raudies sollen die obersten fünf Hemdknöpfe offen lassen, sofern sie nicht eine ungewöhnlich helle Haut und viele Haare auf der Brust haben. In dem Fall müssen sie es sogar. Die weiblichen Mitglieder sollen sie darin bestärken. Beide Geschlechter nehmen an einer Art Meditation teil, die darin besteht, synthetische Kleidung zu tragen und einen intensiven Geruch nach Moschusöl auszudünsten. Zweck der Übung ist es, einen Bewusstseinszustand zu erreichen, der als Los Angeles bekannt ist.

aua

aua, steht für Angst um alles, klassisches Hypochonder-Syndrom. Die Sitzungen, Sprechstunden genannt, finden im Abstand von zwanzig Minuten in einem Raum statt, der als Wartezimmer bekannt ist. Die Teilnehmer kommen herein, setzen sich auf unbequeme Sofas in Leder-Optik und blättern in alten Ausgaben von *Today's Health*, bis der Gruppenleiter, ein hochgewachsener, distinguierter Herr mit grauen Schläfen, bekannt als Dr. Rundum Sorglos, zur Ordnung ruft. Die Teilnehmer müssen sich einem Initiationsritual, dem Bluttest, unterziehen, bevor sie von ihren Symptomen erzählen dürfen. Die Konsultation fällt jedes Mal anders aus, aber alle Anhänger von *aua* haben sich dem Seminar-Motto verschrieben: «Es ist nie *nur* ein Leberfleck.» Beim allgemeinen Jammern kommt es nicht selten zu Tumulten, weil sich die Opfer gegenseitig auszustechen versuchen. Dann muss Dr. Rundum Sorglos die Teilnehmer an den Schwur erinnern, den sie bei Empfang ihres Roten Kreuzes geleistet haben. Geschmerzt ruft er sie zur Ordnung und erklärt ihnen, was es heißt, Patient zu sein: Irgendwann kommt jeder dran.

Ein Blick in die Welt

Abflug

Ich besteige den Jet von Trans World Airlines nach Mailand, dem ersten Stopp auf meiner Blitztour durch den Kontinent. Das Flugzeug ist, womit ich gar nicht gerechnet hatte, voller Italiener. Ich bin mit drei Stangen zollfreier Vantage-Zigaretten und einer langen Liste Telefonnummern bewaffnet, die ich garantiert nicht brauchen werde. Ich kann mir einfach nicht vorstellen, dass ich irgendjemanden anrufe und sage: «Hallo, Sie kennen mich zwar nicht, aber meine Friseurin schläft gelegentlich mit Ihrem Presseagenten, also können Sie mir doch mal Paris zeigen.» Der Flug vergeht ohne besondere Vorkommnisse, außer dass der Herr zu meiner Linken, ein Mailänder Mehlfabrikant in einem grünen Mohair-Anzug, sich in mich verliebt, und ich gezwungen bin, die letzten drei Stunden im vorgespielten Koma zu verbringen.

Mailand

Mailand ist eine ziemlich hübsche kleine Stadt. Eine schöne Kathedrale, das *Letzte Abendmahl,* ein von Mussolini gebauter, sehr glanzvoller Bahnhof, die Scala und viele andere reizende Sehenswürdigkeiten. Es gibt zwei Sorten Mailänder: die, die für die verschiedenen *Vogues* arbeiten, und die, die das nicht tun. Die Leute, die für die verschiedenen *Vogues* arbeiten, sind sehr gesellig und gehen gerne aus. Die, die nicht für die verschiedenen *Vogues* arbeiten, sind vielleicht auch sehr gesellig, aber wahrscheinlich können sie kaum Englisch. Fast alle, die ich in Mailand kennenlerne, sind Kommunisten, vor allem die Reichen. Mailand ist sehr politisch und voller kommunistischer Graffiti und Soldaten. In Mailand sind alle gut angezogen.

Streichhölzer sind in Mailand nicht umsonst. Ein Streichholzbriefchen kostet einhundert Lire, mehr als fünfzehn Cent in echtem Geld. Ich fand das erschütternd und war überaus empört, wenn mich jemand um Feuer bat. Wenn mir aber jemand Feuer anbot, war ich ganz überwältigt von so viel Großzügigkeit und fühlte mich, als hätte ich etwas gewonnen.

In Italien herrscht ein akuter Mangel an Kleingeld. Wenn Sie etwas kaufen, gibt Ihnen der Ladenbesitzer statt Münzen Süßigkeiten oder Briefmarken heraus. Geben Sie auf diese Briefmarken gut acht: In Italien gibt es anscheinend keine Postämter. Wenn Sie also Briefmarken brauchen, ist das Ihre beste Chance. Jeder in Mailand arbeitet, und wenn es regnet, machen sie Rom dafür verantwortlich.

Rom

In Rom arbeitet niemand, und wenn es in Rom regnet – vorausgesetzt, sie merken es überhaupt –, machen sie Mailand dafür verantwortlich. In Rom verbringen die Leute den größten Teil ihrer Zeit mit Mittagessen. Und das machen sie sehr gut – die Römer sind ohne Zweifel Weltmeister im Mittagessen. Rom ist sehr architektonisch, und sie haben dort viel Kunst. Die Römer sind sehr nette Leute und interessieren sich für die Meinung anderer. Wenn Sie aus den Vatikanischen Museen kommen, sehen Sie zu Ihrer Rechten einen Kasten für Vorschläge. Ich schlug vor, die Decke der Sixtinischen Kapelle mit lärmschluckenden Fliesen zu verkleiden, um den Radau zu dämpfen, den die deutschen Touristen veranstalten. Dann könnte man Michelangelos Szenen in Acryl reproduzieren und auf die Weise die Form erhalten und ihr ein wenig Funktion verleihen.

In den zwei Wochen, die ich in Rom verbracht habe, wurde fünf Mal gestreikt. Ich weiß nicht, was die Streikenden wollten oder ob sie es bekommen haben, aber das war wahrscheinlich egal. Streiken ist in Rom vor allem eine Stilfrage, um Geld geht es weniger. Rom ist in jeder Hinsicht eine sehr verrückte Stadt. Nach zwei oder drei Stunden in Rom wird einem klar, dass Fellini Dokumentarfilme gedreht hat.

Rock 'n' Roll gibt es in Italien nicht, deshalb wollen alle Kinder dort Filmstars werden statt heroinsüchtig.

Cannes: Das Film-Festival

Cannes ist prima. Eine Menge großer weißer Hotels, hübsche Strände, Filmsternchen, Jachten, üppige Partys, ein Casino und Leute, die Englisch sprechen. In Cannes sind alle sehr beschäftigt. Die Produzenten sind damit beschäftigt, etwas zu finden, das sie produzieren können. Die Regisseure sind damit beschäftigt, etwas zum Regieführen zu finden. Die Käufer sind mit der Suche nach Verkäufern beschäftigt. Die Verkäufer suchen Käufer, und die Kellner sind damit beschäftigt, Ihre Bestellung nicht aufzunehmen. Wenn man in Cannes Leute kennenlernen will, setzt man sich am besten auf die Terrasse des Carlton und bestellt einen Drink. Kaum sind ein paar Stunden vergangen, bringt Ihnen der Kellner den Martini, den ein anderer bestellt hat. Sie halten den Drink mit großer Geste hoch und sehen sich um. Ein paar Tische weiter wird jemand suchend Ihr Perrier mit Zitrone in die Höhe halten, und schon sind Sie auf dem besten Weg zu einer neuen Freundschaft oder einem Deal.

In Cannes werden jeden Tag ungefähr zweihundert Filme gezeigt. Ich habe zweieinhalb gesehen. Es kostet viel Geld, nach Frankreich zu fahren, und ich kann auch in New York ins Kino gehen. Sie wissen ja, was man von Kinosälen sagt – im Dunkeln sehen sie alle gleich aus.

Paris

Paris ist eine große Schönheit. Als solche besitzt es alle Vorzüge, die man auch bei anderen großen Schönheiten findet: Schick, Sexyness, Grandezza, Arroganz, und mit Vernunft braucht man schon gar nicht zu kommen. Wenn Sie also dorthin fahren, sollten Sie eines nicht vergessen: Egal, wie langsam und deutlich Sie einen Pariser nach etwas fragen, er wird Ihnen unweigerlich auf Französisch antworten.

WISSENSCHAFT

Wissenschaft

Wissenschaft ist keine schöne Angelegenheit. Sie hat unglückliche Proportionen, zieht sich seltsam an und ist oft streberhaft. Worin besteht dann der Reiz der Wissenschaft? Warum ist sie so beliebt? Und wer hat damit angefangen?

Wenn man den modernen Hang zur Wissenschaft verstehen will, muss man die Sache historisch betrachten. Aus dieser Perspektive ist nicht zu übersehen, dass man auf immer weniger Wissenschaft trifft. Die Wissenschaft allerdings, die man rückwärtig vorfindet, erweist sich als von durchweg höherer Qualität. Bei der Beschäftigung mit der Wissenschaft vergangener Zeiten begegnet man zum Beispiel so interessanten Ideen wie Gravitation, Elektrizität und dass die Erde eine Kugel ist – während eine genauere Betrachtung jüngerer Errungenschaften eine starke Tendenz zu Käse aus der Sprühdose, Stretch-Jeans und dem Synthesizer erkennen lässt.

Diese Fakten bestätigen ohne jede Frage meine Theorie, dass die moderne Wissenschaft vornehmlich als Antwort auf das Problem mit dem Personal konzipiert wurde und im Allgemeinen von Leuten praktiziert wird, denen es an Begabung zur Konversation fehlt.

Darum ist es nicht weiter verwunderlich, dass die Wissenschaft erst nach der Abschaffung der Sklaverei ihre widerwärtigsten Seiten zu zeigen begann. Erfindungen und Entdeckungen verloren im gleichen Maß an Reiz, wie es immer schwieriger wurde, gutes Personal zu finden.

Bevor es zu dieser misslichen Situation kam, beschäftigte sich der Wissenschaftler vor allem mit Theorie. Solange er in seinen persönlichen Bedürfnissen ausreichend versorgt war, sah er völlig zu Recht keinen Grund, seine Mitmenschen mit einer praktischen Nutzanwendung seines frischerworbenen Wissens zu belästigen. Dies führte zu Denkschulen statt zu Schulen für Computerprogrammierer. Ohne Zweifel waren das viel angenehmere Verhältnisse als heute. Bei näherer Betrachtung erkennt man gleich, dass die heutige, verfehlte Wissenschaft eigentlich auf Männer zurückgeht, die der Verdruss über die häusliche Unordnung zu ihren Spinnereien getrieben hat. Selbst in Fällen, in denen eine praktische Umsetzung angebracht gewesen wäre, ist die Neigung zum Exzess unverkennbar.

Ein typisches Beispiel für dieses Krankheitsbild ist Thomas Edison. Edison erfand die elektrische Glühbirne, durch die es möglich wurde, abends zu lesen. Eine große und vielbewunderte Errungenschaft, die ihm mit Recht einen festen Platz im Herzen der zivilisierten Menschheit verschafft hätte, wenn er nicht im nächsten Augenblick den Phonographen erfunden hätte. Diese eine Tat führte dazu, dass schließlich in jeder noch so kleinen Wohnung eine Stereoanlage stand, die es dem besseren Teil unmöglich machte, sich tatsächlich seiner *guten* Erfindung zu erfreuen. Wenn man diesen Gedanken zu Ende denkt, ist nicht zu übersehen, dass es sich bei den unerfreulichen Aspekten der Wissenschaft fast ausnahmslos um verhängnisvolle Fehlentwicklungen handelt, die einem die abendliche Lektüre erschweren. Lesen ist kein besonders populärer Zeitvertreib, und daher rührt die Begeisterung, mit der die Mehrheit der Bevölkerung solche Sachen wie Schneemobile, Musikanlagen und CB-Funk begrüßt hat. Dass dieses neumodischere Zeug der Öffentlichkeit das Interesse an elektrischen Lampen nicht vollends genommen hat, ist einzig ihrer Bereitschaft zuzuschreiben, noch völlig intakte, leere Sangria-Flaschen verkommen zu lassen.

Wissenschaftler sind nur in Ausnahmefällen unterhaltsam. Auf Partys sind sie linkisch, Fremden gegenüber gehemmt und absolut ironieunfähig. Es bleibt ihnen daher gar nichts anderes übrig, als ihre Aufmerksamkeit dem intensiven Studium von Alltagsgegenständen zuzuwenden. Dazu gab es reichlich Gelegenheit, und gelegentlich werden sie mit erfreulichen Einsichten belohnt.

So war die Elektrizität das Ergebnis von Franklins Interesse an Gewittern, das Prinzip der Erdanziehungskraft das Fazit von Newtons Experiment mit einem Apfel, und die Dampfmaschine die Folge von Watts Beobachtung eines Teekessels.

Es ist nicht weiter überraschend, dass solche Leute nicht gern eingeladen werden. Wer einen ganzen Abend damit zubringen kann, ein Küchengerät anzustarren, ist schließlich kein idealer Tischnachbar. Viel zu riskant – erst recht, wenn der Besagte meint, seine Gedanken anderen mitteilen zu müssen. Physikalische Gesetze sind nicht amüsant. Mathematische Symbole eignen sich nicht für Anspielungen. Chemische Stoffeigenschaften sind selten Grund zur Heiterkeit. Deshalb kann ein Treffen nie mehr als einen Wissenschaftler verkraften. Wenn es sich überhaupt nicht vermeiden lässt, kann man getrost *einen* Wissenschaftler zum Abendessen einladen, solange er garantiert der einzige anwesende Vertreter seines Metiers ist. Mehr als ein Wissenschaftler am Tisch bringt Unglück – außerdem zeugt es von schlechtem Geschmack. Der Legende nach kam es zur Atomspaltung, als ein paar Wissenschaftler bis in die Nacht hinein arbeiteten und beschlossen, eine Pizza zu bestellen. Eine wirklich beängstigende Geschichte, die noch gruseliger wird, wenn man erfährt, dass sich eine Handvoll Kollegen in ihrem Frust, zu dieser improvisierten Mahlzeit nicht eingeladen worden zu sein, rachsüchtig in ein Nachtcafé zurückzogen und das Polyester erfanden.

Die Nagelbank:
Noch einmal mit Fingerspitzengefühl

Neulich beim Lunch mit einem praktizierenden Mitglied der müßigen Klasse kam quasi zufällig (wie es ja so oft geschieht) das Thema Nagelpflege auf. Meine Begleiterin schalt mich für den ihrer Meinung nach schändlichen Zustand meiner Nägel und empfahl mir mit einigem Nachdruck, sie zu dem unglaublich schicken Etablissement zu begleiten, das für den makellosen Zustand ihrer eigenen Nägel verantwortlich ist. Bei Erwähnung der Kosten für einen solchen Ausflug kräuselte ich anmutig und doch bestimmt die Oberlippe und lehnte ihr Angebot ohne größeres Bedauern ab. Aber ich kann einfach nicht anders, ich muss den Dingen auf den Grund gehen. Daher fühlte ich mich zu der Nachfrage gedrängt, was genau man mit Fingernägeln anstellen könne, um eine derartige Ausgabe zu rechtfertigen.

«Was wohl», sagte meine Freundin, «sie bringen sie in Form, verlängern sie mit Schablonen, polieren sie, und wenn nötig, bekomme ich ein Transplantat.»

«Ein Transplantat», wiederholte ich. «Was soll das sein, ein Transplantat?»

«Na ja, wenn ich mir einen Nagel abbreche und das abgebrochene Stück noch habe, kleben sie es wieder dran. Aber wenn ich es nicht mehr habe, nehmen sie den Nagel von jemand anderem aus der Nagelbank.»

«Der Nagelbank?», wiederholte ich wieder.

«Ja», sagte sie und setzte zu weiteren Erklärungen an, aber ich muss zugeben, dass ich schon nicht mehr hinhörte, weil mich meine Phantasien schon zu sehr beschäftigten. Wie benebelt stand ich vom Tisch auf. An die Stunden danach habe ich kaum noch eine Erinnerung, denn in meinem Kopf jagten sich Nagel-bank-Visionen. Irgendwann gelang es mir, eine gewisse Ordnung in meine Gedanken zu bringen, und hier ist das Ergebnis:

Jedes Jahr gibt es eine Nagelkampagne. Freiwillige Maniküren richten sich in vielversprechenden Einrichtungen wie Haushalts-schulen, Fitnessclubs, Schreibbüros und bei Henri Bendel ein. Die Spenderin betritt den zu diesem Zweck reservierten Raum, legt sich auf eine Alcantara-Chaiselongue und streckt die Hände aus. Die ehrenamtlich tätige Maniküre knipst drei Nägel von je-der Hand ab (mehr wäre gefährlich, weniger nicht so karitativ) und offeriert dann der Spenderin ein Glas Knox-Gelatine, damit sie wieder zu Kräften kommt. Dann werden die Nägel in sterile Behältnisse gelegt und in aller Eile zur Nagelbank gebracht. Dort werden sie in folgende Kategorien eingeordnet:

Typ O – oval
Typ E – eckig
Typ G – (leicht) gebogen
Rh negativ – rechte Hand, kommt nicht in Frage

Wenn das Opfer eines Nagelbruchs in den Salon eingeliefert wird, gleicht das Team aus eifrigen Maniküren den Nageltyp mit den zur Verfügung stehenden Ersatzexemplaren ab und führt mit allergrößter Sorgfalt die Transplantation durch. Nicht selten kommt es jedoch zu Engpässen, und die Opfer müssen tagelang auf den passenden Typ warten. Natürlich wird alles getan, um die Situation zu erleichtern. Während der jährlichen Nagel-kampagne durchkämmen Freiwillige die Stadt und versuchen die Mädchen, die für Lebendspenden zu egoistisch sind, dazu zu überreden, wenigstens einer Spende nach dem Tod zuzustim-men. Diese Mädchen tragen dann einen amtlichen Ausweis bei sich mit der Verfügung, ihnen im Fall des Ablebens die Nägel zu schneiden, auf dass eine andere vom Geschenk wiedererlangter Länge profitiere. Sollten nach einem tödlichen Unfall die Finger-nägel eines solchen Mädchens wunderbarerweise intakt geblie-ben sein, wird in aller Eile eine Maniküre an die Unglücksstelle gebracht, um die Prozedur prompt und pietätvoll zu erledigen.

Nun kommt es gelegentlich vor, dass zwei Mädchen den glei-chen Nageltyp brauchen, aber nur einer zur Verfügung ist. In ei-nem solchen Fall geht der Nagel, wie es sich gehört, an die groß-zügigere Trinkgeldgeberin. Manchmal sind die beiden Mädchen aber auch in dieser Hinsicht gleichauf. Sollte es dazu kommen, werden die Mädchen einer offiziellen Jury zur sogenannten Na-gelprobe vorgeführt. Diese Jury besteht aus vier ausgewiesenen Experten: eine Friseurin, ein Oberkellner, ein Portier und eine Geliebte. Die Jury-Mitglieder stellen den Mädchen folgende sachdienliche Fragen:

1. Wo gehen Sie heute Abend hin?
2. Mit wem?
3. Was ziehen Sie an?

Dann müssen die Mädchen den Saal verlassen, während die Jury berät. In den meisten Fällen kommt sie aufgrund der Ant-worten rasch zu einem Urteil, aber manchmal gibt es auch ein Patt. Selbst dann ist die Sache für die Mädchen nicht vollkom-men aussichtslos, denn sie können sich immer noch an die nächste Instanz wenden. Das Berufungsgericht wird von einem launischen Fotografen und einem herrschsüchtigen Moderedakteur geleitet. Bild schlägt hier Wort, und eine positive Entscheidung erfolgt ausschließlich nach dem Äußeren. Das Urteil ist dann rechtskräftig, eine Revision nicht vorgesehen. Vor Kurzem wurde allerdings bekannt, dass die Richter einmal zu Ungunsten eines Mädchens geurteilt hatten, das am Beekman Place residierte, und ein anderes, das im Bereich der Siebziger auf der Upper West Side wohnte, vorgezogen hatten. Die Richter waren verständlicherweise erleichtert, als dieses Urteil kassiert wurde, denn auch sie schwören auf die Drei Gebote: Lage, Lage, Lage.

Digitaluhren und Taschenrechner:
Verderber der Jugend

Ich war in mancherlei Hinsicht eher frühreif. Von Anfang an hatte ich einen sehr ausdrucksvollen Blick und war fraglos das erste Kind in unserem Viertel, das das Wort *indisponiert* verwendet hat. Dennoch war meine Kindheit nicht ganz so fröhlich und unbeschwert, wie man nach dieser Eingangserklärung vielleicht annehmen mag. Pfeifen konnte ich nur mittelprächtig, und Rennmäusen kann ich bis heute nur widerwillig ein Lebensrecht als Haustier zuerkennen. Aber die großen Probleme habe ich immer noch bewältigt – es waren und sind die kleinen Dinge, die mich fertigmachen.

Die Uhr konnte ich erst mit neun Jahren lesen. Das ist schon ziemlich spät, um diese Kunst zu meistern, außer vielleicht für Südkalifornier.

Meine Eltern waren verständlicherweise sehr unglücklich über meine Unfähigkeit, denn sie waren so weitsichtig zu erkennen, dass ein Kind, das seinen Standpunkt so vehement verteidigte und Widerworte gab, eines Tages einen Anwalt brauchen würde, der stundenweise abrechnete. Darüber hinaus wussten sie in ihrer grenzenlosen Weisheit, dass auf dieser Rechnung kaum stehen würde: Beratung über Agenturvertrag, $ 150,00. Eineinhalb Stunden. Von großem Zeiger auf zwölf, kleinem Zeiger auf drei bis kleinem Zeiger auf vier, großem Zeiger auf sechs.

Die Sorge um mein künftiges Wohl trieb sie zu verzweifelten Versuchen, mir jenes Wissen einzurichten, mit dem meine Auffassungsgabe zu ihrem Kummer überfordert schien. Abend für Abend saß ich am Küchentisch vor einer beängstigenden Ansammlung von Uhrblättern aus Haferkeksen, Erdnussbutterdeckeln und auf Buntpapier gemalten Kreisen. Sie lösten einander ab – erst ein Elternteil, dann der andere – jeder eine Schicht, regelmäßig wie ein Uhrwerk. Sie waren gewissenhaft, geduldig und liebevoll, und ich nickte mit dem Kopf und machte ein aufmerksames Gesicht, während ich innerlich kochte vor Wut auf eine Welt, in der wir kein Weihnachten hatten, dafür aber die Zeit. Die Tage vergingen, meine Ahnungslosigkeit blieb, und meine Eltern wurden der runden, platten Gegenstände so überdrüssig, dass sie mit dem Gedanken liebäugelten, mich als Gesellschaftsspiel zu vermieten oder wenigstens gegen ein Kind auszutauschen, das irgendetwas anderes nicht begreifen konnte.

Rettung nahte in Gestalt meiner Tante, die anbot, mich während meiner einwöchigen Winterferien zu sich zu nehmen. Also wurde ich nach Poughkeepsie geschickt, wo man mich abwechselnd mit Bananen-Milchshakes bestechen wollte und dann wieder mit Uhren aus Papptellern, runden Sofakissen und umgedrehten Bratpfannen folterte. Am Ende der Woche wurde meinen Eltern etwas zurückgeliefert, das einmal ein Kind gewesen war – immer noch unfähig, die Uhr zu lesen, dafür neuerdings süchtig nach Bananen-Milchshakes –, und das in einem Haushalt, in dem ein Mixer als unschicklich galt.

Als ich einige Monate später gerade in der Badewanne saß, rief ich plötzlich «Heureka!», und mir dämmerte, was zwanzig vor acht und zehn nach zwölf bedeutete.

Jedem sollte klar sein, dass ich nie im Leben wieder auf eine derart schwer erworbene Fähigkeit verzichten würde. Und doch droht genau diese Gefahr, seit die Digitaluhr erfunden wurde. Ich habe die besten Jahre meines Lebens damit verbracht, zu lernen, wie man die Uhr liest, und damit werde ich jetzt nicht aufhören. Sie sollten das auch nicht. Aus folgenden Gründen:

1. Normale Uhren zeigen die echte Zeit. Echte Zeit ist eine Zeit wie halb acht.
2. Digitaluhren zeigen die falsche Zeit. Falsch ist eine Zeit wie 9:17.
3. 9:17 ist falsche Zeit, weil die einzigen Leute, die jemals wissen müssen, dass es 9:17 ist, Männer sind, die U-Bahnen steuern.
4. Ich bin kein Mann, der eine U-Bahn steuert.
5. Sie sind kein Mann, der eine U-Bahn steuert.
6. Ich kann das sagen, ohne Sie überhaupt zu sehen, weil jeder, der wissen muss, dass es 9:17 ist, es gar nicht riskieren kann, woandershin zu schauen.
7. Richtige Zifferblätter haben die Form von Zifferblättern, weil sie all die Dinge unterbringen müssen, die eine richtige Uhr ausmachen, also Ziffern, Zeiger und kleine Striche für die Minuten.
8. Zifferblätter von Digitaluhren haben ohne erkennbaren Grund die Form von Zifferblättern. Das kann nur einen verstörenden Effekt für die Jugend haben.

Nachdem ich nun also die Sache mit der Zeit klargestellt habe, möchte ich Ihre Aufmerksamkeit kurz auf eine andere inakzeptable Erfindung lenken:

Taschenrechner: Ich habe drei Jahre gebraucht, um die schriftliche Division zu lernen, und das sollten Sie auch

1. Die Schwierigkeiten mit dem Erlernen der schriftlichen Division gehörten seit jeher zur Kindheit, genauso wie das Rauchenlernen. Wenn Sie mich fragen, gehen die beiden sogar Hand in Hand. Ein Kind, das nicht selbstständig schriftlich dividieren kann, hat kein Recht zu rauchen. Ich bin wirklich eine Nette und mag Kinder sehr, aber ich habe meine Prinzipien. Ich habe niemals einem Kind das Rauchen beigebracht, bevor es nicht Papier und Bleistift zur Hand genommen und zu meiner Zufriedenheit vorgeführt hat, dass es 163 korrekt durch 12 teilen kann.

2. Taschenrechner sind nicht gerade billig, und mal ganz ehrlich: Eltern sollten ihr Geld lieber für sich selber ausgeben. Wenn sie es *unbedingt* an ihre Kinder verschwenden wollen, sollten sie besser nicht vergessen, dass eine Schachtel Zigaretten kaum mehr als fünfundsiebzig Cent kostet.

3. Es ist *unnatürlich* für *jeden*, erst recht für ein *Kind*, 17,3 durch 945,8 dividieren zu können.

4. Taschenrechner verstärken bei Kindern das Gefühl, sie wüssten auf alles eine Antwort. Wenn sich diese Überzeugung durchsetzte, könnten sie womöglich die Macht ergreifen – und dann wären irgendwann sämtliche Möbel zu klein.

Ein Wort zum Schluss

Ich habe persönlich keine Kinder. Aber ich habe zwei Patenkinder und erwarte ein drittes. Natürlich mache ich mir Sorgen um ihre Zukunft. Würde ich die Welt regieren, und das kann ich

Ihnen schriftlich geben, dann würde keines von ihnen jemals solche neumodischen Apparate wie Digitaluhren und Taschenrechner zu Gesicht bekommen. Aber leider regiere ich die Welt nicht, und das ist, fürchte ich, das Unglück meines Lebens – immer nur die nette Patin, nie Don Vito Corleone.

Sprechgewandte Hörer:
Eine Hilfe für Langweiler

Der Durchschnittsbürger reagiert auf das Eintreffen seiner Tele-
fonrechnung mit einem angewiderten kurzen Grunzen, ich aber
stelle immer wieder fest, dass sich in mein Missfallen eine gewisse Vorfreude mischt. Denn so unschön es auch sein mag, den
schriftlichen Beweis zu erhalten, dass man tatsächlich die spär-
lichen Reste seiner Jugend mit kostspieligem, nutzlosem Gerede
vertrödelt hat, so hilflos ist man angesichts der Tatsache, dass
man sich einfach furchtbar gerne irgendwo festliest. Zum Glück
ist das so, denn die Telefonrechnungen, die ich bekomme, sind
nicht die Art von Rechnungen, auf die man mal kurz einen Blick
wirft – meine Rechnungen sind zum Durchblättern.

Als ich kürzlich wieder einmal ein solches Dokument durch-
ging, fiel mein Augenmerk sogleich auf zwei verstörende Details.
Zunächst einmal zeigte meine Rechnung lauter Anrufe in teure
Regionen des Landes an, obwohl ich den größten Teil des Monats
gar nicht zu Hause gewesen war. Nach reiflicher Überlegung kam
ich zu dem Ergebnis, dass sich diese Ausschläge leicht erklären
ließen, wenn man sich der Möglichkeit nicht verschloss, dass ein
Heroinsüchtiger mit Verbindungen ins Filmgeschäft regelmäßig

bei mir eingestiegen war und in Beverly Hills angerufen hatte. Ich hielt es für möglich, mir kam das vollkommen plausibel vor. Als Zweites fiel mir eine Anzeige auf der Rückseite von Blatt acht auf, die mit einer Liste von Spezialgeräten für den anspruchsvollen Telefonkunden warb:

1. Modell Trimline
2. Princess
3. Externe Doppelklingel
4. Klingeltonverstärker
5. Hörer mit Lautstärkeregler
6. Sprechunterstützer

Ich liebäugelte kurz mit der Doppelklingel und flirtete unbesonnen mit dem Klingeltonverstärker, aber dann eroberte doch der Sprechunterstützer mein Herz.

Vorübergehend zog ich die Möglichkeit in Betracht, dass der Sprechunterstützer für Leute gedacht sein könnte, deren Sprechorgan durch irgendein Missgeschick beeinträchtigt worden war, verwarf jedoch den Gedanken, die Telefongesellschaft könnte einer derartigen Wirklichkeitsnähe fähig sein, sofort wieder. Ich suchte nach einer plausiblen Erklärung und kam auf Folgendes:

Der Sprechunterstützer wendet sich an die große Masse der Langweiler – all jene, die sich nicht aufs Reden verstehen. Das Gerät verwandelt die weitschweifigen Ausführungen der Langweiler in geistsprühende Pointen. Eine solche Erfindung ist fraglos längst überfällig. Allerdings ist es sehr unwahrscheinlich, dass die, die sie am nötigsten hätten, ihren Nutzen auch erkennen würden. Aller Wahrscheinlichkeit nach wird der Sprechunterstützer deshalb in den meisten Fällen als Geschenk gekauft werden. Auf die Weise haben beide etwas davon, aber der Zuhörer wird zweifellos den größten Nutzen daraus ziehen. Wüsste der Anrufer über seine einschläfernde Wirkung ebenso gut Bescheid wie der Angerufene, würde er das Sprechen gänzlich einstellen und sich auf sein äußeres Erscheinungsbild konzentrieren.

Abwechslung ist des Lebens Reiz. In dieser Überzeugung habe ich nach reiflicher Überlegung eine Liste mit diversen zur Wahl stehenden Modellen gemacht.

Der Oscar Wilde

Produziert einen Aphorismus nach dem anderen ... Niemand wird sich blenden lassen, aber in gewissen Regionen des Landes werden Sie sehr beliebt werden ... In gewissen anderen wird man Sie verhaften ... Sehr verbreitet unter gleichgesinnten Erwachsenen ... Erhältlich nur in Gelb.

Der Dorothy Parker

Freunde des Sarkasmus werden entzückt sein ... Besonders brauchbar für lustige Bemerkungen zum Thema Selbstmord ... Bestellen Sie jetzt, und Sie erhalten gratis einen hübschen runden Tisch als Extra.

Der Gore Vidal

Ein wenig kostspieliger, aber dafür bekommen Sie viele Stunden zwerchfellerschütternden Spaß ... Mit eingebautem Selbstumwandler ... Macht ein zweites Telefon endgültig überflüssig ... Ideal für Sie *und* Ihn.

Der Evelyn Waugh

Verblüffen und begeistern Sie Ihren Unvergessenen. An Verachtung nicht zu überbieten ... Eine todsichere Sache für Freunde der Satire.

Der Alexander Pope

Ein Selbstgänger für Liebhaber fünffüßiger Jamben ... Besonders unterhaltsam bei Gesprächen über Haare.

Warum ich so gern schlafe

Ich schlafe gern, weil es sowohl angenehm als auch ungefährlich ist. Angenehm, weil man sich in der bestmöglichen Gesellschaft befindet, und ungefährlich, weil Schlafen den perfekten Schutz gegen den unzumutbaren Zustand bietet, der unweigerlich mit dem Wachsein einhergeht. Was ich nicht weiß, macht mich nicht heiß. Schlaf ist Tod ohne das ganze Drumrum.

Die Gefahr beim Schlaf besteht natürlich darin, dass man schnell süchtig wird. Viele Menschen können nicht darauf verzichten und tun alles, um sich die nächste Dosis zu verschaffen. Es sind Fälle von Leuten bekannt geworden, die in der wahnhaften Fixierung auf dieses Ziel Heim und Herd, ja sogar die Abgabefristen ihres Verlags vernachlässigt haben. Ich muss gestehen, auch ich bin eine Schläferin, und deswegen wurde ich bis vor Kurzem von Schuldgefühlen gebeutelt. Bei näherer Beschäftigung mit diesem Thema ist mir jedoch klargeworden, dass ich kein schlechtes Gewissen zu haben brauche, sondern im Gegenteil stolz darauf sein kann, zu den Ermüdeten zu gehören.

Im Folgenden möchte ich meine Erkenntnisse vorstellen, auf dass auch andere ihre einst hoch erhobenen Häupter unbesorgt zur Ruhe betten können. Deshalb habe ich einen kurzen Lehrgang für Schläfer zusammengestellt, um ihr Selbstbewusstsein zu stärken.

Das Fran-Lebowitz-Schlaf-Studienprogramm

Schlaf ist eher ein genetisches als ein erworbenes Merkmal. Wenn Ihre Eltern Schläfer waren, sind Sie es mit hoher Wahrscheinlichkeit auch. Das ist kein Grund zur Verzweiflung, sondern eher für Stolz auf ein Erbe, das Sie nicht nur mit Ihrer Familie teilen, sondern auch mit einer trefflichen Gruppe historischer Persönlichkeiten. Die folgende Liste gibt einen Eindruck, welch vielfältige Charaktere sich unter Schläfern finden lassen:

Einige bekannte historische Persönlichkeiten, die Schläfer waren

Dwight D. Eisenhower
Während sich viele an Ike (wie ihn eine anbetungsvolle Nation liebevoll nannte) wegen seines Golfspiels erinnern, gibt es wenig Zweifel, dass er von frühester Kindheit an ein Schläfer war, ein Wesenszug, den er ohne Frage bis ins Weiße Haus bewahrt hat. Tatsächlich nahm er den Schlaf so ernst, dass man den schlafenden kaum vom wachen Ike unterscheiden konnte.

William Shakespeare
Der bei seinen Wortkünstler-Kollegen als «der Barde» bekannte Shakespeare war zweifellos einer der talentiertesten und produktivsten Schläfer. Es gibt dafür einen Beweis in Form eines Bettes, das in seinem Haus in Stratford-upon-Avon gefunden wurde. Weitere Hinweise auf das Schlafen fanden sich in seinem Werk, und obwohl Zweifel daran bestehen, dass er seinen gan-

zen Schlaf tatsächlich selber absolviert hat (die wissenschaftliche Debatte konzentriert sich derzeit auf die Möglichkeit, dass ein Teil davon auf das Konto von Francis Bacon geht), können wir doch mit einiger Sicherheit annehmen, dass William Shakespeare ein bedeutender Schläfer war.

e. e. cummings

Für das Schläfertum von e. e. cummings gibt es zugegebenermaßen nur wenige Beweise. Deshalb neigt man allgemein zur Ansicht, dass er zum Sekundenschlaf tendierte.

Wenn so viele historische Persönlichkeiten Schläfer waren, kann man damit rechnen, dass ihre Leistungen entsprechend ausfielen. Hier also eine unvollständige Liste solcher Errungenschaften:

Einige der Beiträge, die Schläfer zur Weltkultur geleistet haben

Architektur
Sprache
Wissenschaft
das Rad
Feuer

Müde bin ich, geh zur Ruh.

Schönes Wetter und seine Vorliebe
für die besseren Viertel

Einst glaubte man, das Wetter werde von einer großen Anzahl
Gottheiten bestimmt, die jeweils für eine bestimmte Wetterform
zuständig waren. Dann kamen die Weltreligionen auf, und die
meisten Leute fanden zu einer schlichteren Auffassung, nach der
es ein einziger Gott war, der viel herumkam. Bis heute sind viele
dieser Ansicht, obwohl die meisten inzwischen einer Wetter-
theorie anhängen, die weitgehend auf Wolkenformationen, Luft-
druck, Windgeschwindigkeit und anderen wissenschaftlichen
Aspekten basiert. Und schließlich gibt es noch jene, für die das
Wetter und seine Erscheinungsformen die exklusive Domäne von
Wettermoderatoren mit Schmelz in der Stimme und dicken Ma-
gic Markern ist. Wir haben also die Wahl zwischen drei grundlegenden Theorien, von wem oder was das Wetter abhängt:

A) Gott
B) Natur
C) Timbre

Dem flüchtigen Betrachter würden die drei Hypothesen als grundverschieden erscheinen, aber das ist natürlich das Problem mit flüchtigen Betrachtern. Gerade diese Flüchtigkeit – ein Wesenszug, den wir einmal so anziehend fanden ... so attraktiv ... so unbekümmert – ist es, was sie so schnell und deshalb oft falsch urteilen lässt. Ein aufmerksamerer Beobachter würde zweifellos eine erstaunliche Ähnlichkeit feststellen, nämlich dass alle drei Theorien schlicht auf Lust und Laune basieren – Gott kann seine Meinung ändern, die Natur kann sich wandeln, und eine Stimme, das wissen wir alle nur zu gut, kann einen ganz anderen Ton anschlagen.

Wir stellen also fest, dass die Welt beim Wetter gelegentlich, vielleicht sogar grundsätzlich, eine Art Romantiker sieht – der mal hier, mal dort saust und braust und mit einer für sein Alter erstaunlichen oder sogar lächerlichen Launenhaftigkeit für Regen und Schnee, Abkühlung und Hitze sorgt. Aber die Welt mag denken, was sie will, ich für mein Teil will mit solcher Unlogik nichts zu schaffen haben und möchte deshalb hier eine Theorie präsentieren, die ich für vernünftiger halte.

«Warum», so habe ich mich gefragt, «sollte das Wetter anders sein als du und ich – sind wir nicht alle eins?» Angesichts einer Frage von derart entwaffnender Klarheit war die folgende Antwort unabweisbar: «Dafür gibt es keinen Grund, Fran, absolut keinen Grund.» – «Daraus folgt also», dachte ich die Sache weiter, «dass das Wetter, wenn es nicht anders ist als du und ich, genauso ist wie du und ich, und dann kontrolliert das, was uns kontrolliert, auch das Wetter.» – «Dagegen lässt sich nichts sagen», antwortete ich in der plötzlichen Erkenntnis, es hier mit einer Meisterin zu tun zu haben. «Und was könnte das wohl sein?», erkundigte ich mich weiter, «doch nur eins – Geld. Ganz genau, Geld.» – «Wo du recht hast, hast du recht», war die hochwillkommene Antwort, und damit schlenderten meine Begleiterin und ich fröhlich Hand in Hand von dannen – eine Geste, vielleicht mit einem Touch von Neil Diamonds *September Morn*, aber doch keineswegs ohne Reiz.

Manchen wird diese These abwegig vorkommen, doch bin ich in der Lage, hier den schlagenden Beweis zu liefern, dass es ausschließlich das Geld ist, was das Wetter beeinflusst.

1. Am 13. August 1975 um drei Uhr nachmittags lag die Temperatur zwischen 14th Street und Eighth Avenue bei 43,4 °Celsius – die Luftfeuchtigkeit bei 85 Prozent. An exakt demselben Tag zur exakt selben Zeit lag die Temperatur Ecke 73rd Street und Fifth Avenue bei milden 21,7 °, die Luftfeuchtigkeit bei angenehmen 40 Prozent. Ich weiß es, denn ich war dort.

2. Der einzige je am Sutton Place dokumentierte Regenguss ging nieder, als in der Nähe ein Film mit großem Budget gedreht wurde und das Skript ungemütliches Wetter vorsah. In dem Moment, als der mächtige Hollywood-Regisseur «Cut!» rief, hörte der Regen auf.

3. Warum der damalige Bürgermeister John Lindsay während des (in der Presse) vieldiskutierten Blizzards keine Schneepflüge nach Queens schickte, erklärt sich dadurch, dass er am Gracie Square wohnte, wo er am fraglichen Tag auf seiner Terrasse in der Sonne lag.

4. Angeblich verlassen die Reichen im Sommer New York und ziehen nach Southampton, weil es dort kühler ist. Das trifft nicht zu. Die Wahrheit ist, dass das kühle Wetter im Sommer von New York nach Southampton zieht, weil es keine Lust hat, mit lauter unterbezahlten Autoren und Puerto Ricanern in New York zu bleiben.

5. Im Großen und Ganzen ist das Wetter auf der East Side besser als auf der West Side. Das Wetter empfand diese Aufteilung als durchaus angemessen, bis auf das kleine Problem, das durch die besseren Häuser am Central Park

West entstand. Dieses Problem wurde durch einen Austausch mit Häusern in den East Seventies gelöst, in denen vornehmlich über ihre Verhältnisse lebende Stewardessen und Inhaber von Lederboutiquen wohnen. Auf diese Weise bekommen das San Remo und das Dakota ein ihrem architektonischen Rang entsprechendes Wetter, und die Stewardessen und die Lederboutique-Besitzer wissen wahrscheinlich von uns allen am besten, was der Ausdruck «Schönwetterfreund» bedeutet.

Pflanzen:
Die Wurzeln allen Übels

Die vollständige zweite Auflage von Webster's Dictionary – ein Werk von nicht geringem Ruf – gibt als zweite Bestimmung für das Wort *Pflanze* Folgendes an: «Jedes lebende Wesen, das sich nicht aus eigenem Antrieb fortbewegen kann, keine Sinnesorgane besitzt und sich im Wesentlichen selber ernährt ...» Ich habe diese zweite statt der ersten Definition gewählt, weil sie meiner Absicht, ein für alle Mal nachzuweisen, dass eine Pflanze, abgesehen von extrem seltenen Ausnahmen, wirklich nichts ist, was man im Hause haben sollte, sehr entgegenkommt. Um Ordnung in die Sache zu bringen, habe ich mich entschlossen, jeden Aspekt der zitierten Definition einzeln zu behandeln. Fangen wir mit dem Anfang an:

Jedes lebende Wesen

Bei der Einrichtung des eigenen Wohnsitzes versucht man Dinge zu erwerben, die ein Höchstmaß an Schönheit, Komfort und Nutzen versprechen. Bei der Schönheit tendiert man unweigerlich zu Zeichnungen von Cocteau, Ming-Vasen und Aubusson-Teppichen. Komfort geht selbstverständlich mit dem Vermögen einher, diese Gegenstände zu besitzen. Nutzbarkeit überlässt man besser denen, die in solchen Dingen Übung haben.

Damit sollte bereits klar sein, dass *Jedes lebende Wesen* hier nichts verloren hat, es sei denn in der Vergangenheitsform. Es ist mit anderen Worten völlig in Ordnung, sich mit Dingen zu umgeben, deren Material zu Lebzeiten ein *lebendes Wesen* war, welches dann aber einen ehrenvollen Tod starb, indem es zu einem schönen weißen Leinentuch wurde.

Das sich nicht aus eigenem Antrieb fortbewegen kann

Hier stehen wir vor dem Problem, dass besagtes *lebendes Wesen* auch zusammen mit einer anderen Person auftreten kann. Eine andere Person ist schlicht gesagt jemand, der man nicht selber ist. *Derartige* lebende Wesen haben zweifellos ihren Platz in der Stadt wie auf dem Land, da sie sich meist als sehr geschickt im Tippen, Küssen und in unterhaltsamer Konversation erweisen. Hier ist allerdings der Hinweis angebracht, dass die Fortbewegung aus eigenem Antrieb den Schlüssel zu ihrem Erfolg bei diesen Tätigkeiten darstellt; müsste man sie dabei steuern, würden sie einiges von ihrem Charme einbüßen.

Eben habe ich die Behauptung aufgestellt, Pflanzen seien in extrem seltenen Ausnahmefällen in Ordnung. Eine solche Ausnahme liegt vor, wenn die bewusste Person mit dem blätterbewehrten Zuneigungsbeweis jemand ist, der einem einen wichtigen Dienst erwiesen hat. Die Zurückweisung einer derart dargebrachten Pflanze würde ziemlich sicher das Ende dieser Verbindung bedeuten. Die Entscheidung, wer einen mit einer solchen Gabe belasten darf, ist natürlich eine höchstpersönliche Gewissensfrage, doch tut man gut daran, nicht zu vergessen, dass Reden nichts kostet, ein Kuss nur ein Kuss ist, Manuskripte sich aber nicht von alleine abtippen.

Keine Sinnesorgane besitzt

Hier muss daran erinnert werden, dass *keine Sinnesorgane* mit absoluter Gewissheit bedeutet: keine vielsagenden Blicke, kein verächtliches Schnauben und keine lästigen Angewohnheiten, leider aber auch kein atemloses Zuhören.

Und sich im Allgemeinen selber ernährt

Diese Aussage ist, fürchte ich, ein ganz kleines bisschen blasé. *Und sich im Allgemeinen selber ernährt.* Ach ja? Na bravo. Ich ernähre mich im Allgemeinen nicht selber, und dafür werde ich mich auch nicht entschuldigen. New York City strotzt nur so von allen möglichen Restaurants, und ich werde den Gedanken nicht los, dass sie zu irgendetwas gut sind. Darüber hinaus ist die Vorstellung einer auf Fotosynthese basierenden Küche nicht besonders verführerisch. Und weil mir noch nie aus einem Farn das Aroma von Fettuccine Alfredo entgegengeströmt ist, halte ich *und sich im Allgemeinen selber ernährt* für kein Merkmal von nennenswerter Bedeutung. Wenn Ihnen eine Pflanze begegnet, die *im Allgemeinen ihr eigenes Geld* verdient, rufen Sie mich an.

Mars:
Leben auf kleinem Fuß

Vor nicht allzu langer Zeit schafften es die USA, ein unbemann-
tes Raumschiff auf dem Mars zu landen, das herausfinden sollte,
ob dort jemand lebt. Noch liegen nicht alle Ergebnisse vor, aber
ich fürchte, es kann wenig Zweifel geben, dass die Antwort posi-
tiv ausfallen wird. Warum sollte nur die Erde mit dem Phänomen
Leben geschlagen sein?

Viel ist schon über das Erscheinungsbild dieser Fremdlinge
gerätselt worden, und wer weiß, vielleicht sieht dieses Leben
auch so vollkommen anders aus, dass wir hier unten es gar nicht
erkennen. Ein wirklich interessanter Gedanke, der leider wie jeder andere interessante Gedanke aus einem unserer niedrigsten
Bedürfnisse entsteht, denn als Erdling, der, wenn nicht alles, so
doch mehr gesehen hat, als er je wollte, fühle ich mich unweigerlich an diese eine eherne Weisheit erinnert: Wer Ärger sucht,
wird ihn auch finden.

In dem Glauben, das Leben zeige sich nur als etwas, das man
auch anfassen kann, versteift sich die breite Öffentlichkeit – der
immer gleiche phantasielose Haufen – auf Sachen wie Arme, Na-
sen und Kragenweite und malt sich damit ein Wesen aus, das sich

nur in wenigen Äußerlichkeiten von jedem beliebigen Hans und Franz unterscheidet. Wissenschaftler – mit denen verglichen alle anderen in puncto Stil und Glamour aussehen wie die Bloomsbury Group – scheinen eher von Mikroben, Gasen und Aggregatzuständen zu sprechen.

Dieses Beharren auf dem Körperlichen ist vollkommen überflüssig. Natürlich gibt es Leben auf dem Mars, und natürlich werden wir es auch erkennen, wenn nicht an der Form, dann an seiner Funktion, die zweifellos die gleiche ist wie bei unserer heimischen Lebensart: anderen unbedingt auf die Nerven zu gehen.

Um zu erkennen, *was Leben ist*, müssen wir zunächst einmal die umfassendere Frage klären, *welches Leben*? Hier stellen wir fest, dass sich bereits andere mit dieser Frage beschäftigt und schon eine ganze Reihe von Antworten geliefert haben. Wir prüfen jede Antwort für sich, doch so richtig überzeugen kann uns keine. Man muss das Leben eben nehmen, wie das Leben eben ist? Zu oberflächlich. Ist es ein Cabaret? Nicht in meiner Gegend. Real? Wohl kaum. Ernst? Also bitte.

Wenn wir also sorgfältig alle Möglichkeiten erwägen und immer wieder verwerfen, gelangen wir zu folgendem Ergebnis: Leben ist das, was passiert, wenn man nicht einschlafen kann. Deshalb ist das, was wir Zivilisation nennen, nichts weiter als der aufgehäufte Schutt aus einer erschreckend hohen Zahl schlafloser Nächte.

Nichts deutet darauf hin, dass Marsmenschen weniger nervös sein könnten als wir (wahrscheinlich sind sie eher noch nervöser, weil das Leben so weit entfernt vom richtigen Leben ihnen den Schlaf raubt), und deshalb handelt es sich zweifellos um richtig unangenehme Typen.

Nehmen wir einmal versuchsweise an, Marsianer seien Mikroben. Mikroben sind unleugbar eher klein geraten, Basketball und Model-Jobs kommen also gar nicht erst in Frage. Dieser Mangel an Größe ist keine Kleinigkeit, denn ein Planet, dessen komplette Bevölkerung nicht ans oberste Regal herankommt, ist eine zutiefst beunruhigende Vorstellung. Vielleicht verstehen wir diese Wesen am besten, wenn wir uns den Mars in seiner Gesamtheit vornehmen.

Mars

Nach allgemeiner Übereinkunft hat der Mars seinen Namen vom römischen Gott des Krieges. Das ist ein Irrtum. Die Wahrheit, die uns vorenthalten werden soll, besteht darin, dass er von einem kunstsinnigen Römer entdeckt wurde, der romantischen Nutzen daraus ziehen wollte. Dieser Römer hatte ein Auge auf einen attraktiven, aber unerreichbaren Schweden geworfen und versuchte es mit Schmeichelei. Unter enormem politischen Druck musste er sich dann aber der Erkenntnis fügen, dass das Römische Reich nicht bereit war, den Namen Lars für einen seiner Planeten zu dulden. Wie man sieht, wurde ein Kompromiss gefunden.

Das Land und seine Bodenschätze

Der Mars ist der drittkleinste Planet und deshalb nur für Sammler von Interesse. Er ist öde und felsig und verfügt über keinerlei nennenswerte Küste – was ihn zu einem der wenigen Strandabschnitte macht, die für die Autorin dieser Zeilen erschwinglich wären. Hier ein Taxi zu bekommen, ist praktisch unmöglich, und Besucher bleiben am besten gleich ganz weg.

Die Bodenschätze erschöpfen sich im Wesentlichen in fremdartigen Ausdünstungen und seltsamen Steinen.

Die Bewohner und ihre Betätigung

Die Leute sind, wie bereits erwähnt, Mikroben – ein Zustand, der sie bestenfalls zu Leutchen und schlimmstenfalls zu Mikroben macht. Ihre Betätigung besteht hauptsächlich darin, die blöden Witze von Besuchern über ihre Körpergröße abzuwehren.

Bevölkerung

Dazu lässt sich nur schwer etwas sagen, es sei denn, man ist bereit, ganz nah ranzugehen.

Fortbewegung

Die beliebteste Art der Fortbewegung besteht darin, einen Besucher zu infizieren und dann darauf zu hoffen, dass er viel rumkommt.

Haupterzeugnisse

Die Haupterzeugnisse des Mars sind winzige Freizeitanzüge aus Polyester und Zwergschulen.

Grenzmaßnahmen:
Eine neue Geografie

Gerade hatte ich mich von dem Hieb erholt, den mir der Ausdruck SoHo (*South of Houston* Street) versetzte, da bekam mein empfindliches Sprachgefühl schon den nächsten linken Haken in Form von NoHo (*North of Houston*) ab. Angeschlagen, aber immer noch kampfbereit, vernachlässigte ich meine Deckung, und TriBeCa (*Triangle Below Canal* Street) landete noch vor dem ersten Abläuten ein technisches K. o.

Ich war nun schon eine ganze Weile ausgeknockt und hatte reichlich Zeit, die Angelegenheit genauer zu durchdenken. Doch, ja, ich habe mir viele Gedanken dazu gemacht und bin zu dem Ergebnis gelangt, dass dieses vollkommen verrückte Benamsen von eng umgrenzten städtischen Arealen noch längst nicht seine volle Blüte erreicht hat. Eine untragbare Situation, kein Ende in Sicht, denn nichts weist darauf hin, dass diese Stadtteilfreaks schon fertig sind mit ihrem Titulieren. Eins ist klar, vage Begriffe wie Midtown werden in Zukunft nicht mehr ausreichen; es wird alles nur schlimmer werden und wahrscheinlich auf so was hinauslaufen:

NoTifSoSher

NoTifSoSher (*North* of *Tiffany's. South* of the *Sherry*-Nether-
land) ist ein sich über zwei Blocks erstreckender Abschnitt der
Fifth Avenue, der besonders bei Shoppingfreunden, Hotelgästen
und Bummlern aller Gesellschaftsschichten sehr beliebt ist.
Die verführerische Präsentation von Juwelen und die Einbahn-
straßen haben ihn als eine der begehrtesten Gegenden der Stadt
etabliert. Als absolutes Sahnestück auf der Parademeile ist No-
TifSoSher besonders bei Iren und Kriegsveteranen beliebt. Ein
Muss für Leute, die ein Taxi rufen wollen.

BeJelfth

BeJelfth, in einer nur wenigen bekannten Ecke der Stadt gelegen,
ist ein recht exzentrisch eingefügter Block an der West Fourth
Street (*Between Jane* and *Twelfth*). Für Taxifahrer eine Provo-
kation, als Treffpunkt bei großen wie kleinen Hunden beliebt,
und das Delikatessengeschäft an der Ecke ein wahres Mekka für
Leute auf der Suche nach dem Nervenkitzel, den die schwindelerregenden Preise unweigerlich auslösen.

Little Humility

Diese exzentrisch geformte Gegend zwischen dem Anfang der
Christopher Street im Osten und dem Hudson River im Westen
ist seit Langem ein Bollwerk männlicher Verbundenheit. Little
Humility riecht förmlich nach verborgenen Reizen, ist aber auf
Anhieb zu finden, denn hier folgt man gehorsam bewährten
Pfaden. Es ist voller vielseitiger kleiner Clubs und hat unwider-
stehliche Anhänger zu bieten. Wer diese Gegend frequentiert,
darf sie getrost von vorn (bis hinten) als Einfallstor zur Stadt
betrachten.

Denkanstößiges:
Und umgekehrt

Der Sommer hat eine beklagenswerte Wirkung auf Gastgeberinnen, die sich die Fotokunst von Irving Penn zu sehr zu Herzen und die Jahreszeit zum Anlass genommen haben, Mahlzeiten in erstaunlich dürftigen Portionen zu servieren. Das wird dann als leicht angepriesen, eine Eigenschaft, die bei Komödien, Baumwollhemden und Herzen durchaus willkommen sein mag, beim Essen aber ist sie unangebracht.

Es wird niemanden wundern, dass viele dieser Gastgeberinnen der Modewelt angehören, denn man kann sich ja denken, dass für jemand, der Modeaufnahmen mit Deborah Turbeville für harte Arbeit hält, Petersilie als vollwertiger Fleischgang gilt.

Hauchdünn geschnittene Zitronenscheiben mögen eine Zier für jedes Essen sein, aber das macht sie noch nicht zu einer Gemüsebeilage.

* * *

Kaltschalen sind eine verzwickte Angelegenheit, und nur wenige Gastgeberinnen können sich das leisten. Der Gast hat meist das

Gefühl, er hätte vielleicht noch eine warme Suppe bekommen, wäre er nur früher erschienen.

* * *

Ein Salat ist keine Mahlzeit, sondern ein Lebensstil.

* * *

Japanisches Essen sieht hübsch aus und ist für Japan, wo der Großteil der Bevölkerung im Durchschnitt eher klein ist, sicherlich eine angemessene Küche. Gastgeberinnen, die Westler mit einem solchen Essen bewirten, täten gut daran, es durch irgendetwas Substanzielles zu ergänzen und nicht zu vergessen, dass so gut wie jeder Pommes frites mag.

* * *

Gemüse ist interessant, aber sinnlos ohne ein ordentliches Stück Fleisch.

* * *

Wasserkastanien sind eine Zutat, aber kein Gericht.

* * *

Weintrauben sehen sehr gut aus, aber als Dessert mögen die Leute lieber Kuchen mit Zuckerguss.

* * *

Kandierte Veilchen sind die Lutschbonbons der Saturierten.

* * *

In New York gibt es eine ganze Reihe von Restaurants für den eingefleischten Junggesellen. Diese Restaurants haben vieles mit der Sommergastgeberin gemein und überbieten sie oft noch.

Eine dieser kleinen Gaststätten ist ein umgestalteter Diner, der aussieht wie etwas, das Busby Berkeley ohne seine großen Budgets inszeniert hätte. Sie ist rund um die Uhr geöffnet – vermutlich für den hungrigen Lkw-Fahrer, der sich zur Theke vordrängt und lauthals etwas zum Mitnehmen bestellt: «Zwei Gurkensüppchen – schön kalt; ein Endiviensalat – mit Balsamico-Vinaigrette; und einmal den erntefrischen Spargel – die Hollandaise könnt ihr weglassen.»

* * *

Safran sollte, wenn überhaupt, sparsam verwendet werden. So begeistert Sie auch davon sein mögen, für Safran finden sich längst nicht so viele Anlässe wie für Salz.

* * *

Ein durchschnittlicher Amerikaner, der den ganzen Tag in der ihm als New York City bekannten Stadt verbracht hat, ohne ein einziges Mal ein Schiff oder ein Flugzeug bestiegen zu haben, wird sich garantiert über eine Speisekarte ärgern oder zumindest wundern, die statt des anständigen englischen Worts *grapefruit* den französischen Ausdruck benutzt.

* * *

Nichts gegen Wasserkresse in einem Salat oder auf einem Sandwich, aber als Garnierung neben einem Hamburger stört sie doch sehr.

* * *

Sicher, die Leute lassen sich gern überraschen, aber ebenso sicher sind sie selten besonders erbaut, wenn sie einen ganz normalen Schweinsbraten erwartet hatten und dann plötzlich und ohne Vorwarnung auf eine Füllung aus Backpflaumen stoßen.

* * *

132

Die Menschen kochen und essen seit Tausenden von Jahren. Wenn Sie also der erste sind, der auf die Idee kommt, Kartoffelgratin mit frischem Limettensaft zu begießen, sollten Sie vielleicht auch den Gedanken zulassen, dass es dafür seine guten Gründe gibt.

* * *

Technische Neuerungen haben nicht nur den Lese-, sondern auch den Essgewohnheiten großen Schaden zugefügt. Nahrung ist inzwischen in derart unerfreulichen Ausprägungen zu haben, dass die Zigarette zwischen den Gängen oft zur Verdauungshilfe wird.

* * *

Ein Laib Brot, der nachgiebiger ist als ein Sofa, kann nur ungenießbar sein.

* * *

Da man bekanntlich kein Personal mehr bekommt, sollte man doch meinen, dass eine Gesellschaft, die zwar Käsekuchenhilfe kennt, aber eine Autorin zwingt, ihre Koffer selber zu packen, ihre Prioritäten überdenken sollte.

* * *

Schokolade ist eine herrliche Geschmacksrichtung bei Eis, aber im Kaugummi befremdlich und unzumutbar.

* * *

Frühstücksflocken in den Farben von Freizeitanzügen aus Polyester machen Verschlafen zu einer Tugend.

* * *

Wenn man Sahne haben will, sollte man entweder Sahne bekommen oder die Information, dass das betreffende Lokal eine Mischung aus Pflanzenöl und krebserregenden chemischen Kurzbezeichnungen serviert.

* * *

Käse, bei dem der Gesetzgeber die Zusatzerklärung «Nahrungsmittel» verlangt, passt nicht zu Rotwein oder Früchten.

* * *

So durch und durch geschmacklos, wie synthetische Nahrungsmittel auch sein mögen, muss man ihnen doch einen gewissen Wert zugestehen, sobald man an den Gesundheitsfanatiker denkt. Wir wollen doch nicht vergessen, dass der überzeugte Anhänger ganzheitlicher Ernährung nicht selten radikale politische Ansichten vertritt.

* * *

Brauner Reis ist klumpig, zäh und hat einen unangenehm religiösen Beigeschmack.

* * *

Zivilisierte Erwachsene trinken keinen Apfelsaft zum Essen.

* * *

Bewohner unterentwickelter Länder und Opfer von Naturkatastrophen sind die Einzigen, die sich je über den Anblick von Sojabohnen gefreut haben.

* * *

Brot, das man mit der Axt teilen muss, ist zu nahrhaft.

* * *

Große, rohe Karotten ohne alles sind nur für jene akzeptabel, die in ihren Ställen ungeduldig auf Ostern warten.

* * *

Essen gehört so selbstverständlich zu unserem Alltag, dass nur wenige sich die Mühe gemacht haben, es in seinen Weiterungen zu betrachten, und deshalb können sie seine Bedeutung für die Gesellschaft auch nicht würdigen.

* * *

Essen ist zu den Mahlzeiten wie auch zwischendurch willkommen. Es passt zu jeder Art von Getränk und gibt, alles in allem, das beste Sandwich ab.

* * *

Essen verschafft den Möbeln im Esszimmer wahre Bedeutung.

* * *

Essen ist das A und O in einem CARE-Paket.

* * *

Essen bietet die perfekte Ausrede, das gute Geschirr zu benutzen.

* * *

Essen ist wichtiger Bestandteil einer ausgewogenen Ernährung.

* * *

Essen spielt eine entscheidende Rolle in der internationalen Politik. Gäbe es kein Essen, würden Staatsbanketts durch Staats-Bridge-Partys ersetzt und Politaktivisten würden vermutlich, statt zu fasten, einfach nur rumjammern.

* * *

Eine Welt ohne Essen hätte fürchterliche Folgen. Der Ehrgeiz würde leiden, denn was hätte Ehrgeiz noch für einen Sinn in einer Welt, in der niemand mehr zur Crème de la Crème aufsteigen kann.

* * *

Ohne Essen hätte sich eines der verwirrendsten und zugleich unterhaltsamsten Rätsel der Menschheit erledigt, sobald einem bewusst würde, dass weder die Henne noch das Ei zuerst da waren.

* * *

Gäbe es kein Essen, wäre es praktisch unmöglich, Leute am Telefon abzuwimmeln, weil man dann nicht mehr sagen könnte: «Entschuldigung, ich muss jetzt los, aber lassen Sie uns bald mal zum Essen treffen.»

* * *

Essen hat für das Christentum eine große Rolle gespielt. Wo wäre die wunderbare Vermehrung von Brot und Fischen ohne Brot und Fische? Und das letzte Abendmahl – wo wäre dann der Witz?

* * *

Gäbe es kein Essen, wäre Oyster Bay einfach Bay, und für den *Kirschgarten* hätte Tschechow sich einen anderen Titel ausdenken müssen: *Eine Gruppe gleichmäßig gepflanzter kahler Bäume.*

KUNST

Kunst

Nichts ist so trostlos wie die Behauptung, dass das Leben die Kunst imitiere. Der Satz hätte ohne Zweifel mehr für sich, würde er nicht so häufig widerlegt. Denn bei näherer Betrachtung erschließt sich doch sofort, dass das Leben dann besonders künstlerisch ist, wenn man es am wenigsten brauchen kann. Hingegen lässt sich mit einiger Sicherheit sagen, dass das Leben häufig das Kunsthandwerk imitiert. Denn wer von uns könnte behaupten, seine Lebenserfahrung gleiche einem Seurat-Gemälde, wo es doch eher die Pflanzenschaukel aus Makramee ist? Das Leben imitiert die Kunst nicht, sondern verfälscht sie.

Im Bestreben, der Sache auf den Grund zu gehen, habe ich eine Reihe von Gleichgesinnten um mich geschart und mich der langwierigen und schweren Aufgabe gewidmet, Kunst in ihren aktuellsten Erscheinungsformen zu imitieren.

Konzeptkunst

Wir haben uns nach dem Zufallsprinzip auf einem Holzboden verteilt und so getan, als wären wir Betonpoller. Vorne auf die Brust hatten wir uns Schilder mit unzusammenhängenden Wörtern geheftet. Niemand verstand uns, aber wir wurden sehr bewundert. Das hat uns viel gegeben.

Grafikdesign

Einige von uns kleideten sich als freche, kühne Linie; andere als große, deutliche, von Weitem erkennbare Blockbuchstaben und Zahlen, jeder in einer anderen, kindlich grellen Farbe. Wir formierten uns als Flugplatz und nahmen eine nützliche und gleichzeitig hellwache Haltung ein. Am beliebtesten waren wir bei den Leuten, die so angezogen waren wie wir.

Zeitschriften-Layout

Die meisten von uns trugen dieselben Sachen wie bei der Aktion Grafikdesign, obwohl wir uns größentechnisch deutlich zurückgenommen haben. Die Übrigen teilten sich in zwei Gruppen – eine als Farbillustration in Airbrush-Technik, die andere als Texteinklinker. Wir platzierten uns, um größtmögliche unterschwellige Wirkung zu entfalten. Dabei bauten wir eine einzige Seite, hielten aber durch den geschickten Einsatz von schwarzen Trennbalken Abstand voneinander. Wir waren ein durchschlagender Erfolg und bewiesen endgültig, dass man dem Artdirector das Wort Art, also die Kunst, wegnehmen kann, nicht aber der Kunst die Richtung, jedenfalls nicht dann, wenn es eine gibt.

Möbeldesign

Hier haben wir gründlich recherchiert und beschlossen, Spaß und Funktion gleichzeitig zu verkörpern. Wir trugen Formschalen, strapazierfähige Stoffe und eine Menge Hackklötze. Wir nahmen die Form von gigantischen Sitzsäcken, aufblasbaren Matratzen, Hard-Edge-Bildern und Kumuluswolken an. Das erinnerte uns ziemlich an unsere Tage als Grafikdesign und gab uns mehr denn je das Gefühl, ein multifunktionales Leben zu führen.

Architektur

Wir dachten viel über Glas und moderne Leichtbauelemente nach. Wir dachten uns als Schulen, Einkaufszentren, Bürogebäude, sozialer Wohnungsbau und Luxus-Wohnanlagen. Wir hofften darauf, dass doch ein paar von uns sich als Schilder imaginieren würden, damit man uns auseinanderhalten konnte.

Pop-Musik

Wir hüllten uns in glitzernde Gewänder, um die Hoffnungen und Träume der Menschen angemessen wiederzugeben. Dann besetzten wir Fahrstühle, Autos, Flugzeuge, Telefonleitungen und alle möglichen anderen Orte, an die noch nie jemand gedacht hatte. Wir waren nicht aufzuhalten, wir drangen in alle Lebensbereiche ein und entfesselten fanatische Hingabe, weil wir die Gelangweilten mit fröhlichem Lärm versorgten.

Filme

Wir achteten darauf, nur solche Posen einzunehmen, wie sie zu einem anspruchsvollen Werk passen, denn uns war bewusst, dass das Leben üblicherweise nicht der Unterhaltungsbranche nacheifert. Wir bewiesen äußerste Empfindsamkeit und technische Meisterschaft und machten gefühlvolle Gesten dazu. Uns beschäftigten die Themen Gewalt, Verzweiflung und soziale Ungerechtigkeit, wie sie dicht unter der glatten Oberfläche unserer Gesellschaft lauern. Wir waren freundlich und zurückhaltend, sagten wenig und blieben meistens unter uns.

Mode

Einige von uns haben sich gründlich bei anderen bedient. Andere waren über alle Maßen phantasievoll. Viele von uns fanden die eigenen Statements albern, aber wir gaben uns Mühe, sie mit einer tieferen Bedeutung auszustatten. Angesichts der Allgegenwart von Polyester war das keine leichte Aufgabe, aber die Leute haben es uns abgekauft. Im Glauben, wir würden ihre wahre Persönlichkeit zum Ausdruck bringen, haben sie uns an die Brust gedrückt und selber noch den einen oder anderen lustigen Akzent hinzugefügt.

Kleidung mit Bildern
und/oder Aufschriften:
Jawohl, schon wieder eine Beschwerde

Also, ich rede hier nicht nur von Vuitton-Taschen. Oder Gucci-Portemonnaies. Oder Hermès-Tüchern. Designern und/oder Unternehmen, die ihre Namen und Initialen großzügig auf über-teuerten Kleidungsstücken zweifelhafter Qualität verteilen, mangelt es natürlich ganz schlimm an Geschmack, aber ich will mich hier nicht mit Kleinigkeiten aufhalten. Ich spreche von den echten Problemen. Offene Hemden mit Art-déco-artigen Mustern von fast lebensgroßen Segelbooten. Bluejeans mit einer toten Marilyn Monroe in wasserfesten Pastellfarben. Kleider, auf denen einer (besser zu zweit) Monopoly spielen kann. Strampel-anzüge, die Kleinkinder mithilfe von kleinen rosa Tieren und Sprechblasen daran erinnern, dass sie sich die Zähne putzen sollen. T-Shirts, die die sittenwidrigen sexuellen Vorlieben ihrer Träger verkünden. Und so weiter, und so weiter.

Kleider mit Bildern und/oder Sprüchen darauf sind zwar nicht erst gestern erfunden worden, aber doch ein wenig erfreulicher Hinweis auf den heutigen Stand der Dinge. Der spezifische Stand der Dinge, auf den ich mich hier beziehe, ist der Stand der Dinge,

143

der die Leute dazu bringt, sich mittels ihrer Kleidung auszudrücken. Ganz ehrlich, ich wäre nicht furchtbar unglücklich darüber, wenn sich die breite Masse dadurch ausdrückte, dass sie ins nächste größere Gewässer marschiert, aber wenn es dazu nicht kommt, wünschte ich, die Leute würden wenigstens aufhören, ihre Jacken für sich sprechen zu lassen. Ich meine, sehen wir doch den Tatsachen ins Auge: Wenn man *Ihnen* schon nicht zuhören will, wie kommen Sie dann darauf, dass irgendjemand auf Ihren Pullover hören würde?

Für das Tragen von Kleidung gibt es zwei Gründe. Erstens, um körperliche Unzulänglichkeiten zu überdecken, und davon hat ein normaler Mensch mindestens siebzehn. Und zweitens, um hübsch auszusehen, und das macht wenigstens gute Laune. Wer meint, schöne, gedeckte Farben wären ein bisschen langweilig, kann mit Streifen, Karos oder Pepita Akzente setzen oder – wenn Sommer ist und bei jungen Mädchen – auch mit kleinen Punkten. Wem das zu wenig abwechslungsreich erscheint, möge mir bitte folgende Frage beantworten: Wenn es Gottes Wille war, dass die Leute in Mänteln mit aufgedruckten Karamell-Eistüten herumlaufen, warum hat *Er* dann Tattersall-Karo getragen?

Soho:
Oder Mr. Art kann nichts
mit der Kunst anfangen

Soho ist ein realer Ort. Mit real meine ich, dass es materiell existiert. Mr. Art ist keine reale Person. Mit keine reale Person meine ich, dass er materiell nicht existiert. Dennoch würde ich bei meinen Überlegungen zu Soho niemals auf Mr. Art verzichten, denn er ist in diesen Dingen mein zuverlässigster Berater und Vertrauter. Er ist ein adretter, vielleicht ein wenig kritteliger kleiner Bursche – und auch wenn es von ihm heißt, seine Manieren rechtfertigten keineswegs seine Manierismen, ist er doch, Sie können mir das ruhig glauben, eine willkommene Abwechslung zu vielen der Typen, mit denen man es hier zu tun kriegt.

Um Sie langsam mit Soho vertraut zu machen, möchte ich zunächst einmal festhalten, dass dieser Teil von Downtown Manhattan nichts, aber auch gar nichts mit Mr. Art gemeinsam hat. Bis vor ein paar Jahren war Soho eine unbedeutende Gegend mit Lofts, die hauptsächlich zum Lagern oder zur Herstellung von Kleinkram genutzt wurden. Damals hieß es noch nicht Soho – es hieß gar nichts, weil sich abgesehen von den Leuten, die Christ-

145

baumanhänger aus Styropor mit Glitzerzeug oder kreischbunte Stoffbordüren fabrizieren, niemand je dorthin verirrte. Sie können von den Menschen, die in dieser Sparte tätig sind, denken, was Sie wollen, es sind ganz bestimmt sehr nette Leute, die diese Dinge ja nicht freiwillig machen. Außerdem ziehen sie nicht herum und geben irgendwelchen dunklen Ecken Manhattans Namen wie Soho. Angeblich heißt Soho Soho, weil es *South of Houston Street* anfängt, aber wenn Sie mich fragen, dann wäre ich nicht furchtbar überrascht, sollte sich herausstellen, dass die Person, die sich diesen Namen ausgedacht hat, 1967 in ihrem Freundeskreis mindestens einen englischen Fotografen zu viel hatte. Es mussten natürlich ganz unterschiedliche unerfreuliche Dinge zusammenkommen, bis das heutige Soho entstand, aber den Ausschlag gab ohne jeden Zweifel der Einzug von Big Art. Bevor es Big Art gab, lebten die Maler, so wie von Gott ganz zweifellos vorgesehen, in Dachstuben und umgebauten Remisen und malten Bilder in vernünftiger Größe. Ein Bild von vernünftiger Größe ist ein Bild, das man sich problemlos übers Sofa hängen kann. Kann man ein Bild nicht problemlos übers Sofa hängen, wurde es offensichtlich von einem Maler gemalt, dem die Farbe zu Kopf gestiegen ist. Es sind genau diese Bilder, die bei Mr. Art für eine chronisch gekräuselte Oberlippe sorgen. Maler sind keineswegs die Einzigen in diesem Geschäft: Moderne Bildhauer – diese *Metzelanten!,* wie Mr. Art sie zu nennen pflegt – sind auch nicht ganz unschuldig, denn als Lehm und Marmor rausgeräumt und durch kaputte Zugmaschinen ersetzt wurden, hatte sich Big Art endgültig festgesetzt.

Eines Tages merkte einer dieser Großkünstler, dass er, wenn er alle Nähmaschinen und Stoffballen aus einem 350-Quadratmeter-Loft rausräumte und dafür ein Badezimmer und eine Küche einbaute, am selben Ort wohnen und Big Art machen konnte. Bald schon folgten ihm andere Großkünstler und diesen wiederum große Anwälte, große Boutiquenbesitzer und die großen

Kinder der Reichen. Und schon gab es Soho, und es war voller Holzböden, Pflanzen, die Ansprache brauchten, Hängesessel, riesiger Plattensammlungen, Wanderstiefel, Konzeptkünstler, Video-Clubs, Kunst-Buchhandlungen, Kunst-Läden, Kunst-Restaurants, Kunst-Bars, Kunst-Galerien und Boutiquen, die gebatikte Regenmäntel, Makramee-Blumenampeln und Salatteller im Art-déco-Stil verkauften.

Seit es mit dem heutigen Soho losging, sind die Einzigen, für die ein Samstagnachmittag vergeht, ohne dass jemand anruft und vorschlägt, mal nach Soho zu gehen und sich da die Kunst anzusehen, Leute, die irgendeiner Untergruppe der Black Nationalists angehören. Weil das weder auf mich noch auf Mr. Art zutrifft, tun wir uns beide einiges darauf zugute, dass wir diesen oft sehr bestimmt formulierten Aufforderungen nur sehr selten und bei diesen wenigen Malen auch nur äußerst widerwillig gefolgt sind.

An einem der letzten Samstage kam es zu einer solchen Gelegenheit, und zu sehen bekamen wir Folgendes:

Kunstgalerie Nummer eins

Ein Mädchen, das vermutlich ein willkommener Zuwachs für den Lehrkörper jeder fortschrittlichen Kindertagesstätte gewesen wäre, hatte es sich stattdessen zur Aufgabe gemacht, aus Ton täuschend echte Nachbildungen von Ledersachen wie Schuhen, Stiefeln, Koffern und Gürteln zu verfertigen. Das war ihr ganz bestimmt gelungen – man musste schon mit dem Fingernagel gegen jedes Objekt schnipsen und das helle Klingen hören, um sich zu überzeugen, dass das, wogegen man gerade mit dem Fingernagel schnipste, tatsächlich aus Ton war und nicht aus Leder. Und natürlich musste man nicht hinhören, als Mr. Art zischelte «Wozu die Mühe?», ein Streichholz an einem Paar Handschuhe

anriss und sich damit eine seiner wohlriechenden Importziga-
retten anzündete.

Kunstgalerie Nummer zwei

Ein junger Mann, der offensichtlich aus sittlichen Gründen bei
den Pfadfindern abgewiesen worden war, hatte mehrere Stein-
arrangements auf dem glänzenden Eichenboden verteilt. Außerdem hatte er ein paar halbwüchsige Birken ermordet, um sie
mehr schlecht als recht zum Kreis gebogen an die Wand zu hängen. All diese Sachen standen zu Preisen in den Tausendern zum
Verkauf. «Nicht zu fassen, dass dieses Zeug tatsächlich jemand
haben will», höhnte Mr. Art, «und dann sind die Leute auch noch
zu blöd, um zu merken, dass man das mit Axt und Schubkarre
an einem einzigen Vormittag auch selber hinkriegen würde und
immer noch Zeit genug hätte, mit seinen Pflanzen zu reden.»

Kunstgalerie Nummer drei

Zwei richtig eng befreundete Jungs hatten eine Tour durch Nord-
afrika unternommen. Dabei hatten sie eine Menge Farbfotos
von Schüsseln, Himmeln, Pfeifen, Tieren, Wasser und auch voneinander gemacht. Diese Fotos hatten sie alphabetisch angeord-
net – also A wie Asche, B wie Baden in strahlender Sonne –,
auf lackierte Sperrholzplatten geklebt, mit bemüht schlichten
kleinen Erklärungen unter jedem Bild versehen und dann unter
dem jeweiligen Buchstaben aufgehängt. Ich muss gestehen, dass
Mr. Art angesichts dieses Werks gewaltsam daran gehindert werden musste, um sich zu schlagen und sich und die Umstehenden
zu verletzen.

Kunstgalerie Nummer vier

Jemand, der seine zu Recht einsame Kindheit im Kino verbracht hatte, war an eine Menge Standfotos von Filmen aus den Vierzigerjahren geraten, hatte die Gesichter der Stars ausgeschnitten, von Hand koloriert und auf vergrößerte Ansichtskarten von Hollywood und Las Vegas gepappt. «Camp, aber zu affektiert», sagte Mr. Art gereizt, als man ihn aus dem Schlaf holte. «Alle einlochen!»

Kunstgalerien Nummer fünf bis sechzehn

Massenhaft fotorealistische Darstellungen von Tankstellen, Kühlschränken, Kirschkuchenstücken, Kunstsammlern, Restaurants, 59-er Chevys und Esszimmermöbeln im mediterranen Stil.

Mr. Art und ich bemühen uns derzeit um Aufnahme in eine Untergruppe der Black Nationalists. Bis es so weit ist, haben wir das Telefon ausgehängt.

Farbe:
Bis hierher und nicht weiter

Natürlich hat auch Farbe ihre Reize. Form allein reicht nicht, also brauchen die Dinge ein wenig Farbe, damit man sie voneinander unterscheiden kann. Es wäre eine böse Überraschung, wenn man statt der ersehnten Zigarette einen Stift zu fassen bekäme, nur um festzustellen, dass sich die Hoffnung auf ein bisschen Entspannung in stundenlange, mühsame Arbeit verwandelt hat. Allerdings bestehen gründliche Zweifel, ob die zur Unterscheidung notwendige Farbintensität auch eine Scheußlichkeit wie Neongrün rechtfertigt. Glauben Sie mir, ich bin nicht grundsätzlich gegen Farbe, solange sie zurückhaltend, unaufdringlich und ohne übertriebenes Trara auftritt. Ich muss das leider angesichts der heute so beliebten Vorstellung, Farbe würde Ideen vermitteln oder uns das Wesen eines Menschen erschließen, so deutlich sagen. Es sind viel zu viele solcher Vorstellungen im Umlauf, und ich erkläre hier ein für alle Mal, dass ich nicht bereit bin, mich davon schikanieren zu lassen, dass irgendetwas Licht absorbieren kann. Will die Farbe mir was sagen, hab' ich keine weit'ren Fragen – allein die Vorstellung ist unpassend, eine Zumutung und ein Zeichen langweiligster Trostbedürftigkeit.

Die Angelegenheit duldet keinen Aufschub, deshalb müssen wir uns über die ästhetischen Erwägungen hinaus auch mit dem dringenden Verdacht befassen, dass hier ein Denkfehler vorliegen könnte. Allzu lange hat sich niemand darum gekümmert – höchste Zeit, Zeter und Mordio zu schreien.

Die Grundfarben

Die Grundfarben werden am unverhohlensten missbraucht. Die Hauptschuldigen lassen sich zwei verschiedenen Gruppen zuordnen.

Erstens sind da die ganzen Grafikdesigner, die Grundfarben für aufheiternd und gleichzeitig für kühn halten und sie deshalb ständig überall da unterbringen, wo die Leute mit Fug und Recht depressiv werden. Rot, Gelb und Blau ist in Schulen, Flughäfen und Krebskliniken so weit verbreitet, dass man niemandem, der sich ohne Schulbuch oder Koffer an einem solchermaßen herausgeputzten Ort wiederfindet, vorwerfen könnte, er würde überreagieren, wenn er sich zum Springen entschließt.

Zweitens sind da jene, die, je nachdem, für welche Grundfarbe sie sich entschieden haben, mit aller Gewalt Leidenschaft, kindliche Unschuld oder Frohsinn ausstrahlen wollen. Das betrifft natürlich nicht die Menschen, die diese Farben maßvoll einsetzen, sondern vielmehr jene, die mangels eigener Persönlichkeit an sich selber so wenig Freude haben, dass sie dafür auf andere angewiesen sind.

Rot

Rot gilt häufig als Farbe der Leidenschaft, weil es auch die des Feuers ist. Wer so etwas tatsächlich glaubt, sollte den Straftatbestand Brandstiftung nicht überstehen.

Gelb

Leute, die hemmungslos ihr Faible für Gelb ausstellen, versuchen sich den Anschein von kindlicher Unschuld und strahlendem Optimismus zu geben. Da dies nicht der Grund sein kann, warum auch Warnschilder und Notizblöcke oft gelb sind, tut man gut daran, immer erst mal nach links und rechts zu schauen.

Blau

Blau deutet angeblich auf Gelassenheit hin, weil es angeblich die Farbe des Wassers ist, eines angeblich beruhigenden und friedlichen Elements. Sollte man an Verfechter dieses Farbtons geraten, ist der Hinweis nützlich, dass Wasser auch bei Haien sehr beliebt und in neun von neun Fällen der Grund ist, warum jemand ertrinkt.

Mischfarben

Die Mischfarben – Grün, Orange und Lila – sind nichts weiter als Variationen desselben Themas. Sie haben ihre Daseinsberechtigung genauso wie die Grundfarben und sind, wie ich höre, häufig in der Natur anzutreffen.

Trotz alledem kann ich mich nach wie vor nicht mit Farben anfreunden. So mancher behauptet, ohne Farben wäre die Welt trist, während andere dagegenhalten, dass sie dann wenigstens harmonieren würde.

The Sound of Music, oder
«Meine Lieder - meine Träume»:
Aber nicht mit mir

Zunächst einmal möchte ich bemerken, dass es für mich zwischen Musik und Musikberieselung keinen großen Unterschied gibt, es sei denn, ich habe mir ein Stück höchstpersönlich und sehr bewusst ausgewählt. Ob Pablo Casals in der Wohnung gegenüber bei offener Tür übt oder man in einem Fahrstuhl festsitzt und von oben «Parsley, Sage, Rosemary, and Thyme» rieselt – für mich ist das alles gleich. Harte Worte? Vielleicht. Aber die Zeiten sind rau, und so wie das Leben heute spielt, werden sie durch die unablässige Beschallung nicht harmonischer.

Früher wusste die Musik, wo sie hingehört. Vorbei. Wahrscheinlich ist die Musik daran gar nicht selber schuld. Vielleicht ist sie nur in schlechte Gesellschaft geraten und hat dabei jedes Taktgefühl verloren. Ich will das gar nicht ausschließen. Ich wäre auch bereit zu helfen und meinen Beitrag zu leisten, damit die Musik wieder ihre Linie findet, sich zusammenreißt und aus der Mitte der Gesellschaft verschwindet. Als Erstes muss die Musik einsehen, dass es zwei Arten von Musik gibt, gute Musik und schlechte Musik. Gute Musik ist Musik, die ich hören möchte. Schlechte Musik ist Musik, die ich nicht hören möchte.

Damit die Musik besser begreift, wie irregeleitet sie ist, möchte ich sie auf folgende Punkte hinweisen. Wenn Sie Musik sind und sich auf dieser Liste wiedererkennen, sind Sie schlechte Musik.

1. Musik aus den Radioweckern anderer Leute

Manchmal verbringe ich die Nacht in der Wohnung einer anderen Person. Diese andere Person ist oft in einer handfesteren Sparte tätig als ich und muss zu einer bestimmten Zeit aufstehen. Oft stellt die andere Person dann ohne mein Wissen ein Gerät so ein, dass ich von Stevie Wonder geweckt werde. Nur fürs Protokoll: Wenn ich von Stevie Wonder geweckt werden wollte, würde ich mit ihm schlafen. Ich will aber nicht von Stevie Wonder geweckt werden, und deshalb hat Gott den normalen Wecker erfunden. Manchmal sieht die andere Person ein, dass ich recht habe. Manchmal tut sie das nicht. Und deshalb hat Gott viele andere Personen erfunden.

2. Die Warteschleife – die Musik, die in Firmentelefonen lauert

Ich habe für Warteschleifen absolut nichts übrig. Aber ich bin eine vernünftige Frau. Ich kann mich mit der Realität abfinden. Ich kann den Tatsachen ins Auge sehen. Aber eins kann ich nicht – diese Musik aushalten. So wie es zwei Arten Musik gibt – die gute und die schlechte –, gibt es auch gute und schlechte Warteschleifen. Gute sind solche, die einen still warten lassen. Schlechte lassen einen mit Musik warten. Wenn ich schon warten muss, dann bitte still. So war es von Beginn an, denn was sollte Gott sonst gemeint haben, als er sagte: «Schweige für immer.» Er hätte noch «Ruhe jetzt» hinzugefügt, glaubte aber, Ihr würdet es auch so kapieren.

3. Straßenmusik

Seit ein paar Jahren machen immer mehr Leute auf der Straße Musik. Seit ein paar Jahren haben auch bösartige Krankheiten stetig zugenommen. Kann es sein, dass zwischen diesen beiden Fakten ein Zusammenhang besteht? Fragen wird man ja doch dürfen. Selbst wenn es keinen geben sollte – wie angedeutet, kann man sich da nicht sicher sein –, hat die Straßenmusik definitiv ihre Opfer gefordert. In jedem Fall führt sie in die Irre: Wenn man die Fifth Avenue runtergeht, rechnet man nicht mit einem Streichquartett, das Strauss-Walzer spielt. Wenn man die Fifth Avenue runtergeht, rechnet man damit, den Verkehr zu hören. Hört man beim Gehen auf der Fifth Avenue stattdessen von einem Streichquartett gespielte Strauss-Walzer, kann man leicht durcheinanderkommen und sich einbilden, man ginge gar nicht die Fifth Avenue hinunter, sondern sei irgendwie im alten Wien gelandet. Bildet man sich ein, im alten Wien zu sein, wird man sich ziemlich ärgern, wenn man merkt, dass es im alten Wien keinen Ausverkauf bei Charles Jourdan gibt. Und deshalb will ich den Verkehr hören, wenn ich die Fifth Avenue hinuntergehe.

4. Filmmusik

Ich rede hier nicht von Musicals. Musicals sind Filme mit der Warnung: «Mit ganz viel Musik. Auf eigene Gefahr.» Was ich meine, sind normale Filme, die sich diese Höflichkeit sparen und arglose Leute zum Zuschauen verleiten, um sie dann ungefragt mit einem Melodienschwall zu überfallen. In dieser Kategorie gibt es zwei Haupttäter: Blaxploitation und Filme, die in den Fünfzigern spielen. In beiden Fällen liegt ein Missverständnis vor. Da weiß jemand nicht, dass Filme Filme sein sollen. Da denkt jemand, Filme sollten Schallplatten mit Bildern sein. Da hat jemand eins nicht verstanden: Hätte Gott Schallplatten mit Bildern gewollt, hätte er das Fernsehen nicht erfunden.

5. Musik an öffentlichen Orten wie Restaurants, Supermärkten, Hotelhallen, Flughäfen

Wenn ich mich an einem der genannten Orte aufhalte, bin ich nicht dort, um Musik zu hören. Ich halte mich dort aus Gründen auf, die mit dem jeweiligen Ort zu tun haben. Während ich auf den Shuttle-Flug nach Boston warte, möchte ich ebenso wenig die «Moritat von Mackie Messer» hören, wie sich jemand, der im Sands Hotel ganz vorn am Boxring sitzt, nötigen lassen will, sich für eine von sechzehn verschiedenen Sorten Hüttenkäse zu entscheiden. Hätte Gott gewollt, dass alles gleichzeitig passiert, hätte er den Schreibtischkalender nicht erfunden.

Epilog

Manche Leute führen Selbstgespräche. Manche Leute singen vor sich hin. Sind die einen besser als die anderen? Hat nicht Gott alle Menschen gleich geschaffen? Ja, Gott schuf alle Menschen gleich. Nur dass er ein paar wenigen die Fähigkeit gab, sich einen eigenen Text auszudenken.

Tödlicher Pinsel

Zu den denkwürdigeren Trends unserer Zeit dürfte das Besetzen von Gebäuden in Tateinheit mit Geiselnahme gehören. Was die Täter bei ihren Aktionen antreibt, sind, vereinfacht gesagt, politische Missstände, soziale Ungerechtigkeit und das tiefe Bedürfnis, sich einmal im Leben im Fernsehen bewundern zu können. Sie sind tolle Hechte, engagiert und verwegen, die wahren Helden der Live-Sendungen.

Obwohl sie wiederholt in den Nachrichten auftauchten, wurden diese Vorkommnisse in Künstlerkreisen weitgehend ignoriert. Dieses Segment interessierte sich nicht dafür und fühlte sich über derartige Phänomene erhaben, da sie visuell zu wenig hergaben. Diese Selbstzufriedenheit sollte sich jedoch bitter rächen nach einer Serie von Ereignissen, die die Kunstwelt wegen des kühnen Einsatzes von Lokalkolorit und einer beeindruckenden Raumbeherrschung in Erstaunen versetzte.

Erster Vorfall – «Ohne Titel» (Benzin auf Putzlappen)

Eine kleine Gruppe Exil-Kubisten besetzte die Große Rotunde unter der Kuppel im Kapitol in Washington, D.C., und drohte damit, sie in Brand zu stecken, wenn die Stadt nicht in geometrische Muster zerteilt würde. Sie nahmen die «Drei Musiker» als Geiseln und kündigten in den Medien an, dass der Geiger, sollte ihren Forderungen nicht entsprochen werden, mit vorgehaltener Pistole gezwungen werde, «zu spielen, während der Dom brannte», wie sich Braque X, der Anführer der Gruppe, ausdrückte.

Um eine solche Tragödie um jeden Preis zu verhindern, tagten Regierungsvertreter die ganze Nacht. Am folgenden Morgen wurde ein Abstrakter Expressionist geschickt, der über eine friedliche Einigung verhandeln sollte. Der Abstrakte Expressionist, ein gewiefter Bursche, der sich berühmen konnte, den Leuten schon immer ein X für ein U vorgemacht zu haben, hatte bereits erste Fortschritte erzielt, als ihn Braque X bezichtigte, es würde ihm bei diesem Thema an der Perspektive mangeln. Die Verhandlungen zogen sich deshalb noch weitere Stunden hin, doch endlich konnte der Abstrakte Expressionist, der die Kubisten unbedingt von der Bildfläche verschwinden lassen wollte, Braque X beruhigen, indem er ihm freies Geleit zusicherte, wenn er bereit sei, seinen verrückten Plan aufzugeben. Braque X, dem allmählich klar wurde, dass er mit dem Rücken zur Wand stand, nahm das Angebot an, und eine Montage aus Flächen und Winkeln brachte die Kubisten sicher zurück an ihren angestammten Platz in der Kunstgeschichte.

Die Polizei war mit diesem Ausgang allerdings weniger zufrieden. Der Einsatzleiter erklärte in einem Interview mit einiger Härte in der Stimme: «Das hätte meine fünfjährige Tochter besser hingekriegt.» Diese Einschätzung regte die Phantasie der Öffentlichkeit an, und rasch hatte sich eine Truppe von Freischärlern formiert. Am späteren Abend wurde der Abstrakte Expressionist von einem Peloton in die Mitte eines Farbfelds geführt und mit Spritzpistolen erledigt – noch ein Opfer des Geschmackswandels.

Zweiter Vorfall – «Mädchen mit Kugelspritze»

Eine unter dem Namen «Frauen gegen» bekannte Gruppe feministischer Künstlerinnen nahm eine Gruppe männlicher gegenständlicher Maler als Geiseln und verlangte Antwort auf die Frage, warum sie Frauen mit Brüsten darstellten. In ihrer Antwort wiesen die Maler darauf hin, dass sie Frauen mit Brüsten malten, weil Frauen Brüste hätten, und unterstellten den Feministinnen Angst vorm Akt. Die Frauen erkannten sofort, wie gescheit diese Antwort war, entschuldigten sich überschäumend und gaben an, sie seien alle schwer depressiv, weil sie gerade an ihrer Blauen Periode laborierten.

Dritter Vorfall – «Form folgt einer Funktion»

Das Augenmerk der ganzen Welt richtete sich auf ein italienisches Städtchen, als eine revolutionäre Terrororganisation mit dem Namen Bauhaus-Bomber drohte, den schiefen Turm von Pisa in eine tödliche Waffe zu verwandeln, indem sie ihn in die Luft sprengte. Um Wirrwarr zu vermeiden, nahmen die Bauhaus-Bomber keine Geiseln und forderten stattdessen, dass jede Stunde zur vollen Stunde ein ausschließlich dekoratives Objekt zerstört werden müsse, bis ihre Forderung erfüllt sei. Wie diese lautete, war nicht bekannt, denn sie bestanden auf Geheimhaltung, bis der Beweis erbracht war, dass keine andere terroristische Organisation die gleichen Pläne verfolgte. Da sie um das historische Gebäude fürchteten, willigten die Behördenvertreter in alles ein. Lastwagenweise wurde Nippes auf die Piazza geschafft. Unter dem strengen Blick der Bomber wurden dem mysteriösen Anliegen dutzendweise Porzellanfiguren, kalendarspruchweise Wandbehänge und überzählige Vasen geopfert.

Wochen gingen ins Land, und die Terroristen waren noch immer nicht bereit, ihre Absichten zu offenbaren. Mit jedem Tag wurde die Menge unruhiger, sodass die Polizei, einen möglichen Aufstand vor Augen, schließlich einen Plan für das weitere Vorgehen entwarf. Ein Polizist schlüpfte in rostfarbene Breitcordhosen und einen schwarzen Rollkragenpullover, und auf diese Weise gelang es, die Organisation zu infiltrieren. Bald drang die Botschaft nach draußen, dass das Arsenal, das man erwartet hatte, nur in einer einzigen und dazu auch noch maßlos kleinen Bombe bestand. Die minimalistische Ausstattung der Terroristen war verblüffend, deshalb fragte man den Agenten nach dem Grund für diese Narretei. Da er inzwischen einige Zeit im Turm verbracht hatte, sah er sie nur kühl an und meinte: «Weniger ist mehr.»

Erleichtert drangen die Polizisten in das Gebäude ein, wo sie ihre Gegner ohne Weiteres überwältigen konnten. Als Gefangene sprachen die Bauhaus-Bomber ganz offen und betonten leidenschaftlich, dass sie für eine gerechte Sache kämpften. Wie sie erklärten, ging es ihnen nur darum, den schiefen Turm von Pisa wieder aufzurichten. Auf die Frage, warum sie dafür zu derart drastischen Maßnahmen gegriffen hätten, riefen sie: «Nie wieder!» Dann schleuderten sie ein letztes unhintergehbares Argument gegen das absinkende Bauwerk: Der schiefe Turm von Pisa war und blieb himmelschreiend antisymmetrisch.

Vierter Vorfall – «Liegestuhl und Toaster essen Lakritz»

Eine kleine, aber in sich uneinige Gruppe von Dada-Anhängern genannt MOMA warf sich in Hosen und unternahm so geschützt eine Exkursion nach Chicago. Dann schickten sie dem Präsidenten der Vereinigten Staaten eine Botschaft und verlangten eine lustigere Kombination der Gesetze. Der Präsident hatte noch gar nicht geantwortet, als ein bekannter Verbraucheranwalt den Mitgliedern von MOMA vorwarf, sie hätten eine Teetasse mit dem Fell einer bedrohten Tierart ausgekleidet. Die Dadaisten wurden vor einen Unterausschuss des Senats geladen und mussten sich damit einverstanden erklären, in Zukunft nur noch Kunstpelz zu verwenden. Die MOMA-Mitglieder sträubten sich gegen diese Einschränkung, da synthetische Stoffe bereits schuld daran waren, dass ein Bügeleisen mit applizierten Nägeln doch nicht so witzig wirkte, wie man es sich erwartet hatte. Im Rückblick erwiesen sich die vom Senat erwirkten Einschränkungen jedoch als wahrer Segen, weil den Dadaisten klar wurde, dass sie eine Form erfunden hatten, die direkt ins Museum gehörte. Das hob sogleich die Stimmung, und sie haben alle herzlich gelacht.

Vorfall N° 5 – «　　»

Eine erschreckend große Zahl von Konzeptkünstlern (zwei) hatte sich im unteren Manhattan breitgemacht, musste dann aber, da das niemandem auffiel, weiter hoch nach *uptown* ziehen. Dort fügten sie einige Steine dergestalt zusammen, dass das Muster verkündete, sie hätten 168 Videokassetten als Geiseln genommen. Ihre Forderung lautete, dass man sich vorzustellen habe, das würde irgendjemanden interessieren. Als eine Reaktion ausblieb, beglückwünschten sie sich begeistert zu ihrem Erfolg und wiederholten die Aktion endlos.

LITERATUR

Literatur

Die Zustände, die gegenwärtig im Literaturbetrieb herrschen, machen es möglich, dass ein Mädchen durch ein Buch ins Verderben gerät. Ja, bei den Zuständen, wie sie derzeit im Literaturbetrieb herrschen, ist es inzwischen sogar möglich, dass ein Junge durch ein Buch ins Verderben gerät.

Gefahr droht natürlich nicht nur von einem Buch, denn die Lage hat sich so weit verschlimmert, dass sogar ein Magazin sicherer ist als ein Buch, aber nur weil es kürzer ist. Allzu oft jedoch werden aus Magazinen Bücher, weshalb die Besonnenen sie als verschärftes Petting der Literatur betrachten müssen.

Diese Warnung sollten alle Betroffenen beherzigen. Um für eine weniger gefahrvolle Lebenswelt auf dem Papier zu sorgen, gebe ich folgende Empfehlungen, wie man es vermeidet, verderbliches Material zu lesen und/oder zu schreiben.

Frauenliteratur

Immatrikulieren Sie sich im Fachbereich Medizin und spezialisieren Sie sich auf Gynäkologie. Die Enttäuschung wird nicht lange auf sich warten lassen, und Sie werden feststellen, dass die

literarischen Möglichkeiten der Vulva ein kleines bisschen über-
schätzt werden.

* * *

Frauen, die darauf bestehen, dass sie die gleichen Möglichkeiten
wie Männer haben müssten, sollten dringend die Option stark
und schweigsam bedenken.

* * *

Nur weil man in der Highschool keine Freunde hatte, ist das
noch kein Grund, ein Buch zu schreiben.

* * *

Dass man in der Highschool viele Freunde hatte, sollte einem
genügen. Das muss die lesende Öffentlichkeit nicht erfahren.

* * *

Wenn Ihre sexuellen Phantasien tatsächlich für andere interessant wären, dann wären sie keine Phantasien mehr.

* * *

Als Literaturliebhaber wird es Sie vielleicht interessieren, dass
das Wort «Selbstbehauptung» im gesamten Werk von William
Shakespeare kein einziges Mal auftaucht.

* * *

Bitte vergessen Sie nicht, dass sich bestimmte Themen bei Tisch
verbieten. Es lesen ziemlich viele Menschen, während sie essen.

Lyrik

Sollten Sie der Meinung sein, dass Selbstmordgedanken bereits von einer poetischen Natur zeugen, dann vergessen Sie nicht, dass es auf Taten ankommt, nicht auf Worte.

* * *

Einen flüchtigen Gedanken festzuhalten ist unmenschlich.

* * *

Gratisessen geht auf Saloonbetreiber während der Großen Depression zurück. Auch freie Verse entstehen oft während einer Depression. Sollte Ihnen das passieren, versuchen Sie den Impuls mit einem Drink im Keim zu ersticken.

* * *

Wenn Ihnen beim Betrachten des Sonnenuntergangs über einem Gebrauchtwagenhandel in Los Angeles auffällt, wie sehr dieses Bild an das unausweichliche Schicksal der Menschheit erinnert, notieren Sie diesen Einfall unter gar keinen Umständen.

Magazine für Zielgruppen und besondere Interessen

Dass man eine Frau ist, interessiert allenfalls hoffnungsvolle männliche Transsexuelle. Für echte Frauen ist es nur eine gute Ausrede, um nicht Football spielen zu müssen.

* * *

Wenn Zielgruppenmagazine genügend Werbeeinnahmen und Leser erreichen, um profitabel zu sein, kann das Interesse so besonders nicht sein.

* * *

Der Austausch von Tipps, wo man in New York die besten Daunendecken oder den besten Inder findet, sollte meiner Meinung nach das Privatvergnügen gleichgesinnter Erwachsener sein, damit die Jungen und Gebildeten verschont bleiben.

* * *

Sexuelle Vereinigung mit Maschinen ist kein Spezialinteresse, sondern eine Persönlichkeitsstörung.

Selbsthilfebücher

Das Wort «deblockieren» gibt es nicht. Auch das Wort «internalisieren» gibt es nicht. Es gibt genau genommen nur einen Fall, in dem die Buchstabenfolge «ieren» passt, und das ist bei dem Wort «kopulieren».

* * *

Geistige Gesundheit findet man selten, wenn überhaupt, indem man seine Geburt in der Badewanne nacherlebt.

* * *

Wenn Sie es in dieser Welt zu etwas bringen wollen, besorgen Sie sich kein Buch, sondern einen Anwalt.

* * *

Macht und Reichtum sind weniger das Ergebnis von Lesen als von Auslese.

* * *

Es soll gelegentlich vorkommen, dass sich der Charakter eines Menschen in seinem Gesicht zeigt, doch ist darauf kein Verlass, denn der Charakter zeigt sein Gesicht, lange bevor er die ersten Spuren in einem Gesicht hinterlassen konnte.

Schreiben:
Eine lebenslängliche Strafe

Die meisten werden es sich nicht vorstellen können, aber der Beruf als Schreiber hat auch gewisse Nachteile, was schon bei dem wenig erfreulichen Umstand beginnt, dass man immer wieder genötigt ist, sich tatsächlich hinzusetzen und zu schreiben. Das ist berufsbedingt und gerade deshalb besonders ärgerlich, weil es den Schreiber ständig daran erinnert, dass er nicht wie andere Menschen ist und es auch nie sein wird. Die Anforderungen für diesen Beruf sind so unattraktiv, so unfair und für normale Menschen so exotisch, dass der Schreiber sich zur wirklichen Welt verhält wie Esperanto zur gängigen Sprache – komisch vielleicht, aber *so* komisch auch wieder nicht. Da es nun einmal so ist, schlage ich vor, dass alle, die es angeht, die Eigenheiten des Schreibers als naturwüchsig betrachten und ein für alle Mal akzeptieren, dass unter den Blinden der Einäugige ein Schreiber ist, was ihn selber aber nicht unbedingt vom Hocker reißt.

Mit der hier folgenden Aufstellung verbinde ich die Hoffnung, dass sich das dringend benötigte Mitgefühl einstellt. Die ersten fünf Punkte sind für Eltern, die spätere Erklärung ist für Masochisten – oder umgekehrt.

Woran Sie merken, dass Ihr Kind ein Autor ist

Ihr Kind ist ein Autor, wenn von den folgenden Sätzen wenigstens einer zutrifft. Es empfiehlt sich, ehrlich zu antworten – ganz gleich, wie Sie mogeln, es ändert nichts an der bitteren Realität.

1. *Vor der Geburt*

   A) Die morgendliche Übelkeit meldet sich in der Nacht, weil der Fötus es zu anstrengend findet, tagsüber zu arbeiten.
   B) Sie entwickeln eine Gier nach Auftragsdiensten und Sekretärinnen.
   C) Wenn Ihr Geburtshelfer beim Aufsetzen des Stethoskops aus dem Bauch Ausreden hört.

2. *Geburt*

   A) Das Baby kommt mindestens drei Wochen zu spät, weil es kein Ende finden konnte.
   B) Die Wehen dauern 27 Stunden, weil das Kind alles bis zur letzten Minute aufgeschoben hat und unangemessen lange dafür brauchte, seine Zehen interessanter wachsen zu lassen.
   C) Wenn der Arzt dem Baby einen Klaps gibt, ist das Baby nicht überrascht.
   D) Es kommt selbstverständlich nur ein Kind, denn das Baby hat eine Zwillingsgeburt als überdeterminiert von sich gewiesen.

3. Als Baby

A) Das Baby lehnt sowohl Brust wie Fläschchen ab und optiert stattdessen für Perrier mit Zitrone, um schon mal für die Entziehungskur zu üben.

B) Das Baby schläft sofort die Nacht durch. Den Tag auch.

C) Die ersten Worte, die das Baby bereits nach vier Tagen sprechen kann, lauten: «Nächste Woche.»

D) Das Baby nutzt das Zahnen, um sich vor der Brabbelphase zu drücken.

E) Das Baby lutscht an seinem Zeigefinger in der festen Überzeugung, dass Daumen wirklich nicht mehr originell sind.

4. Krabbelalter

A) Teddybären lehnt der Kleine als Plagiat ab.

B) Die Buchstabenklötzchen arrangiert er zu abfälligen Namenswitzen.

C) Wenn er sich allein fühlt, fordert er von seiner Mutter kein Brüderchen oder Schwesterchen, sondern einen Protegé.

D) Im Alter von drei Jahren betrachtet er sich als Trilogie.

E) Seine Mutter wagt nicht, die Wände mit seinem Buntstiftgeschmiere abzuwischen, weil sie den Vorwurf fürchtet, sie würde redaktionell zu stark eingreifen.

F) Beim Vorlesen seiner Gutenachtgeschichte macht er sarkastische Bemerkungen über den Stil.

5. Kindheit

A) Mit sieben denkt er über eine Namensänderung nach. Und einen Geschlechtswechsel.

B) Er will nicht ins Ferienlager, weil ihm klar ist, dass dort Kinder sein könnten, die noch nie von ihm gehört haben.

C) Seinen Lehrern sagt er, dass er wegen einer Schreibblockade seine Hausaufgaben nicht machen konnte.

D) Bei der Übung, einen freundlichen Brief zu schreiben, weigert er sich, weil er weiß, dass er nie einen schreiben wird.

E) Mit Blick auf eine mögliche Verfilmung besteht er darauf, den Titel seines Aufsatzes von «Was ich in den Sommerferien gemacht habe» in das coolere «Ferien» zu ändern.

F) Als hundertprozentiger Hypochonder ist er überzeugt, dass er nicht Windpocken hat, sondern Lepra.

G) Wenn er an Halloween herumzieht und «Süßes oder Saures» fordert, geht er als Dandy.

Wenn dieses bedauernswerte Kind in die Pubertät kommt, kann man die Hoffnung aufgeben, dass er über den Schriftsteller hinwegkommt und etwas Sympathischeres wird – zum Beispiel Kidnappingopfer. In diesen schwierigen Jahren der Adoleszenz geht es folglich darum, dass er die passende Ausbildung in einem verständnisvollen Umfeld erfährt. Deshalb ist dem Teenager dringend anzuraten, eine Schule zu wählen, die auf sein Dilemma eingestellt ist – die Höhere Schreibschule. Auf der Schreibschule wird er sich unter seinesgleichen finden, den Undankbaren. Die Fächer sind breit angelegt und auf seine Bedürfnisse zugeschnitten: Schlechter Anfang, Nie nach Los Angeles I und II, Nachhilfe im Wachbleiben, Magazinredakteure: Wozu?, Geschicktes Formulieren für Fortgeschrittene – alles unterrichtet von eifersüchtigen Lehrern, die selber lieber Schüler wären. Extracurriculare Tätigkeiten (wie der Club Klappe, in dem sich die Studenten damit amüsieren, pittoreske Jobs wie Holzfäller, Buchmacher, Schäfer und Pornoautor für ihre Kurzbiografie auf dem Schutzumschlag zu erfinden) werden reichlich angeboten. Das Team der Sprachfiguren, die Metaphern, schlägt sich erfolgreich. Sie können mit den Besten mithalten, und Janet Flanner, dieses liebenswerte Maskottchen, erfreut sich auf dem Campus größter Beliebtheit.

Obwohl das Jahrbuch – *Die Verachtung* – selten rechtzeitig zum Abschluss fertig ist, wird es als Erinnerung an die Schreibschulzeit hochgeschätzt. Über die Cafeteria herrscht eine schwergewichtige, ehrgeizige Frau, die schlechtes, aber dafür lachhaft teures italienisches Essen anbietet. Zur Stärkung des Gemeinschaftsgefühls trifft man sich einmal in der Woche in der Aula zum Bildbruch. Schüler, die Mühe haben, mitzukommen – «Schreibschwächlinge» heißen sie auf der Schreibschule –, dürfen auf Nachhilfe rechnen. Bei Abschluss oder dem Schulverweis (dem die eher kommerziell orientierten Schüler den Vorzug geben, weil er sich prächtig als Anekdote für Talkshows eignet) ist der Autor bestens dafür vorbereitet, die Welt in Staunen zu versetzen.

Es erübrigt sich, das nächste Stadium, die eigentliche Laufbahn, im Detail darzustellen, da alle Schriftsteller auf die gleiche Weise enden, nämlich entweder tot oder, noch schlimmer, in einem Heim für alte Autoren. Nichts fürchten Autoren mehr, und das mit Recht: Mehrere Enthüllungsgeschichten brachten kürzlich sadistische Praktiken ans Tageslicht, die erschreckend weit verbreitet sind. So wurden beispielsweise alten Schriftstellern besonders abträgliche Rezensionen zugesteckt. Mehrere Autoren sind an akutem Lobentzug gestorben.

Schön ist das alles nicht, und ich fürchte, es stimmt noch nicht einmal. Denken Sie bloß nicht, damit sei es getan, schreiben müssen Sie immer noch selber.

To be or not CB:
Hier kommt die Antwort

Mit Genugtuung hörte ich, wie der Mann, bei dem ich das Wochenende verbracht hatte, seinen Chauffeur anwies, um uns, seine Gäste, zurück nach New York zu bringen. Dahinter stand meine feste Überzeugung, dass öffentliche Verkehrsmittel aus genau dem gleichen Grund gemieden werden sollten wie *Herpes simplex*. Ich muss sagen, dass ich in Anbetracht meiner bescheidenen Mittel und meines großen Bekanntenkreises erstaunlich erfolgreich darin bin, beidem zu entgehen, deshalb war ich bester Laune, als ich mich auf den Rücksitz des Wagens gleiten ließ. Ich lächelte meinen Begleitern freundlich zu, zündete mir eine Zigarette an und beteiligte mich eifrig am Gespräch, in dem die unterhaltsamen Eigenheiten von Abwesenden verhandelt wurden. Unter diesen Umständen ist es nur zu verständlich, dass ich zunächst nicht besonders acht gab auf das, was ich in meiner Unschuld für harmloses Gemurmel des Fahrers hielt. Erst als eine Pause in der Unterhaltung eintrat, erhielt ich die Möglichkeit, tatsächlich hinzuhören, und so wurde mir bewusst, dass da jemand zurückmurmelte. Ich schaute mir meine Mitreisenden an und stellte erleichtert fest, dass mir keiner von ihnen ein verborgenes Talent als Bauch-redner verschwiegen hatte. Völlig ausgeschlossen war, dass der Fahrer über eine solch ausgefallene Fertigkeit verfügen sollte. Brennend vor Neugier bat ich ihn um eine Erklärung. Seine Antwort: Er rede über die CB-Funkstation, die er seit Kurzem im Auto meines Gastgebers installiert habe. Der Murmler am anderen Ende war ein fünfzehn Meilen entfernter Lastwagen-fahrer. Ich wollte wissen, worin für ihn der Reiz dieses Aus-tauschs bestünde. Er meinte, dass sie sich gegenseitig über das Wetter, den Verkehr und die Radarkontrollen der Polizei infor-mierten.

Ich schaute aus dem Fenster. Es war ein klarer, sternenheller Septemberabend. Auf der Straße stauten sich die Autos Stoß-stange an Stoßstange. Falls tatsächlich ein Radargerät der Poli-zei in der Nähe lauerte, dann las es jetzt wahrscheinlich Zeitung. Ich zögerte nicht, den Fahrer davon zu unterrichten. Er ant-wortete, er informiere sich darüber, wie die Situation fünfzehn Meilen weiter vorn aussehe. Ich erwiderte, es sei Sonntagabend, wir befänden uns auf dem Merritt Parkway Richtung New York, und deshalb erwarteten uns fünfzehn Meilen weiter die gleichen Bedingungen wie hier, mit dem einzigen Unterschied, dass sie zunehmend kosmopolitischer würden. Er ignorierte diesen Hin-weis und setzte stattdessen sein Murmeln fort. Nachdem ich – und nicht zum ersten Mal – gegen einen Lastwagenfahrer ver-loren hatte, lehnte ich mich wieder zurück, um seiner vermutlich geistlosen Unterhaltung zu lauschen. Zu meiner Überraschung entspann sich ein völlig unintelligibles Hin und Her, da sie sich in einem Code verständigten, dem scheinbar jeder Sinn und Ver-stand abging. Es handelte sich, wie ich erfuhr, um CB-Slang, eine Geheimsprache, wie sie Initiierte benutzen. Da das meine erste Begegnung mit dem «Citizen's Band Radio» (CB-Funk) war, hatte ich jedes Recht, mit reinem Abscheu darauf zu reagieren. Ich wusste nichts darüber. Inzwischen ist mehr als ein Jahr vergangen, und ich weiß eine ganze Menge. Ja, ich finde es abstoßend, ich bin entsetzt, und ich bin damit nicht einverstanden.

Meine erste Idee ging dahin, mein Nicht-einverstanden-Sein in Form eines Briefwechsels zwischen Oscar Wilde und Lord Alfred Douglas in CB-Slang festzuhalten. Ich gab mir alle Mühe und kam doch nicht weit, denn der CB-Slang als Verständigungsform ist heillos maskulin. Würde man die Bevölkerung der Vereinigten Staaten von allen Mädchen und männlichen Homosexuellen befreien, dann, so kann man mit ziemlicher Sicherheit behaupten, würden sie sich in schlichtem Englisch unterhalten.

Ich als herausragende Expertin darf das sagen, weil ich mich für das bereits erwähnte Projekt intensiv in die Materie eingearbeitet habe. Deshalb kann ich hier selbstbewusst anmerken, dass ich den CB-Slang fließend beherrsche. Das überrascht mich selber, denn ich habe nicht vergessen, dass in meiner Jugend lauter Französischnachhilfelehrer herumschwirrten, die an mir verzweifelten, weil ich, wie sie behaupteten, für Sprachen kein Ohr hätte. Kann sein, kann nicht sein, doch kommt es gar nicht darauf an, da ich, wenn es um Lingo geht, sogar anderthalb Ohren besitze. Es hatte offensichtlich nichts mit meinen linguistischen Fähigkeiten zu tun. Ich tat, was ich konnte. Lord Douglas verpasste ich als Alias den Spitznamen «Knastköder». Für Mr. Wilde wählte ich «Knastbruder», womit mir eine hübsche Symmetrie gelang. Ich las Dutzende der echten Briefe, die sie gewechselt hatten. Ich arbeitete mich am CB-Lexikon ab. Ich versuchte es mit ganzen Übersetzungen, ich versuchte es mit Teilübersetzungen. Ich versuchte es mit Fußnoten, aber nichts funktionierte. CB-Slang ist letztlich ein restringierter Code, der sich vornehmlich mit Massenkarambolagen, Radarfallen, Schalten und Kaffeepausen beschäftigt. Mr. Wildes und Lord Douglas' Gedanken gingen in eine andere Richtung. So gibt es beispielsweise im CB-Slang kein Äquivalent für Wörter wie «Blattgold», «Narziss», «Unbeschwertheit» oder «Jüngling mit lockigem

Haar». In einer Sprache wiedergegeben, die nicht von «Bett», sondern von einer «Ratzbank» spricht, muss selbst das vollkommenste Epigramm Schaden nehmen.

Zum Glück bin ich furchtlos und deshalb nur allzu gern bereit, mein Missbehagen auf andere Weise auszudrücken:

Schon das Wort *citizen* (Bürger) in «Citizen Band» zeugt von einem Demokratieverständnis, das sich nur als fanatisch verstehen lässt. Nicht ohne Grund, denn der Zugang zur Welt des CB-Funks ist für alle und jeden weit offen – vor allem für alle. Ich kann Ihnen versichern, dass es schwerer ist, bei Macy's reinzukommen.

* * *

Für den durchschnittlichen (und Sie werden lange suchen müssen, bis Sie einen finden, der damit passender beschrieben wäre) CB-*aficionado* ist das Gerät sein Hobby. Ein Hobby ist natürlich wie alle aufwendigen Interessen und Leidenschaften, die nicht unmittelbar zu großem, persönlichen Ertrag führen, ein verabscheuungswürdiges Laster.

* * *

CB-Funk verbindet. Jeder Verbindung, die sich nicht prompt auf Wunsch des Besitzers in bares Geld verwandeln lässt, fehlt es sowohl an Kultiviertheit wie an Würde.

* * *

CB-Slang ist einerseits durchaus farbig, andererseits findet er keine Entsprechung für das Wort «perlgrau».

* * *

Mit CB wird man für Menschen aus allen Bereichen ansprechbar. Dabei sollte man nicht vergessen, dass zu diesen Bereichen auch Konzeptkünstler, Reinigungsunternehmer und noch nicht dahingeschiedene Dichter gehören.

**

Die Kommunikation beim CB-Funk besteht fast ausschließlich aus Fakten. Dem kultivierten Causeur hat sie daher nichts zu bieten.

Das Wort *Lady*: Wird meist gebraucht, um jemanden zu bezeichnen, mit dem man keine fünf Minuten reden will

Über all die Jahre sprachen die, die eine hatten, von ihrer Freundin als ihrer Freundin. Als dieser unattraktive Stil namens *hip* aufkam, klauten viele Leute vollkommen unschuldigen schwarzen Jazz-Musikern den Begriff *old lady* und verwendeten ihn für ihre Freundin. Dann entstand die Frauenbewegung, und jetzt erschien ganz vielen das Wort *old* als sexistisch. Von da an hießen die Freundinnen bei ihnen «Ladys».

Sie sollten nicht den Eindruck gewinnen, dass ich ganz und gar gegen das Wort *lady* eingenommen wäre, deshalb beeile ich mich, Ihnen zu versichern, dass es für mich durchaus ein hübsches Wort ist, vorausgesetzt, es wird korrekt gebraucht. Das Wort *lady* wird korrekt ausschließlich in den folgenden Fällen gebraucht:

A) Um damit bestimmte Angehörige der britischen Aristokratie zu bezeichnen.
B) Zur Bezeichnung von Mädchen, die im Kaufhaus hinter der Theke mit den Dessous stehen.

C) Um eine Angehörige des zarten Geschlechts darauf hinzuweisen, dass sie nicht mehr alle Tassen im Schrank habe. Beispiel: «Lady, bist du jetzt komplett durchgeknallt, oder was?»

D) Um zwischen Mädchen, die die Beine breit machen, und denen, die es nicht tun, zu unterscheiden. Mädchen, die die Beine breit machen, sind Schlampen. Mädchen, die es nicht tun, sind Ladys. Hier handelt es sich allerdings um einen reichlich veralteten Sprachgebrauch. Sollte einer von euch Jungs an ein Mädchen geraten, das die Beine nicht breit macht, dann schließt daraus nicht voreilig, dass es sich um eine Lady handelt. Vermutlich ist sie eine Lesbe.

Briefgeheimnisse

Wegen meiner heftigen Abneigung gegen Zeitungen beziehe ich meine Informationen hauptsächlich aus allfälligen Bemerkungen anderer. Meine Quellen sind deshalb alles andere als unfehlbar, verfügen dafür jedoch über einen besonderen skurrilen Charme und müssen daher unbedingt ernst genommen werden. So wurde mir neulich zugetragen, dass die amerikanische Post ihre Auslieferung auf drei Tage in der Woche reduzieren wolle. Der Zuträger war ganz dicht an der Quelle, seiner Mutter, und daher verlässlich. Ich war schockiert und empört, bis mir einfiel, dass in meinem Viertel eine Zustellung volle drei Mal die Woche eine kostbare Rarität darstellt. Ich begann mich zu fragen, warum die Post bei mir dem übrigen Land so weit voraus war, und stellte unauffällig Nachforschungen an.

Ich wohne in Greenwich Village, einem Viertel, das wegen seines interessanten künstlerischen Charakters bekannt ist. Dieser Charakter zeigt sich nicht nur in der Atmosphäre und in den Anwohnern, sondern auch bei seinen Beamten. Tatsächlich ist hier kein einziger Postbote frei von jenem Temperament ausgreifender Launenhaftigkeit, das zu der Annahme verleitet, dass nur das fehlende Rhythmusgefühl ihn davon abgehalten hat, tragische Opern zu komponieren. Gründlichste Recherchen brachten bald zutage, dass es sich hier nicht um einen Zufall handelte, sondern um den wohlüberlegten Versuch der Post, ihrer Kundschaft noch mehr entgegenzukommen. Die Post in Greenwich Village bildet eine separate Abteilung, die ausschließlich nach der Vorgabe arbeitet, dass die Menschen nirgends auf der ganzen Welt so gleich sind wie an der West Side. Die Filialen präsentieren sich deshalb als eindeutig bauhausbeeinflusst. Die Fahndungsplakate machen gesuchte Verbrecher zu Objekten der Begierde. Bei Uniformen wird Wert auf Schnitt und Material gelegt. Das offizielle Post-Motto wurde um das Zusatzprotokoll von Greenwich Village ergänzt und lautet wie folgt: «Weder Schnee noch Regen noch Hitze noch das Dunkel der Nacht hindert diese Boten daran, ihre vorgeschriebenen Runden zügig zu vollenden. Allerdings kann es passieren, dass der Bote wegen verletzter Gefühle, schmerzlicher Erinnerungen, Postbotenblockade oder anderweitiger Verpflichtungen für unabsehbare Zeit aufgehalten wird. *C'est la vie.*» Bei näherer Untersuchung des Mottos gelangt man zu diesen tieferen Erkenntnissen:

Verletzte Gefühle

Um die Sachlage verletzter Gefühle handelt es sich, wenn die vorgeschriebene Route Folgendes beinhaltet:

1. Ein Gebäude mit unerfreulichen Proportionen.
2. Ein Übermaß an Konzeptkünstlern. Die offizielle Zahl für «Übermaß» beläuft sich in solchen Fällen auf «mehr als zwei, wenn tot, mehr als einer, wenn lebendig».
3. Musiker, die wach sind.
4. Snobistische Haustiere.
5. Internationale Restaurants mit merkwürdiger Speisekarte.

Schmerzliche Erinnerungen

Der Bote kann sich auf schmerzliche Erinnerungen berufen, wenn er Post in einem Bezirk zustellen soll, in dem er:

1. Einen emotional befriedigenden, aber körperlich aufreibenden Sexualkontakt hatte.
2. Ein lieblos zubereitetes Krabbencurry zu sich genommen hat.
3. Sich eine Abfuhr geholt hat.

Postbotenblockade

Postbotenblockade ist eine bösartige Krankheit, die empfindlichere Austräger mit alarmierender Regelmäßigkeit befällt. Dies sind die Symptome:

1. Die Unfähigkeit, die richtige Adresse zu finden, hervorgerufen durch einen hemmenden Perfektionsdrang und die Überzeugung, dass die richtige Adresse – diese große Adresse, von der Sie immer wussten, dass Sie sie in sich tragen – ein ewig unerreichbares Ziel sein wird.
2. Die Neigung, Postleitzahlen falsch zu lesen, verbunden mit der namenlosen Angst, dass sie Sie mutwillig in die Irre leiten könnten.
3. Das Bewusstsein, ausgebrannt zu sein. Dass die großen Tage vorbei sind und es die letzte Runde sein könnte.

Anderweitige Verpflichtungen

Der Briefträger in Greenwich Village wird sich darum bemühen, seine Arbeitszeit freizuhalten, doch ist auch er nicht gegen das mörderische Tempo der Großstadt gefeit und muss immer wieder feststellen, dass sein Terminkalender rappelvoll ist. Das ist weiter keine Überraschung, weil er fest an das Sprichwort «Hab's gefunden, darf's behalten» glaubt und vollkommen in dem schwindelerregenden Taumel aufgeht, den das gesellschaftliche und geschäftliche Leben anderer darstellt. Der Blick auf eine einzige Seite in seinem Terminkalender verrät Folgendes:

Mardi 6 avril

10:30 – Kuratoriumssitzung Ford Foundation
12:00 – Treffen mit Agent wg. holländischer Übersetzung
13:00 – Lunch, La Côte Basque mit Barbara Walters
15:30 – Rede vor Tagung des Sicherheitsrats der Vereinten Nationen
18:00 – Fashion Show, 500 Club mit Stephen Burrows. Prêt-à-porter
20:00 – Filmvorführung bei Paramount
22:00 – Arbeitsessen mit Jonas Salk, Orsini's

Schriftsteller im Streik:
Eine erschreckende Vorhersage

Großstädte werden nicht selten von streikenden oder demonstrierenden Ärzten, Müllmännern, Feuerwehrleuten wie Polizisten heimgesucht. Jedes Mal gibt es einen allgemeinen Aufschrei, weil die für die allgemeine Sicherheit Zuständigen sofort das Bild einer Stadt mit brennenden Abfallhaufen und sprunghaft ansteigenden Mordraten heraufbeschwören. Müll auf der Straße, Feuer im Schlafzimmer, frei herumlaufende Mörder und Schatten auf der Lunge sind jedoch nur physische Misshelligkeiten. Es lassen sich weit ernstere Arbeitsausfälle vorstellen, und Politiker und Bürger, die es mit den eher klassischen Problemen zu tun haben, können sich mit dem Gedanken beruhigen: «Wir haben wirklich chaotische Zustände, aber Gott sei Dank sind es nicht die Schriftsteller.» Sie können mir glauben, verglichen mit Schriftstellern sind die Teamster nur Kinderkram.

Stellen Sie sich zum Beispiel einen verregneten Sonntagnachmittag in New York vor. In der ganzen Stadt liegen Schriftsteller im Bett, den Kopf im Kissen vergraben. Sie unterscheiden sich in Größe und Körperbau, in ethnischer Herkunft, Religion und Weltanschauung, doch in einem Punkt sind sie alle gleich: Sie

jammern. Ein paar jammern für sich, andere vor ihren Lebens-
gefährten, aber das ist nicht entscheidend: Sie drehen sich alle
gleichzeitig um und greifen nach dem Telefon. Binnen weniger
Sekunden befindet sich jeder New Yorker Schriftsteller in einem Gespräch mit einem anderen New Yorker Schriftsteller.
Ihr Thema ist das Nicht-Schreiben. Abgesehen von der Frage,
wer *nicht* schwul ist, wahrscheinlich das beliebteste Gesprächs-
thema in New York. Bei diesem gibt es leichte Variationen, und
die Reaktionen darauf sind wie folgt:

Variation Nummer eins auf dieses Thema

Du kannst nicht schreiben. Du rufst einen anderen Autor an. Er
kann auch nicht schreiben. Das ist super: Jetzt könnt ihr zwei
Stunden über das Nicht-Schreiben sprechen und euch anschließend zum Essen verabreden, was bis vier Uhr morgens dauert.

Variation Nummer zwei auf dieses Thema

Du kannst nicht schreiben. Du rufst einen anderen Autor an. Er
schreibt gerade. Eine wahre Tragödie. Er wird nur so lange mit
dir reden, bis du nicht nur kapiert hast, dass *er* schreibt, sondern
er der Meinung ist, dass das, *was* er gerade schreibt, vermutlich
das Beste ist, was er je geschrieben hat. Die einzige Alternative
zur Selbstentleibung, die sich in dieser Situation bietet, ist ein
Anruf bei einem Rockmusiker. Damit kannst du dich wieder geis-
tig überlegen fühlen und mit dem Nicht-Schreiben fortfahren.

Variation Nummer drei auf dieses Thema

Du bist am Schreiben. Ein anderer Autor ruft dich an, um über das Nicht-Schreiben zu reden. Du lässt ihn wissen, dass du gerade schreibst. Als Masochist will er wissen, woran du schreibst. In aller Bescheidenheit teilst du ihm mit, dass du mit dieser kleinen Sache nebenher beschäftigt bist, etwas im Stil von, sagen wir: «Ein idealer Gatte», nur dass es ein klein wenig spritziger wird. Wenn du am nächsten Tag bei seinem Begräbnis erscheinst, wirst du es nicht an Anmut noch an Würde fehlen lassen.

Es sind weitere Variationen auf dieses Thema denkbar, aber Sie sehen schon, worauf ich hinauswill. Wie auch immer, zurück zu diesem Sonntagnachmittag, an dem sich ein eigenartiges Phänomen bemerkbar macht. In ganz New York schreibt kein einziger Autor. Als sich die Nachricht in der gesamten nichtschreibenden Gemeinschaft der Schreiber herumgesprochen hat, stellt sich allgemeines Wohlbehagen ein, und ein ungeheures Gefühl der Erleichterung breitet sich aus. Einen Wimpernschlag lang können sich alle New Yorker Autoren leiden. Wenn *kein einziger* schreiben kann, ist doch offensichtlich nicht der individuelle Autor dafür verantwortlich. *Die* müssen schuld sein. Und die Autoren verbünden sich. Sie werden sich an der Stadt rächen. Sie wollen sich nicht mehr damit begnügen, zu Hause nichtschreibend im Bett zu liegen. Sie werden in aller Öffentlichkeit nicht schreiben. Sie werden streiken. Sie verabreden sich zu einer Sitzung in der Lobby des Algonquin-Hotels, um dort nicht zu schreiben.

Es dauert eine Weile, doch nach etwa anderthalb Jahren fällt dem einen oder anderen auf, dass es nichts zu lesen gibt. Als Erstes merken die Leute, dass ihr Zeitungskiosk leergeräumt ist. Dann erreicht die Angelegenheit die Fernsehnachrichten. Es gibt noch immer Nachrichten, wenn auch zumeist synchronisiert vorgetragen, manches improvisiert. Die Menschen sind allmählich genervt und fordern die Stadt auf, etwas zu unternehmen. Die Stadt stellt ein Sonderkommando auf, das hineingeht und mit den Autoren verhandelt. Das Kommando besteht aus einem Feuerwehrmann, einem Arzt, einer Reinigungskraft und einem Polizisten. Die Autoren weigern sich zu verhandeln. Ihre Antwort an eine Stadt, die sie in die Knie gezwungen haben? «Ruft meinen Agenten an!» Die Agenten weigern sich zu verhandeln, solange sie noch keine Abnehmer für die Filmrechte gefunden haben. Der Streik geht weiter. Vertreter des Roten Kreuzes dürfen an den Streikposten vorbei und sorgen für Honorarabrechnungen und Cappuccino. Die Situation gestaltet sich immer verzweifelter. An Bushaltestellen im ganzen Land sitzen Erwachsene und spielen mit Schussern. Alte Ausgaben des *People*-Magazins werden versteigert und erzielen bei Parke-Bernet unfassbare Preise. Bibliotheksmitarbeiter lassen sich bestechen; man sieht sie in lavendelfarbenen Cadillacs mit Dach aus Schweinsleder und Heckfenstern im Seitenformat.

Eine Gruppe, die mehrere alte Hefte des *New Yorker* besitzt, schließt sich zu einem exklusiven Club zusammen. Sie eröffnen eine Lese-Bar, die Mitgliedern vorbehalten ist. Eine radikale Organisation, die der Meinung ist, Donald Barthelme gehöre dem Volk, wirft einen Brandsatz hinein.

Schließlich wird die Nationalgarde geholt. Hunderte bis an die Zähne bewaffnete Soldaten treffen im Algonquin ein. Ein beißendes Sperrfeuer zynischer Bemerkungen zwingt sie zum Rückzug.

Obwohl sich die Schriftsteller darauf verständigt hatten, dass sie keinen Chef wollen, entwickelt sich einer von ihnen zu einer Autoritätsfigur. Sein Einfluss beruht hauptsächlich auf einer gebundenen Ausgabe von «Gravity's Rainbow – Die Enden der Parabel», die er am Leib trägt und von der allgemein angenommen wird, dass er sie ganz gelesen hat. In Wirklichkeit ist er ein getarnter Unterhändler, der im Auftrag der Stadt die Schriftsteller unterwandern und den Streik brechen soll. Verschlagen, wie er ist, macht er sich unauffällig daran, einen Autor nach dem anderen davon zu überzeugen, dass andere Autoren heimlich schreiben und ihre Manuskripte druckfertig vollendet haben würden, wenn der Streik vorbei wäre. Seine Arbeit zahlt sich aus, die Schriftsteller verlassen das Algonquin und kehren nach Hause zurück, um dort nicht zu schreiben. Als ihnen aufgeht, dass sie hereingelegt worden sind und von wem, sind sie aus Verzweiflung über ihre mangelnde Sensibilität dem Selbstmord nahe. Deshalb lasst euch das eine Lehre sein: Beurteilt einen Einband nie nach seinem Buch.

Ein paar Worte über ein paar Worte

Demokratie ist eine interessante, sogar löbliche Idee, und es steht außer Frage, dass sie sich im Vergleich mit dem Kommunismus, der zu langweilig, oder mit dem Faschismus, der zu fesselnd ist, als die bekömmlichste Regierungsform erweist. Das heißt nicht, dass sie keine Nachteile hätte – der größte liegt in der Neigung, die Leute in dem Glauben zu bestärken, alle Menschen wären gleich. Obwohl es bei den meisten schon genügte, sich im eigenen Zimmer umzusehen, um zu merken, wie wenig das zutrifft, hält die überwiegende Mehrheit daran fest.

Auf diese Überzeugung geht das Hauptproblem zurück, nämlich dass die Leute verleitet werden, das unveräußerliche Recht der Redefreiheit persönlich zu nehmen. An und für sich wäre das noch halbwegs zu verkraften, wenn sie nicht das Wort «Freiheit» so weitherzig und dafür das Wort «Rede» so eng auslegen würden.

Die Situation ließe sich weiter verbessern, wenn diese Gleichheitsfreunde daran denken würden, dass zu den wesentlichen Charakteristika einer Demokratie die Unterscheidung zwischen dem öffentlichen und dem privaten Bereich gehört. Die Gründerväter mögen an allerlei gedacht haben, als sie diese bewundernswerte Unterscheidung trafen, doch lag ihnen gewiss vor allem daran, die Sprachgewandten davor zu bewahren, die nervigen Gespräche anderer mitanhören zu müssen.

Da die Bill of Rights in ihrer gegenwärtigen Form allzu viel der Phantasie überlässt, bedarf es offensichtlich eines vernünftigen, verantwortungsbewussten Bürgers, der es auf sich nimmt, im Detail zu erklären, was unter Redefreiheit genau zu verstehen ist. Da mein Bürgersinn so gut wie der jederfrau ist, bin ich bereit, diese Aufgabe zu übernehmen. Damit Sie mir keine unbilligen, womöglich gefährlichen diktatorischen Anwandlungen unterstellen, will ich Ihnen versichern, dass mein Bedürfnis, unangemessene Redefreiheit einzuschränken, sich ausschließlich auf öffentliche Orte wie Restaurants, Flughäfen, Straßen, Hotellobbys, Parks und Kaufhäuser bezieht. Wortwechsel zwischen gleichgesinnten Erwachsenen, die hinter verschlossenen Türen stattfinden, interessieren mich so wenig wie vermutlich auch jene selber. Ich möchte schlicht und einfach die leicht zu beeindruckende Jugend und die pingeligen Alten vor möglichen Schäden durch unangemessenen Wortgebrauch bewahren. Zu diesem Zweck habe ich eine Liste von Wörtern angelegt, die in der Öffentlichkeit nur wie folgt gebraucht werden sollten.

1. *art (Kunst)* – Dieses Wort kommt in der Öffentlichkeit nur in zwei Fällen in Frage:
   A) Als Spitzname – wobei das Suffix *ie* die Kunst, *art*, dergestalt ergänzen darf, dass dabei das Wort *Artie* entsteht.
   B) Wenn es in London ein gebürtiger East Ender verwendet, um damit ein lebenswichtiges Organ zu bezeichnen wie in dem Satz: «*Blimey, I feel poorly – must be my bleedin' 'art!*» (Verflucht, geht's mir schlecht – muss das verdammte Herz sein!)

2. *Liebe* – Das Wort *Liebe* darf in der Öffentlichkeit nur für leblose oder vollkommen unerreichbare Objekte verwendet werden.

   A) «Ich liebe Linguine mit Muschelsauce» geht immer.

   B) «Ich liebe Truman Capote» geht nur, wenn man ihn nicht persönlich kennt. Wenn man Mr. Capote persönlich kennt, dürfte gegenwärtig wenig Anlass für eine derartige Gefühlsäußerung bestehen.

3. *Beziehung* – ein gebildeter Causeur wird dieses Wort in der Öffentlichkeit nur verwenden, wenn er den anderen unbedingt mitteilen muss, wie gewandt seine Perle die Bettwäsche zu wechseln versteht.

4. *Diaphragma* – der Anstand verbietet es, mit diesem Wort etwas anderes als das Zwerchfell zu bezeichnen, und selbst das ist approbierten Ärzten vorbehalten. Für Sängerinnen ist es tabu.

5. *Ms.* – Klugerweise wird man diesen Ausdruck ganz vermeiden. Ausnahmen:

   A) Es darf von Angehörigen der Verlagswelt verwendet werden, die besonders unter Druck stehen und deshalb glauben, das Wort «Manuskript» so abkürzen zu müssen.

   B) Es darf auch von Bürgern südlicher und südwestlicher Regionen der Vereinigten Staaten und zwar wie folgt gebraucht werden: «*I sho do ms. that purty little gal.*» (Wie mir dieses hübsche kleine Mädchen fehlt!)

6. *echt* – Dieses Wort darf in der Öffentlichkeit nur fallen, um äußersten Abscheu auszudrücken. Beispiel: «Dorothy ist eine blöde Kuh und trotzdem überall beliebt. Das finde ich total ungerecht.»

7. *internalisieren* – Wenn überhaupt, dann nur, wenn es kranken und hilflosen Patienten gelingen sollte, den schreiend inkompetenten Nachwuchsmediziner in eine Gummizelle zu sperren.

8. *fair* – Sollte Unternehmen vorbehalten sein, deren Geschäft es ist, von einer Flussseite auf die andere überzusetzen. Dass dieses Wort auf keinen Fall im Zusammenhang mit Gerechtigkeit benutzt werden darf, kommt nicht von ungefähr.

9. *beteuern* – Das Wort kommt nur Politikern über die Lippen, die Sie lieber nicht wählen sollten.

Lieber gar keine Nachrichten

Für die einen sind es die Säulen, für andere ist es die Logik, aber mich nimmt an der griechischen Kultur am meisten ein, dass der Überbringer schlechter Nachrichten umgebracht wird. Wenn dann auch noch der Überbringer guter Nachrichten dran glauben muss, dann haben wir eine Tradition, wie sie perfekter nicht sein könnte. Eine Tradition, die, wie ich anmerken möchte, eine willkommene Ergänzung für jede Kultur bedeuten würde, insbesondere eine wie die unsere. Mir ist selbstverständlich bekannt, dass viele Leute die Nachrichten *mögen* – dass sie sie als wichtig, informativ, sogar als unterhaltsam betrachten. Diesen Leuten kann ich nur eins sagen: Ihr täuscht euch. Das soll jetzt nicht barsch klingen – ganz und gar nicht. Ich kann das gern näher ausführen. Damit Sie auch begreifen, in welchem Irrtum Sie befangen sind, wollen wir uns jedes Attribut einzeln vornehmen.

Wichtig

Wenn man es mit einem Begriff wie «wichtig» zu tun hat, sollte man mit der Frage «Für wen?» beginnen. Auf diese Weise können wir das Problem direkt angreifen. Und schon stellt sich heraus, dass dieses «wen» vermutlich nicht wir sind. Zu diesem Schluss gelangen wir, wenn wir uns die folgenden Fragen vorlegen:

1. Ziehe ich, bevor ich zur Arbeit gehe, einen knallbunten Blazer an, der mit einer Ordnungszahl beschriftet ist?
2. Sitze ich in diesem Outfit an einem langen, geschwungenen Tisch und schäkere mit alten Athleten und Frauen, die Minderheiten angehören?
3. Unterbreche ich dieses Gefrotzel regelmäßig, um direkt in die Kamera zu schauen und in energischem Ton, aber mit Wärme in der Stimme die unerfreulichen Angewohnheiten wenig attraktiver Menschen zu referieren?
4. Findet sich unter meinen Kollegen wenigstens eine, deren Beruf darin besteht, sich als Mutter herzurichten und gefährliche Haushaltsprodukte zu kaufen?

Wenn unsere Antwort bei diesen Fragen jeweils «Nein» lautet, dann dürften wir uns doch einig sein, dass für die Nachrichten «wichtig» nicht das passende Adjektiv ist. Das gilt natürlich nicht, wenn Sie Ihren Lebensunterhalt damit verdienen, auf dem Fahrrad Zeitungen zuzustellen. Dann sind die Nachrichten tatsächlich wichtig, jedenfalls im Vergleich mit Ihnen.

Informativ

Streng genommen sind die Nachrichten tatsächlich informativ, schließlich bieten sie Informationen. Daher stellen sich hier folgende Fragen:

1. Will ich diese Information?
2. Brauche ich diese Information?
3. Was soll ich damit anfangen?

Antwort auf die erste Frage
Nein. Wenn ein gendefizienter Scientologe versucht, den Vize-präsidenten der texanischen 4-H-Clubs mit einer Armbrust umzubringen und jemand hat davon Kenntnis, dann ist es mir lieber, er behält dieses Wissen für sich.

Antwort auf die zweite Frage
Nein. Wenn drei arbeitslose psychopathische Hufschmiede die Tochter des Mannes entführt haben, der die Bleifarbe erfunden hat, und damit drohen, ihr so lange «Angst vorm Fliegen» vorzu-lesen, bis jeder in Marin County ein Pferd hat, kann ich nicht be-greifen, wie mir dieses Wissen bei der Suche nach einer großen, bezahlbaren Wohnung in einer besseren Gegend helfen sollte.

Antwort auf die dritte Frage
Weiß ich beim besten Willen nicht.

Unterhaltsam

Bei den Recherchen zu diesem Thema habe ich mir reichlich Nachrichten im Fernsehen angeschaut und zwei, drei Zeitungen gelesen. Ich habe kein einziges Mal gelacht.

Da ich nicht unfair sein will, kann ich mir zwei Nachrichten-lagen vorstellen, die ich akzeptieren würde. Die eine gibt es, die andere nicht. Naturgemäß ist die, die es gibt, lange nicht so erfreulich wie die, die es nicht gibt. Das dürfte gleichzeitig die beste Definition von Realität sein.

Rundfunknachrichten

Rundfunknachrichten sind erträglich. Das liegt daran, dass der Discjockey nicht reden darf, solange die Nachrichten gesendet werden.

Personalisierte Nachrichten

Auf dem Bildschirm erscheint Walter Cronkite. Er fixiert dich gutgelaunt und blickt bedeutungsvoll. Die Andeutung eines offenen Lächelns umspielt seine Mundwinkel. Er fängt an. «Guten Abend, Fran. Während du heute auf der Couch lagst und in alten Ausgaben der britischen *Vogue* geblättert und dabei Perrier getrunken hast, hat sich dein Buch von allein geschrieben. Eine Quelle aus dem Umfeld der *New York Times Book Review* nennt es ‹glänzend, einmalig komisch, ein todsicherer Bestseller›. Ein verlässlicher Informant in Hollywood – ja, wir haben ihn speziell für dich ausfindig gemacht, Fran – berichtet, dass um die Filmrechte eine mörderische Auktion tobt. Jetzt zur Innenpolitik: Lauren Bacall gab heute Nachmittag eine Pressekonferenz, in der sie erklärte, dass sie die Wohnung mit dir tauschen wolle. Ein Kenner der Szene ließ die Information durchsickern, dass alle New Yorker Konzeptkünstler nach Ost-Berlin ziehen. Fran, das wär's dann für heute. Wir sehen uns morgen Abend, wenn die Lage noch besser sein wird.»

II.

SOZIAL-
STUDIEN

LEUTE

Leute

Leute (eine Gruppe, die meiner Meinung nach seit jeher ungebührlich viel Aufmerksamkeit erregt hat) werden häufig mit Schneeflocken verglichen. Die Analogie will darauf hindeuten, dass jeder und jede einmalig ist – dass sich keine zwei gleichen. Was nun offensichtlich nicht der Fall ist. Selbst bei der momentanen Inflationsrate – oder vielmehr erst recht bei der aktuellen Inflationsrate – gilt für Leute schlicht und einfach: im Dutzend billiger. Und ich möchte gleich hinzufügen, dass sie Schneeflocken nur insofern ähneln, als auch sie leider nach ein paar warmen Tagen unweigerlich zur Versumpfung neigen.

Dies ist – worüber ich mir im Klaren bin – kein besonders beliebtes Argument, aber andererseits auch keine große Neuigkeit. Allerdings glaube ich, dass es hier zum allerersten Mal mit der festen Absicht zum Ausdruck gebracht wird, gut dokumentierte schriftliche Beweise dafür zu liefern. Mit anderen Worten, alle reden über Leute, aber niemand unternimmt ihretwegen jemals etwas.

Nun habe ich beschlossen, in dieser Hinsicht Folgendes zu unternehmen: nämlich darauf hinzuweisen, dass Leute, abgesehen von äußerst seltenen Einzelfällen, so ziemlich wie alle anderen sind. Alle sagen das Gleiche, haben die gleichen Namen und tragen die gleiche Frisur. Dies ist übrigens kein Phänomen der Moderne, sondern war zu allen Zeiten so. Wie man nachstehend deutlich und in geordneter Weise sehen kann:

I. Was Leute sagen

Im Folgenden finden Sie die vollständige, ungekürzte Aufzeichnung dessen, worin seit grauer Vorzeit ein durchschnittliches Gespräch unter durchschnittlichen Leuten besteht:

a) Hallo, wie geht's?
b) Das war ich nicht.
c) Gut. Jetzt wissen Sie, wie es mir gegangen ist.
d) Macht es Ihnen etwas aus, mich vorzulassen? Ich habe nur einen Artikel.

II. Wie Leute heißen

Dies variiert von Epoche zu Epoche, aber zu jedem gegebenen Zeitpunkt hat fast jeder bzw. jede denselben Namen. Aus dem durchschnittlichen Joe ist einfach die durchschnittliche Jennifer geworden. In nicht nur einer Hinsicht.

III. Wie Leute frisiert sind

In puncto Frisur gibt es zum Glück keine unbeschränkten Möglichkeiten. Und selbst wenn dies den meisten Sportreportern und Friseuren neu sein dürfte, handelt es sich dennoch um eine Tatsache. Das Beweismaterial ist erdrückend, wovon die folgende Liste zeugt.

Leute, die genau dieselbe Frisur tragen bzw. trugen

a) Victor Hugo und Sarah Caldwell
b) William Wordsworth und Frank Lloyd Wright
c) W. B. Yeats und David Hockney
d) Jean Cocteau und Eli Wallach
e) Johan August Strindberg und Katharine Hepburn
f) Pablo Picasso und Phillip Splaver, mein Großvater
   mütterlicherseits

Alles Obengenannte ist wahr, und wenn Sie mir nicht glauben, schauen Sie doch einfach selber nach.

Da wir nun diese grundlegenden Lektionen gelernt haben, werden sich die meisten unter Ihnen vermutlich die Frage stellen: «Na gut, aber wie unterscheiden sich Leute dann sonst voneinander?» Darauf gibt es zwei Antworten. Zuallererst hat jeder und jede eine andere – ja, einmalige – Fußgröße. Tatsächlich sind keine zwei Füße genau gleich – nicht einmal, wie Sie vermutlich schon selbst festgestellt haben, Ihre eigenen zwei Füße. Jeder einzelne menschliche Fuß hat seine eigene spezifische Größe, seine eigene unverwechselbare Form, seine eigene kleine Persönlichkeit. *Füße* sind wie Schneeflocken. Mehr als alles andere sind Ihre Füße das, was Sie als Individuum ausmacht, und niemand anderes hat genau solche wie Sie.

Das Zweite, was Sie unverwechselbar macht, von der Masse abhebt, ist die Tatsache, dass überall auf der Welt jedermann seine Eier auf seine besondere Art haben will. Beim Thema Ei hat jeder höchst persönliche Vorlieben, seinen eigenen, individuellen Geschmack. Wenn Sie also das nächste Mal gefragt werden, wie Sie Ihre Eier mögen, tun Sie sich keinen Zwang an. Man lebt schließlich nur einmal.

An dieser Stelle werden viele von Ihnen denken, dass die

bisher beschriebene Sachlage in der Tat betrüblich ist. Wäre es nicht viel besser, fragen Sie sich vielleicht, wenn etwa Eiervorlieben einheitlich wären und dafür Gespräche abwechslungsreicher? Ja, das wäre bestimmt erheblich besser, und es gibt auch eine Lösung für dieses Problem, doch die ist so beschaffen, dass sie sich nur mit den allergrößten gemeinsamen Bemühungen bewerkstelligen lässt. Die Lösung ist folgende: Ich liefere Ihnen einen Schnellkurs zur Hebung des allgemeinen Gesprächsniveaus, wenn Sie sich untereinander auf eine einzige, allgemeingültige Weise einigen, wie Sie Ihre Eier mögen. Selbstverständlich ist mir bewusst, dass es für eine derart vielfältige und buntgemischte Gruppe von Fußgrößen schwierig sein dürfte, zu einer solchen Einigung zu gelangen, doch wenn Sie versprechen, es zumindest zu versuchen, will auch ich mein Bestes geben.

Doch bevor wir uns die größeren und komplexeren Probleme des Gesprächs vornehmen, halte ich ein paar Worte zum Thema übertriebene Anstrengung für angebracht.

Übertriebene Anstrengung

Ein Gesprächsteilnehmer mit Geltungsdrang ist jemand, dessen Mitteilungsbedürfnis größer ist als die Geduld seiner Zuhörer. Das kommt vor, ist aber nicht besonders sympathisch.

* * *

Originelles Denken ist so originell wie die Erbsünde: Beides ist vor Ihrer Geburt passiert, und zwar Leuten, die Sie unmöglich kennen können.

Die größeren und komplexeren Probleme

Herausragende Leute reden über Ideen, mittelmäßige Leute reden über Dinge, und kleine Leute reden über Wein.

* * *

Höfliche Gespräche sind häufig weder das eine noch das andere.

* * *

Sein Herz auszuschütten ist genauso reizvoll, wie es klingt.

* * *

Betreiben Sie nie Namedropping bei Tisch. Schlimmer als eine Fliege in der Suppe ist nur ein VIP.

* * *

Die einzig passende Antwort auf die Frage «Darf ich offen reden?» lautet «Ja, wenn ich zugeknöpft bleiben darf».

* * *

Jemandem zu sagen, er sehe fit aus, ist kein Kompliment, sondern eine Zweitmeinung.

* * *

Einen richtig aufmerksamen Eindruck zu erwecken, gleicht dem Kunststück, die berühmte Jungfrau in zwei Teile zu zersägen und dann wieder zusammenzusetzen. Beides lässt sich nur selten ohne Zuhilfenahme von Spiegeln bewerkstelligen.

* * *

Das Gegenteil von Reden ist nicht Zuhören, sondern Warten, bis man selber dran ist.

Wie man sich keinen Millionär angelt:
Ein Leitfaden für den Aussteuerrebellen

Die kürzlich erfolgte Heirat zwischen einer bekannten griechischen Reederei-Erbin und einem arbeitslosen russischen Kommunisten hat Anlass zu der Vermutung gegeben, hierin könnte
sich de facto ein heraufziehender Zeitgeist beobachten lassen.
Es wäre nicht verwunderlich, wenn die Abstiegsvariante «Hinun-
terarbeiten» demnächst zum neuen Romantik-Trend unter den
wirklich Reichen würde – mit einem Spektrum des Interesses,
das von den bloß weniger Begüterten bis hin zu richtig Armen
reicht. Sollte sich diese Entwicklung fortsetzen, werden unsere
wohlhabenderen Nächsten zweifellos einige praktische Ratschläge und wohlbedachte Handlungsempfehlungen benötigen.
Daher biete ich den folgenden Kursus an:

I. Wo ärmere Leute zusammenkommen

Jemand Ärmeres kennenzulernen ist an sich schon ein Problem,
da Ihnen die konventionelleren Möglichkeiten der Kontaktanbahnung ja versperrt sind. Die ärmere Person war nicht mit Ih-

rem Bruder auf der Privatschule, hat nie mit Ihrem Broker einen Pferdezuchtverband betrieben oder in Deauville mit Anstand gegen Sie verloren. Sie teilt nicht Ihr ästhetisches Interesse an präkolumbianischem Schmuck, Ihr aus der Kindheit stammendes Faible dafür, die Köchin zu necken, oder Ihr Wissen um die Grundstückspreise in Gstaad. Daher ist es nicht wahrscheinlich, dass die ärmere Person jemand ist, dem Sie ganz zufällig begegnen. Sie müssen sich aktiv auf die Suche nach ihr machen. Bei dieser Suche gilt es, sowohl die Gewohnheiten der ärmeren Person als auch ihren Tagesablauf stets im Blick zu haben:

a) Die tragende Kraft des öffentlichen Verkehrssystems ist und bleibt die ärmere Person, die sich, wenn sie irgendwohin muss, gewöhnlich den starken Kameradschaftsgeist nutzbar macht, den man im Bus oder in der U-Bahn vorfindet. Sollten Sie diese Methode bevorzugen, dann achten Sie insbesondere darauf, sich nicht dadurch zu verraten, dass Sie unpassender- wie überflüssigerweise versuchen, den E-Train per Handzeichen anzuhalten, oder den Busfahrer als «Kapitän» bezeichnen.

b) Die ärmere Person verrichtet die meisten persönlichen Dienstleistungen für sich selbst. Demzufolge findet man sie gewöhnlich bei Tätigkeiten wie dem Einkauf von Nahrungsmitteln bzw. Haushaltswaren, beim Wäschewaschen, beim Einlösen von Arztrezepten oder der Rückgabe von Leergut. Diese Aufgaben können an den verschiedensten Orten innerhalb der City erledigt werden, an Orten, die allesamt der Öffentlichkeit zugänglich sind, zu der Sie sich, wenn Sie mögen, durchaus zählen dürfen.

c) Im Allgemeinen verbringt die ärmere Person den Sommer da, wo sie auch den Winter verbringt.

d) Falls es sich nicht um eine sehr viel ärmere Person (d. h. einen Wohlfahrtsempfänger) handelt, wird sie einen Großteil des Tages oder der Nacht mit Arbeit verbringen. Diese Arbeit kann sich an allen möglichen Orten abspielen: Läden, Büros, Restaurants, Häusern, Flughäfen oder den Vordersitzen von Taxis. Vielleicht mit Ausnahme des Letztgenannten haben auch Sie unkomplizierten, regulären Zugang zu all solchen Schauplätzen – ein Umstand, der leicht zum Vorteil gereichen kann, da er die Gelegenheit bietet, den entscheidenden ersten Schritt zu machen.

II. Mit ärmeren Personen warm werden

Im Zuge der Annäherung an eine ärmere Person kann man natürlich dieselben Taktiken anwenden wie bei einem gesellschaftlich Gleichgestellten. Charme, Witz, Zartgefühl, direkter Augenkontakt, schlichte menschliche Wärme, vorgebliches Interesse an den tieferen Gefühlen des Gegenübers – all das kann sich günstig bei der Kontaktanbahnung auswirken. Solche Vorgehensweisen sind allerdings nicht ohne Risiko, ist doch jede einzelne auch anfällig für Fehldeutungen und kann in keinem Fall für unmittelbare Ergebnisse garantieren. Ärmere Leute, die nun einmal nicht nur ärmer, sondern leider auch Leute sind, haben ja ebenfalls ihre Schrullen, ihre Launenhaftigkeiten, ihre wunden Punkte, ihre Kratzbürstigkeit. Daher könnte ihre Reaktion auf jede beliebige der oben genannten Strategien durchaus unberechenbar sein oder jedenfalls ganz und gar nicht das, was man sich erhofft hat. Aber verzagen Sie nicht, denn in diesem Moment können Sie Ihre Stellung als reichere Person am besten ausspielen und fast unverzüglich erfolgreich darangehen, die ärmere Person gründlicher kennenzulernen.

Machen Sie der ärmeren Person ein teures Geschenk: ein Auto; ein Haus; einen Farbfernseher; einen Esszimmertisch. Irgendetwas Nettes. Die ärmere Person liebt solche Dinge ausnahmslos. Kaufen Sie ihr etwas in der Art, und sie wird Sie bestimmt genügend mögen, um mit Ihnen zu plaudern.

III. Was man keinesfalls zu ärmeren Personen sagen sollte

Lassen Sie in diesem kritischen Moment äußerste Sorgfalt walten, um Ihren mühsam erkämpften Fortschritt nicht zu verspielen. Denn im direkten Gespräch mit der ärmeren Person lauert selbst für den aufmerksamsten und gewissenhaftesten Eleven die Gefahr zu versagen.

Milde gestimmt durch ein großzügiges Geschenk, wird sich die ärmere Person nun tatsächlich in einer aufgeschlossenen, ja wohlwollenden Gemütsverfassung befinden. Allerdings haben Sie sie noch nicht vollständig und unverbrüchlich für sich eingenommen; noch immer besteht die Möglichkeit, sie zu brüskieren und Ihre vorherigen Bemühungen sämtlich zunichtezumachen. Eine unbedachte Äußerung, eine unpassende Frage, eine unangemessene Anspielung – all das könnte die ärmere Person so sehr kränken, dass Sie sie womöglich total vor den Kopf stoßen. Untenstehend finden Sie einige Beispiele für die Art von Bemerkungen, die man wirklich unbedingt vermeiden sollte:

a) Der blaue Daimler, der die Einfahrt blockiert – ist das Ihrer?

b) … und natürlich geben am Ende immer alle dem Mehrheitseigner die Schuld.

c) Ich rufe Sie gegen Mittag an. Oder ist das zu früh?

d) Was glauben Sie eigentlich, wer Sie sind – Lucius Beebe?

e) Glauben Sie das nicht mal für eine Sekunde – diese Kellner machen ein Heidengeld.

f) Oh, eine Uniform. Ausgezeichnete Idee.

IV. Eine kurze Liste von Wörtern, die ärmere Personen verwenden

Ausverkauf – Ein im Einzelhandel gebräuchliches Ereignis, bei dem Waren zu einem reduzierten Preis angeboten werden. Nicht zu verwechseln mit *Hausverkauf*, einem Wort, das man ärmeren Leuten gegenüber möglichst nicht verwenden sollte.

Hackbraten – Eine köstliche grobe Pastete. Wird zuweilen auch warm serviert.

Überarbeitet – Ein überwältigendes Gefühl von Ermüdung, Ermattung, Erschöpfung. Vergleichbar mit Jetlag.

Miete – Reine Geldverschwendung. Kaufen ist einfach billiger.

Die vier gierigsten Fälle:
Ein Aufruf mit eingeschränkter Reichweite

Angela de G.

Still ist es geworden in der schwer ramponierten Eigentumswohnung am East River. Planen verschandeln die schlimm zer-
kratzten Parkettböden. Vollgekleckste Leitern stehen Skeletten
gleich im tristen Halbdunkel der unzulänglichen Deckenleuch-
ten. Graue Probeanstriche verunstalten den unteren Teil einer
Wand. Vergessene Stoffmuster in krassen Kontrasten aus knal-
ligem Grün und undurchdringlichem Schwarz liegen wild verstreut über einer schwer beschädigten Empire-Récamiere. Ja,
still ist es geworden. Ganz still. Doch für Angela de G., die Be-
wohnerin dieser hohlen Ruine, ist die momentane Stille leider
ein allzu kurzes Intermezzo. Ein kostbares Weilchen Gemüts-
ruhe in einer Welt, die kopfsteht. Einer Welt, die chaotisch und
unsicher gemacht wurde. Einer Welt voller Schrecken und Verzweiflung. Einer Welt der Hoffnungslosigkeit.
   Angela de G. ist am Renovieren.
   Still sitzt sie da, die zierliche Gestalt, eingekuschelt in einen
riesigen kaffeebraunen Pullover, der viel zu groß ist für ihren

abgemagerten Körper. Ein Pullover, so unförmig, so schlechtsitzend, dass die Falten ihre Worte verschlucken, wenn sie spricht – ein Pullover, den zu tragen sie sich leider schwerlich weigern konnte, ganz gleich, wie miserabel der Schnitt ist, wie wenig schmeichelhaft der Farbton, wie unpassend das Kleidungsstück für ihren Lebensstil.

Er war ein Geschenk vom Designer.

Doch während sie aus dem Fenster blickt, über den eisigen schwarzen Fluss hinweg in die Ödnis von Queens, scheint Angela de G. blind dafür, was sie am Leibe trägt. So enorm ist ihre aktuelle Krise, so tief ihre Depression, dass es beinahe – beinahe – scheint, als spielte selbst Kleidung keine Rolle mehr.

Wenn Angela de G. redet, fällt einem sofort der Widerstreit in ihrer Stimme auf – leise im Ton, aber unüberhörbar gequält –, in der sie ihr verzweifeltes Lamento vorbringt, ein Klagelied, das den im Sozialdienst Tätigen unter uns nur allzu vertraut ist. Vertraut, ja, und dennoch herzzerreißend, denn Angela de G.s Leid ist echt, ihre Last erdrückend. Also hört man zu. Und hört alles – die bitteren Kämpfe zwischen dem Innenausstatter und dem Architekten, die Arroganz des Lichtdesigners, die niemals pünktlichen Arbeiter, die Maler, die sich ungeschickt anstellen. Die eineinhalbfachen Stundensätze, die doppelten; ihr Schock angesichts bisher unbeachteter gesetzlicher Feiertage. Ja, man hört zu und tut selbstverständlich das bisschen, das man tun kann. Zögernd, im Bewusstsein, wie wenig man helfen kann und wie wenig man selber fähig wäre, mit einer solchen Situation umzugehen, bietet man an, was letzten Endes nur ein schwacher Trost sein kann: der Name eines kleinen Mannes, der wirklich etwas von Parkett versteht. Die Telefonnummer eines nicht gewerkschaftlich organisierten Klempners in Newark. Die Aussicht darauf, dass sie eines Tages einen Polsterer finden wird, der weiß, was er tut. Ja, man gibt sein Möglichstes. Man gibt sich Mühe, macht gute Miene zum bösen Spiel. Aber letztlich weiß

man auch, dass weitaus mehr vonnöten ist. Es bedarf der Unter-
stützung von außen. Dringend.

Angela de G. ist am Renovieren.

Würden Sie bitte helfen?

Leonard S.

Leonard S. ist allein. Sehr allein. Mutterseelenallein. Ja, Leonard S. ist jetzt ganz auf sich gestellt. So war es nicht immer.
Früher war es anders, ganz anders. Gestern Abend genau genommen. Aber das ist jetzt vorbei. Das ist alles vergangen. Denn
heute Morgen, als Leonard S. erwachte, sah er sich mit einer
Tragödie konfrontiert, die er schon lange hatte kommen sehen.
Christopher R. war fort. Ja, Christopher R., der liebe, süße, herr-
lich gebaute Christopher R. war fort, und Leonard S. war allein.
Christopher R. hingegen war nicht allein. Er war unterwegs
mit Leonard S.' gesamtem Bargeld, der Hälfte von Leonard S.'
Garderobe, mit Leonard S.' tragbarem Farbfernseher und Leonard S.' exquisiter kleiner Ingres-Zeichnung.

Leonard S. hofft, dass Christopher R. jetzt glücklich ist.

Glücklich damit, wie er Leonard S. behandelt hat. Glücklich
mit den Lügen, den Täuschungen, dem Betrug. Glücklich damit,
wie er Leonard S. ausgenommen hat – seine Kontakte benutzt
hat, seine Kreditkartennummer, sein Kundenkonto bei Paul Ste-
wart. Glücklich mit seiner adoleszenten Arroganz, glücklich mit
seiner unsäglichen Undankbarkeit, glücklich mit seiner exquisi-
ten kleinen Ingres-Zeichnung.

Leonard S. ist nicht glücklich. Er ist deprimiert. Er hat es so
unendlich satt. Sein armer Kopf. Seine Illusionen sind zerstört.
Sein Vertrauen ist missbraucht worden. Er fühlt sich nicht imstande, zur Arbeit zu gehen. Er ist ein gebrochener Mann, genau
wie eine Million anderer gebrochener Männer in einer kalten,

gefühllosen Großstadt. Er ist total deprimiert. Gramgebeugt. Und er kann das Studio heute nicht ertragen.

Leonard S. redet, und man kann seinen Schmerz kaum aushalten. Leonard S. war Christopher R. zärtlich zugetan. Hat ihn geliebt, hat sich um ihn gekümmert, hat ihn unterstützt. Leonard S. hat Christopher R. für loyal gehalten, für grundanständig. Hat geglaubt, er sei anders. Anders als die anderen. Anders als Timothy M., John H., Rodney W., David T., Alexander J., Matthew C., Benjamin P. und Joseph K. Anders als Ronald B., als Anthony L. und als Carl P. Aber er hat sich getäuscht. Vollkommen getäuscht.

Das erkennt er jetzt.

Er muss blind gewesen sein. Er muss verrückt gewesen sein. Er muss von Sinnen gewesen sein.

Das Telefon läutet.

Leonard S. kehrt von seinem Telefonat zurück, und es ist offensichtlich, dass das Unheil ein zweites Mal zugeschlagen hat. Er gießt sich einen Drink ein. Die Hände zittern ihm. Tief in seinen Augen schimmert der Schmerz. Er kann kaum sprechen, aber nach und nach kommt sie doch zur Sprache, die ganze gemeine Geschichte. Er ist doppelt verraten worden. Das bisschen Vertrauen, das er noch hatte, ist ihm vollständig abhandengekommen. Christopher R. ist auf dem Weg nach Los Angeles. Mit Leonard S.' Herz. Mit Leonard S.' gesamtem Bargeld, der Hälfte von Leonard S.' Garderobe, mit Leonard S.' tragbarem Farbfernseher und Leonard S.' exquisiter kleiner Ingres-Zeichnung.

Und mit Leonard S.' Assistent Michael F.

Leonard S. sagt, dass er erledigt ist. Sagt, das war's jetzt für ihn. Er sagt, dass ihm überhaupt nichts mehr noch etwas bedeutet – rein gar nichts. Aber vielleicht gibt es doch etwas Hoffnung. Vielleicht können *Sie* helfen. Alle Beiträge genießen strikte Vertraulichkeit. Anonymität ist gewährleistet. Wir werden Ihren Nachnamen nicht zu nennen wagen.

Mr. und Mrs. Alan T.

Einst gab es hier Lachen. Und Musik. Partys. Feiern. Catering.
Jubel und Trubel.

Doch nun herrscht in diesem im Tudor-Stil gehaltenen Haus
in Bel Air nur noch Anspannung. Die hier Lebenden sind aus-
gelaugt. Mit den Nerven am Ende. Sie tun ihr Bestes, aber der
Druck ist unerträglich, die Forderungen nicht zu fassen. Sie
leiden unter den quälenden Folgen von schlechtem Urteilsver-
mögen. Fehlkalkulationen. Geplatzten Geschäften.

Sie haben das breite Publikum falsch eingeschätzt.

Es gab eine Zeit, in der so etwas unmöglich erschienen wäre.
Als Mr. und Mrs. Alan T. ganz oben waren. Das cleverste, das
gewiefteste Produktions- und Vermarktungsteam am Platze.
Souverän, niemals schwankend, fehlerfrei. Mehrfachverwertun-
gen, Kassenschlager, Anteile an den Brutto-, nicht den Netto-
erträgen. Das alles gehörte Mr. und Mrs. Alan T. Beider Finger
am Puls Amerikas. Mr. und Mrs. Richtiger-Ort-zur-richtigen-
Zeit. Sie haben geliefert. Für die aufbegehrende Jugend, als Amerika aufbegehrende Jugend wollte. Blaxploitation. Nostalgie.
Männerfreundschaften. Übersinnliches. Jeden einzelnen Trend
sagten sie vorher. Auf den Punkt genau. Immer wieder. Sie hatten Kontakte. Genossen Respekt. Sie hatten Macht. Sie hatten
vier brandneue geleaste Mercedes-Limousinen gleichzeitig.
Schokoladenbraun. Eierschalenfarben. Silbergrau. Sattes Kas-
tanienbraun. Alle vollfinanziert, dank des Studios.

Dann ging alles den Bach runter. Ein Fehler hier, ein Irrtum
da. Anfangs bloße Kleinigkeiten: Einen zu frühen Starttermin;
einem zwanzigjährigen Regisseur ein Budget anvertraut, mit
dem er nicht zurechtkam; einen Cutter mit Alkoholproblem beschäftigt; eine niedliche kleine Maus in einer Rolle besetzt, die
ihr über den Kopf wuchs. Schlechte Kritiken. Kinosterben.

Der Kastanienbraune musste als Erster raus. Dann der Eierschalenfarbene. Mr. und Mrs. Alan T. leben in einem Zustand der Verzweiflung, den wenige von uns wirklich und wahrhaftig begreifen können. Sie wirken weidwund, wie Opfer einer zersetzenden Gemütskrankheit. Sie sitzen da und starren sich in düsterem Schweigen an. Sie wissen, dass es nur eine Frage der Zeit ist. Wissen, dass der Silbergraue als Nächster fällig ist. Und dann wird sogar der Schokoladenbraune dran sein. Sie kasteien sich selbst und gegenseitig. Ihre Not ist umso schwerer erträglich, als diese einst stolzen Menschen sie als ihr eigenes Versagen betrachten. Als fortwährendes, selbstverschuldetes Grauen.

Mr. und Mrs. Alan T. haben den Anschluss bei Science-Fiction verpasst.

Wie das passieren konnte, vermögen sie einfach nicht nachzuvollziehen. Alle Anzeichen waren da: Taschenbücher, die reißenden Absatz fanden; riesige Versammlungen von Zukunft-Fans; Comics; Spielwaren. Ein kommender Trend. Eine Goldmine. Eine Geldmaschine. Eine Riesensache. Und wo waren sie? Sie beantworten diese ihre eigene Frage mit einer furchtbaren Mischung aus Trauer und Selbstverachtung. Am Drehort von irgendeinem Flop über einen vom Teufel besessenen Yorkshire-Terrier. Wer will schon die Zeitung von gestern oder das Playmate vom letzten Monat?

Können Sie ihnen beistehen? Können Sie Mr. und Mrs. Alan T. helfen? Versuchen Sie es. Bitte. Machen Sie ihnen ein Angebot. Sie werden kaum ablehnen können, oder?

Kimberly M.

Kimberly M. steht allein im Terminal. Eine einsame Gestalt. Starrt auf das leere Gepäckkarussell, das sich immer weiter im Kreis dreht. Sie weiß, dass es nichts nützt. Sie ist seit Stunden hier. Sie hat gewartet. Sie hat mit allen gesprochen: mit der Leitung, dem Bodenpersonal, ja, in ihrer blinden Panik sogar mit den Stewardessen. Sie hatte Hoffnungen gehegt, nur um sie zunichtegemacht zu sehen. Sie weiß, dass ihr Gepäck fort ist, dahin. Alle sieben Stück. Alle ein Geschenk von ihrer Großmutter. Alle von Louis Vuitton. Alle alt. Echt.

Als sie noch aus Leder gemacht wurden.

Sie kann noch nicht recht glauben, dass dies *ihr* passiert. Es muss irgendein schrecklicher Albtraum sein, aus dem sie bald erwachen wird. Es kann doch nicht wahr sein. Als Kimberly M. allerdings die metallene Stimme hört, die alle Verspätungen und Ausfälle bekannt gibt, erkennt sie, dass dies keine Halluzination ist, kein Traum. Die haben tatsächlich ihr Gepäck verloren. Wo es sein mag, ein Rätsel. Verwechselt? In einem Taxi zurück in die Stadt? Unterwegs nach Cleveland? Durchgecheckt nach Hongkong? Vielleicht wird sie es nie erfahren.

Dahin, ihre Pullover von Sonia Rykiel. Ihr Lieblingshemd von Kenzo. Dahin, ihr neuer Vorrat von Clinique. Ihre Schuhe von Maude Frizon. Dahin, ihre Stiefel von Charles Jourdan. Dahin, ihr Adressbuch. Dahin. Dahin. Dahin.

Kimberly M. steht allein im Flughafenterminal. Eine einsame Gestalt. Starrt auf das leere Gepäckkarussell, das sich immer weiter im Höllenkreis dreht.

Kimberly M. hat ihr Gepäck verloren. Bestimmt können Sie einen Teil des Ihrigen erübrigen.

VERGESST NICHT DIE ARMEN GIERIGEN!

Eltern haften für ihre Kinder

Wie die Überschrift nahelegt, ist dieses Stück für diejenigen unter uns gedacht, die es auf sich genommen haben, zur menschlichen Reproduktion beizutragen. Und wiewohl ich mir durchaus gewahr bin, dass viele meiner Leserinnen und Leser mit der Kunst der Reproduktion nur insofern vertraut sind, als sie sich etwa auf einen vor allzu kurzer Zeit hergestellten Louis-XV-Schrank bezieht, meine ich dennoch, dass bestimmte Dinge nicht unausgesprochen bleiben sollten. Denn auch wenn ich ausdrücklich kinderlos bin, komme ich nicht umhin anzumerken, dass mich einige recht feste Überzeugungen zum Thema Aufzucht der Jungen umtreiben. Gründe dafür gibt es viele, um nicht zu sagen in Hülle und Fülle, und sie bewegen sich zwischen aufrichtiger Sorge um die Zukunft der Menschheit und schlichter, oberflächlicher Geringschätzung.

Und da ich ein gutes Stück weniger gemein bin als allgemein angenommen, möchte ich kleine Kinder nicht voll verantwortlich für ihr eigenes Verhalten machen. Im Großen und Ganzen finde ich, dass diese Last von den Älteren zu tragen ist. Im Bemühen, Wissen tatsächlich in Macht zu überführen, biete ich daher folgende Empfehlungen an:

Ihre Verantwortung als Eltern ist nicht so groß, wie Sie vielleicht glauben. Sie müssen die Welt nicht mit dem nächsten Seuchenbezwinger oder Filmstar beglücken. Wenn Ihr Kind einfach zu jemandem heranwächst, der das Verb «sammeln» nicht gleich mit dem Substantiv «Objekt» verknüpft, dürfen Sie sich als ausgesprochen erfolgreich betrachten.

* * *

Kinder brauchen eigentlich kaum Geld. Sie müssen ja keine Miete bezahlen oder Brieftelegramme verschicken. Daher sollte ihr Taschengeld gerade hoch genug sein, um den Kaugummikonsum und die gelegentliche Schachtel Zigaretten zu decken. Ein Kind mit eigenem Sparkonto und/oder Steuersparmodell wird kein Kind sein, das sich leicht Angst einjagen lässt.

* * *

Ein Kind, dem man keine strengen Tischmanieren beibringt, ist ein Kind, dessen Zukunft man allzu leichtfertig handhabt. Jemand, der eine Leinenserviette zu einem Admiralshut faltet, dürfte gesellschaftlich nicht besonders gefragt sein.

* * *

Der Ausdruck «Kinderschauspieler» ist redundant. Es sollte tunlichst vermieden werden, ihn als Anreiz zu gebrauchen.

* * *

Lassen Sie Ihrem Kind die Haare nicht von einem echten Friseur in einem echten Friseursalon schneiden. Es ist zu diesem Zeitpunkt viel zu klein, um einer solchen Schmach ausgesetzt zu werden.

* * *

Fragen Sie Ihr Kind an einem verregneten Tag nicht, was es gern machen würde, denn ich kann Ihnen versichern, dass Sie das, was es gern tun würde, nicht gern mitansehen möchten.

* * *

Bildungsfernsehen sollte komplett verboten werden. Es kann nur zu unsinnigen Erwartungen und letztlich zu schwerer Enttäuschung führen, wenn Ihr Kind entdeckt, dass die Buchstaben des Alphabets nicht aus Büchern heraushüpfen und gemeinsam mit königsblauen Hühnern im Zimmer herumtanzen.

* * *

Wenn es Ihnen wirklich ernst damit ist, Ihr Kind auf die Zukunft vorzubereiten, lehren Sie es nicht, wie man subtrahiert – lehren Sie es, wie man abzieht.

* * *

Geben Sie sich alle Mühe, auf demonstrativ biblische Namen für Ihren Nachwuchs zu verzichten. Nichts auf der Welt würde Ihr Blatt so deutlich zeigen.

* * *

Schicken Sie Ihr Kind auf keine dieser fortschrittlichen Schulen, in denen man ihm erlaubt, an die Wände zu schreiben, sofern Sie es nicht auf eine Karriere als Sprayer vorbereiten wollen.

* * *

Wenn Sie Ihrem Kind schon unbedingt Extra-Unterricht spendieren wollen, schicken Sie es in die Fahrschule. Im späteren Leben wird es wahrscheinlich eher einen Datsun sein Eigen nennen als eine Stradivari.

* * *

Kinder in Designerkleidung sind wie Erwachsene in Stramplern. Die wenigsten können sich so etwas leisten.

* * *

Erlauben Sie Ihrem Kind nie, Sie beim Vornamen zu nennen. Dafür kennt es Sie nicht lange genug.

* * *

Ermuntern Sie Ihr Kind nicht dazu, sich künstlerisch auszudrücken, es sei denn, Sie sind die Mutter von George Balanchine.

* * *

Versuchen Sie nicht, Ihrem Kind seine politischen Ansichten zu entlocken. Es kennt ja keine anderen als Sie selbst.

* * *

Erlauben Sie Ihren Kindern nicht, Getränke zu mixen. Es gehört sich nicht, und sie nehmen immer zu viel Wermut.

* * *

Wenn Sie Ihr Kind die Möbel für sein Zimmer aussuchen lassen, dann darf sich auch Ihr Hund seinen Tierarzt selber aussuchen.

* * *

Ihr Kind sitzt zu lange am Fernseher, wenn es zu platzen droht.

* * *

Machen Sie sich nicht die Mühe, mit kleinen Kindern über Sex zu sprechen. In dem Alter haben sie nur selten etwas zum Thema beizutragen.

* * *

Zielen Sie nie aus Effekthascherei mit einer Schusswaffe auf ein kleines Kind. Es wird den Unterschied nicht begreifen.

* * *

Fragen Sie Ihr Kind nur dann, was es zum Abendessen möchte, wenn es die Rechnung übernimmt.

Tipps für Teenager

Es gibt vielleicht für alle Betroffenen keinen so unerfreulichen, so unattraktiven, so durch und durch unangenehmen Lebensabschnitt wie die Adoleszenz. Und obwohl mehr oder minder alle Leute, die damit in Kontakt kommen, peinlich berührt sind, kann sich niemand auf einen derberen Schock gefasst machen als der Teenager selbst. Nachdem er zwölf Jahre lang den Status genossen hat, niedlich zu sein, ist er nicht im Geringsten darauf vorbereitet, mit den harten Konsequenzen eines unzulänglichen Erscheinungsbildes zurechtzukommen. Sobald es in sein dreizehntes Lebensjahr eintritt, wird aus dem pausbäckigen Kleinkind ein dickes Mädchen, und ein Junge, der bisher als «klein für sein Alter» bezeichnet wurde, stellt fest, dass er in Wirklichkeit klein von Gestalt ist.

Probleme äußerlicher Schönheit, so schwerwiegend sie auch sein mögen, sind jedoch nicht alles, was dem unvorsichtigen Teenager jetzt droht. Ob philosophischer, spiritueller, sozialer, juristischer Natur – tagtäglich sieht er sich einer wahren Unmenge von Schwierigkeiten gegenüber. Der verständlicherweise verstörte Teenager findet sich fast unweigerlich in einem Zustand unablässigen Leidens. Das ist misslich, ja beklagenswert. Und doch stellt man häufig einen gewissen Mangel an Mitgefühl für den problembeladenen Jugendlichen fest. Dieses fehlende Mitgefühl ist zweifellos seinem Beharren geschuldet, mit seinem Schicksal auf unangemessen heftige Weise zu hadern. Er ist ganz einfach in einem Alter, in dem er nichts für sich behalten kann. Kein Impuls ist zu flüchtig, kein Gefühl zu unausgegoren, als dass es der Teenager nicht unbedingt seinem gesamten Umfeld mitteilen müsste.

Solches Verhalten ist geeignet, einen vor den Kopf zu stoßen. Auch wenn genau das oft der eigentliche Zweck ist, lässt man sich davon immer wieder zur Weißglut reizen.

Daher habe ich – wenn vielleicht nicht unbedingt, um für besseres Verständnis, so doch zumindest für bessere Einhaltung von Anstandsregeln zu werben – folgende Ratschläge formuliert:

Wenn du nicht nur körperlich unattraktiv bist, sondern außerdem auch nicht gut mit anderen klarkommst, versuche unter keinen Umständen, diese Situation zu verbessern, indem du eine interessante Persönlichkeit entwickelst. Eine interessante Persönlichkeit ist bei einem Erwachsenen unerträglich. Bei einem Teenager ist sie häufig strafbar.

* * *

Eine dunkle Brille am Frühstückstisch zu tragen ist dann gesellschaftlich akzeptabel, wenn du im amtlich anerkannten Sinne blind bist oder die morgendliche Mahlzeit im Freien während einer totalen Sonnenfinsternis einnimmst.

* * *

Sollten deine politischen Meinungen extrem von denen deiner Eltern abweichen, denke daran, dass es zwar dein verfassungsmäßiges Recht ist, diese Gesinnung zu artikulieren, es sich aber nicht gehört, dies mit vollem Mund zu tun – insbesondere, wenn er voll ist mit der vom Unterdrücker zubereiteten Hochrippe.

***

Denke nach, bevor du redest. Lies, bevor du nachdenkst. So hast du Stoff zum Nachdenken über Dinge, auf die du von selbst gar nicht gekommen wärst – ein kluger Schachzug in jedem Alter, aber vor allen Dingen mit siebzehn, wenn du in größte Gefahr gerätst, zu fatalen Schlüssen zu gelangen.

***

Versuche, dich ein Stück weit mit dem Gedanken zu trösten, dass dein Vertrauenslehrer, würde er *sein* volles Potenzial ausschöpfen, nicht mehr an der Highschool tätig wäre.

***

Die Teenagerjahre sind gespickt mit vielerlei Risiken, von denen allerdings keines so gefährlich ist wie die sich abzeichnende Tendenz, Filme als eine bedeutende Kunstform anzusehen. Solltest du derzeit dieser Meinung sein – oder dafür aufgeschlossen –, vermag ich dir vielleicht Jahre unerträglichen Dünkels zu ersparen, indem ich dir folgende Frage stelle: Wenn Filme solch erhabener und ernsthafter Natur wären, kannst du dir dann auch nur im Entferntesten vorstellen, warum man sie an Orten vorführen sollte, an denen Fanta und Fruchtgummis verkauft werden?

***

Genau in dieser Phase deines Lebens wirst du den größten Teil deiner Zeit und Aufmerksamkeit sexuellen Angelegenheiten widmen. Dies ist nicht nur akzeptabel, sondern sollte tatsächlich gefördert werden, denn das wird der letzte Lebensabschnitt sein, in dem Sex richtig aufregend ist. Die Weitsichtigeren unter euch sollten vielleicht vorsorglich zusätzliche Interessen zu entwickeln, damit sie etwas zu tun haben, wenn sie älter sind. Ich für mein Teil empfehle das Zigarettenrauchen – eine Angewohnheit, die sich lange hält.

* * *

Wo wir schon beim Thema Zigaretten sind, vergiss nicht, dass die Adoleszenz auch die letzte Phase ist, in der du vernünftigerweise damit rechnen kannst, dass dir die Vorliebe für eine Marke verziehen wird, die ihrer exotischen Form, Farbe oder Verpackung wegen kritische Bemerkungen hervorrufen könnte.

* * *

Das Mädchen aus deiner Klasse, das vorschlägt, dass die Theater-AG dieses Jahr *Die kahle Sängerin* einstudiert, wird ihr Leben lang ein Stachel im Fleisch ihrer Mitmenschen sein.

* * *

Bist du als Teenager mit ungewöhnlich gutem Aussehen gesegnet, dann dokumentiere diesen Zustand mit Fotografien. Nur sie gewährleisten, dass dir das jemand später noch glaubt.

* * *

Vermeide den Drogenkonsum, wann immer möglich. Denn auch wenn Drogen gegenwärtig angenehme Zerstreuung bieten können, sind sie, im Großen und Ganzen, in späteren Jahren (sollten dir spätere Jahre vergönnt sein) nicht hilfreich bei der Investition in lukrative Steuerfluchtmodelle und Immobilien direkt am Strand.

* * *

Solltest du in einem Staat leben, in dem die gesetzliche Volljährigkeit noch während deiner Teenagerzeit eintritt, lass es dir nicht anmerken. Kein Erwachsener, der bei Sinnen ist, möchte vertraglich durch eine Entscheidung gebunden sein, zu der er im Alter von neunzehn gelangt ist.

* * *

Vergiss nicht, dass du als Teenager in der letzten Phase deines Lebens bist, in der du dich freust, wenn *du* am Telefon verlangt wirst.

* * *

Bleib standhaft in deiner Weigerung, während des Algebra-Unterrichts wach zu bleiben. Ich kann dir versichern, dass es im wahren Leben so etwas wie Algebra nicht gibt.

Daheim bei Papst Ron

Es ist ein klarer, frischer Tag, das Sonnenlicht bricht sich funkelnd an den Kuppelspitzen des Petersdoms – ein Bild, so eindrucksvoll und imposant wie seit Ewigkeiten –, aber ich nehme kaum etwas davon wahr, als ich den Petersplatz im Laufschritt überquere, denn ich bin spät dran für mein Interview, und wie jeder gute Journalist weiß, haben Päpste es gar nicht gern, wenn man sie warten lässt. Außer Atem betrete ich den Vatikan, nehme aus den Augenwinkeln die wirklich attraktiven Schweizergardisten wahr und suche meinen Weg zu den päpstlichen Gemächern, wo ich den Mann treffen soll, der dieses Interview arrangiert hat – den Kardinalbischof, der dem Papst am nächsten steht.

«Hallo», sagt ein großgewachsener, eher schlaksiger Typ, den ich auf allerhöchstens Anfang dreißig schätzen würde. «Ich bin Jeff Kardinal Lucas, aber nennen Sie mich ruhig Jeff.» Jeff streckt mir eine Hand entgegen, und ich, die ich nicht katholisch bin, weiß nicht recht, was ich jetzt machen soll. Doch im selben Moment werde ich von einer rauen männlichen Stimme aus dieser Situation gerettet, die schnell extrem peinlich hätte werden können. «Jeff, Jeff, wenn das das Mädel von der Zeitschrift ist, dann sag ihr, dass ich in einer Minute komme. Ich bin in der Schlusskurve meiner Enzyklika.»

Und er hält Wort: Pünktlich auf die Sekunde steht er mir gegenüber, ein großgewachsener Mann mit einer Art Zottelkopf, erstaunlich langen Wimpern und einem lässigen, ja fast spitzbübischen Grinsen. «Hallo», sagt er mit dieser tiefen, eindringlichen Stimme, die ich erst eine Minute zuvor vernommen habe. «Ich bin der Heilige Vater, aber nennen Sie mich doch Ron – das tun alle.»

Und zu meiner eigenen Überraschung tue ich das auch, und *mühelos*, denn Papst Rons ungekünstelte Wärme ist sofort ansteckend. Schon bald sitzen wir gemütlich auf einem großen alten Ledersofa und plaudern drauflos, als würden wir uns schon ewig kennen. Kurze Zeit später gesellt sich auch Sue dazu, die zierliche blonde Papstgattin mit den präraffaelitischen Locken und den langen, sich verjüngenden Fingern, sowie Dylan, Rons Sohn aus erster Ehe.

Ich kontrolliere mein Tonbandgerät, um mich zu vergewissern, dass es funktioniert, und frage Ron, ob es ihm recht wäre, wenn er mir am Anfang erst mal ein bisschen aus seinem Privatleben erzählt, also etwa, was er macht, um zu entspannen – um vom Druck aus Heiligkeit und Unfehlbarkeit mal abzuschalten.

«Hören Sie», sagt Ron, «zuerst möchte ich sagen, dass dies schließlich die neue Kirche ist und sich alles hier echt gelockert hat. Ich meine, ich gebe mir wirklich Mühe, auf die anderen einzugehen, Standpunkte, die sich von meinen unterscheiden, zu verstehen und miteinzubeziehen. Zu wachsen. Mein Bewusstsein zu erweitern. Die verschiedenen Regionen des Geistes zu erforschen. Wissen Sie, ich habe eine Art Motto, das ich extrem nützlich für diesen Job finde. Ein Motto, das meiner Meinung nach eine Menge damit zu tun hat, dass die Kirche wieder echt relevant geworden ist. Ja, Sue hat es sogar dermaßen gefallen, dass sie mir das hier gemacht hat.» Ron legt sein Gewand ab und enthüllt ein weißes Baumwoll-T-Shirt, auf dem in Rot die Inschrift UNFEHLBAR, ABER NICHT UNFLEXIBEL prangt. «Natürlich ist das erst der Prototyp», fährt der Pontifex fort. «Sobald

Sue mit der Urne fertig ist, an der sie gerade arbeitet – Sie wissen sicher, dass sie an der Töpferscheibe echt unglaublich ist –, wird sie sich darum kümmern, dass die Teile für das gesamte Kardinalskollegium hergestellt werden.

Zur Entspannung, also, zu den Dingen, die ich wirklich gern tue, gehört für mich, mit den Händen zu arbeiten. Ich meine, es macht einen Menschen, sogar einen Papst, demütig, wenn er reines Naturmaterial in Händen halten kann. Sehen Sie das Zepter da drüben? Rosenholz, ich habe ein halbes Jahr gebraucht, um es zu schnitzen, aber das war es wert, weil ich dadurch das Gefühl habe, dass es wirklich ein Teil von mir ist, wirklich meins.» Hier lächelt Sue stolz und drückt ein spielerisches Küsschen auf Rons Ring. Es ist leicht zu sehen, was für ein schrecklich *glückliches* Paar sie sind.

«Ich mache auch andere Sachen, Sachen hier im Palast. Sue und ich machen sie gemeinsam, und sogar Dylan hilft dabei, stimmt's, Dyl?», fragt Ron väterlich, während er seinem Sohnemann durchs Haar wuschelt. «Ich meine, als wir hier eingezogen sind, also, das hätten Sie sich nicht vorstellen können. Unglaublich förmlich, unglaublich geziert, unglaublich steif. Und das sind Dimensionen hier, da merkt man jetzt noch kaum, dass wir überhaupt da sind. Aber eines haben wir gemacht – sind übrigens gerade erst letzte Woche damit fertig geworden, also Sue und ich zusammen –, wir haben nämlich an den Wänden der Sixtinischen Kapelle wieder den Naturstein freigelegt, und jetzt sieht es echt super aus, echt warm, ganz schlicht.»

Wir nippen an unserem Pfefferminztee und schauen amüsiert zu, wie der kleine Dylan versucht, sich die Mitra seines Vaters aufzusetzen. Ich schließe mich dem herzlichen Lachen an, als ihm die große Kopfbedeckung über das Gesichtchen rutscht. «Jetzt zu meiner nächsten Frage, Ron, und ich weiß, dass Sie mir ehrlich antworten werden, ich meine, das versteht sich ja von selbst. Ist der Papst katholisch?»

«Also», sagt er, «wenn Sie mich speziell meinen, ich meine mich *persönlich*, dann ja, ich bin katholisch. Aber Sie wissen natürlich, dass dieser alte Popanz echt nicht mehr passt. Man muss hier definitiv neue Wege beschreiten, und die Tatsache, dass ich katholisch bin, war nun wirklich nicht entscheidend für meine Wahl zum Papst. Das Kardinalskollegium schaut sich nach jemandem um, der oder die offen für Gott ist, der oder die mit sich und den eigenen Gefühlen im Reinen ist, jemanden, so könnten Sie sagen, der oder die kommunizieren kann statt einfach zu exkommunizieren – was doch so negativ ist, so dermaßen das Gegenteil von der Art Verwirklichung, die, so hoffe ich, die Kirche jetzt repräsentiert. Ja, die Kirche öffnet sich allem Möglichen, und ich wüsste nicht, warum wir in allzu ferner Zukunft nicht einen Papst Rochester haben könnten, eine Päpstin Ellen, ja sogar einen Papst Ira.»

«Papst Ira?», frage ich. «Ist das nicht ein bisschen unwahrscheinlich? Ein jüdischer Papst, nachdem die Kirche so lange die Geschichte erzählt hat, dass die Juden Christus getötet haben?»

«Ach, wissen Sie», und hier schwenkt er in den Kirchenlehrerton, «was vorbei ist, ist vorbei. Sie wissen sicher, dass wir den Juden nicht mehr die Schuld an Jesu Tod geben. Natürlich hatten sie etwas damit zu tun, aber man muss die Dinge allmählich historisieren, und heute akzeptiert die Kirche die Bulle, die ich letztes Jahr erlassen habe und in der endlich die Tatsache anerkannt wird, dass sie wahrscheinlich nichts weiter getan haben, als ihn zu schikanieren, und genau das hat meine Bulle ja festgestellt; die Juden haben Jesus *schikaniert*, aber nicht selber getötet.»

Höchst erleichtert frage ich Ron nach seinen frühen Jahren, den Jahren des Ringens, den harten Jahren, die jeder Mann mit dem Zepter im Blick durchstehen, über die er am Ende triumphieren muss, will er sein erhabenes Ziel erreichen.

«Oh ja», sagt Ron, «war heftig, echt heftig, hat aber auch gefetzt. Ich meine, ich habe das Ganze durchgezogen, habe voll durchgehalten, vom Ministranten bis zum Großen P. Ich war im Beichtstuhl, habe mir angehört, wie die kleinen Jungen von unkeuschen Gedanken erzählten. Ich stand für die Babys am Taufbecken – an vorderster Front sozusagen.» Er lacht stillvergnügt über seinen eigenen Witz. «Ich habe die Bingo-Spielabende geleitet, die Gläubigen getraut, die Herde gehütet. Ich war der jüngste Kardinal, der je aus den Five Towns gekommen ist, und es war nicht immer leicht, aber ich hatte unterwegs auch meinen Spaß, und es hat sich alles gelohnt an dem Abend, an dem sie mich zum Papst gewählt haben. Ich erinnere mich gut an den Abend. Eine warme Nacht, leichter Wind, Pam und ich – Pam war meine erste Frau – standen zusammen da und beobachteten den Rauch, warteten und warteten. Neun Mal, aber es kam einem vor wie Millionen Male, bis der Rauch endlich weiß war und ich erfuhr, dass ich es geschafft hatte. Jesusmaria, war das schön, echt schön!»

Ron tupft sich die Tränen weg, die ihm in der Gemütswallung in die Augen gestiegen sind, aber offensichtlich schämt er sich nicht seiner Gefühle, hat die Hemmungen abgeworfen, die Männer so lange in Banden hielten. Als ich dies andeutete, freut sich Ron, ist geradezu dankbar dafür, dass ich bemerkt habe, wie er die Oberhoheit über die alten, steifen Wertvorstellungen gewonnen hat, die Männern das Recht auf ihre Gefühle bestreiten.

«Hören Sie», sagt er dogmatisch, und es ist unschwer zu erkennen, dass das päpstliche Amt an diesen Mann nicht verschwendet ist, «wir stecken da ja miteinander drin – ich meine, Sue und ich sind *Partner*. Wir besprechen alles, und damit meine ich wirklich alles. Ich würde nicht im Traum daran denken, ein Edikt herauszugeben, ohne es vorher mit ihr zu besprechen. Nicht weil sie meine Frau ist, sondern weil ich ihre Meinung achte, ihr Urteil schätze. Es gibt hier vieles, was sie selbstständig angeht, zum Beispiel die Einführung der Vollkornhostie. Ich meine, das war *total* ihr Ding. *Sie* war diejenige, die *mir* aufgezeigt hat, dass die Gläubigen jahrelang ihren Organismus mit hochraffinierten Hostien vergiftet hatten. Und das war nur *eins* von den Projekten, die sie durchgezogen hat. Es gibt Hunderte – ich könnte sie unmöglich alle aufzählen. Ja, Sue ist echt was ganz Besonderes. Ich meine, die Interessen der Gläubigen liegen ihr ganz eindeutig am Herzen. Sie müssen es mir glauben, sie denkt wirklich andauernd an andere. Junge, Junge, sie ist nicht nur meine liebe Frau, sie ist Unsere Liebe Frau. Und Sie können mir abnehmen, dass das kein Spruch ist, sondern voll von Herzen kommt.»

Aus dem Leben
zeitgenössischer Heiliger

St. Garrett der Schmoller (gest. 1974)

Schutzheiliger der Maskenbildner, angerufen bei verquollenem Gesicht und unebenem Teint.

Garrett wurde eigenen Angaben zufolge 1955 in Cleveland geboren. Sein Vater, ein Fabrikarbeiter, zeigte wenig Interesse an seinem blassen, zarten Sohn. Seine Mutter, eine fromme Frau, die das Familieneinkommen durch den Haustür-Verkauf von Kosmetika aufstockte, war vielleicht Garretts irdische Inspiration.

Seit der Zeit, als er noch ein ganz kleines Kind war, legte Garrett eine Gesinnung fast schon frühreifer Großzügigkeit an den Tag und bot ständig an, den weiblichen Wesen, mit denen er in Kontakt kam, «wenigstens die Augen» zu machen. Im Alter von elf Jahren marschierte er, nur in Kunstseide gewandet, siebenundvierzig Meilen durch einen fürchterlichen Blizzard, um im finstersten Forst ein Speiseopfer für die Geschöpfe des Waldes darzubringen. Der Ort dieser gebenedeiten Handlung wird mittlerweile von Pilgern aus aller Welt besucht und ist bekannt als

Frosty Shadow. Etwa um diese Zeit herum vollbrachte Garrett auch sein erstes Wunder, indem er die breite, fleischige Nase einer älteren Dame ohne sichtbaren Einsatz von Konturpuder optisch korrigierte.

Im Sommer seines sechzehnten Lebensjahres begegnete Garrett am Greyhound-Busbahnhof einem durchreisenden New Yorker Bühnenschauspieler, und den Gefälligkeiten dieses Mannes (dessen eigenste, tiefinnerste Demut ihm gebietet, um Anonymität zu ersuchen) war es zu verdanken, dass Garrett seine erste große Revlonation erlebte. Entkräftet und zitternd sah er eine große spiegelnde Oberfläche vor sich, umgeben von glänzenden Lichtern. Er sah bedürftige, flehende Augen. Er sah konturlose Wangen. Er sah trockene, rissige Lippen. Er sah eine Phalanx von prächtigen Farben. Er sah seine Bestimmung.

Der Schauspieler, außerordentlich inspiriert von Garretts Stil, stand ihm auf seinem Weg nach New York zur Seite. Hier vollbrachte Garrett sein zweites Wunder, indem er eine großzügige Eigentumswohnung erwarb und einrichtete, obwohl er, soweit überliefert, kein Einkommen hatte.

Schnell verbreitete sich überall in der Stadt, dass Garrett die erstaunlichsten Umgestaltungen vornehmen konnte. Frauen, denen seine Aufmerksamkeit zuteilwurde, hießen ihn gesegnet, und alsbald wurde er von allen Eingeweihten verehrt.

Trotz seiner herausragenden Stellung übte Garrett sich in Bescheidenheit, und man sah ihn häufig in übel beleumundeten Vierteln demutsvoll niedere Dienste an anderen verrichten. Garrett starb eines Sonntagmorgens im Schlafzimmer seines Penthouse-Apartments an der East Side den Märtyrertod.

St. Amanda von New York, Southampton und Palm Beach (gest. 1971, 1951 debütiert)

Schutzheilige der Kultivierten, wird angerufen gegen die Unsitte des gesellschaftlichen «Schneidens», die Notwendigkeit, Eigenkapital angreifen zu müssen, und den unangemessenen Gebrauch des Wortes «Zuhause».

Amanda wurde als Tochter von Mr. und Mrs. Morgan Hayes Birmingham IV. von New York, Southampton und Palm Beach am 3. Januar 1933 im New Yorker Doctors Hospital geboren. Sie debütierte beim Gotham Ball und graduierte beim Convent of the Sacred Heart and Manhattanville College. Ihr Großvater väterlicherseits, Morgan Hayes Birmingham III., war ein Mitglied der New Yorker Effektenbörse und Gründer der Firma Birmingham, Stevens und Ryan. Zu ihren Vorfahren gehörte Colonel Thomas M. Hayes.

Beinahe von Geburt an zeigte sich, dass Amanda mit einem geradezu erhabenen Taktgefühl gesegnet war. Bei ihrer Taufe in der St.-Ignatius-Loyola-Kirche, die ohne jedes Schreien oder Strampeln vonstattenging, bot sie ein Musterbeispiel kindlicher Würde, und das, obwohl der Taufspender weithin für eine Art Emporkömmling gehalten wurde. Ihre Kindheit war gekennzeichnet durch eine nahezu fanatische Hingabe ans Detail, und mit drei Jahren zeigte sie erstmals ihre wundersamen Kräfte, als nämlich an passenden Stellen im Kinderzimmer Lalique-Vasen mit perfekt arrangierten exotischen Blumen erschienen. Der zweite Hinweis auf diese Kräfte erfolgte, als es der gerade mal neunjährigen Amanda während ihrer pflichtschuldig absolvierten Französischstunde in New York gelang, eine außerordentlich taktlose Sitzordnung, entworfen von der Privatsekretärin ihrer Großmutter mütterlicherseits in Hobe Sound, zu korrigieren.

Amandas Märtyrerinnentod ereignete sich eines Wochenendes in einem Landhaus, als sie es, um nicht durch ihre Ablehnung auf diesen Fauxpas aufmerksam zu machen, bewusst zuließ, dass man ihr – von rechts! – einen Salat mit von der Gastgeberin selbstgesammelten Waldpilzen servierte.

St. Wayne (gest. ca. 1975)

Schutzheiliger mittlerer Geschwisterkinder, wird angerufen gegen alles, was so übrigbleibt.

Wayne wurde zwei Jahre nach seinem brillanten und gutaussehenden Bruder Mike und dreieinhalb Jahre vor seiner absolut entzückenden Schwester Jane geboren. Von seinem Leben und seiner Arbeit ist, wenn überhaupt, sehr wenig bekannt, und seine Kanonisierung stellt das Ergebnis einer beispiellosen Verwechslung dar, bei der Mike zweimal zum Heiligen gemacht wurde und mit typischer Großzügigkeit seinen Extra-Heiligenstand weitergab.

St. Ingmar-François-Jean-Jonas-Andrew

Schutzheiliger der Absolventen von Filmhochschulen, wird angerufen gegen Kinobesuch zum reinen Vergnügen, gegen Verunglimpfer von Stan Brakhage und alle, die am Genie von John Ford zweifeln.

St. Ingmar-François-Jean-Jonas-Andrew wurde in einem hell erleuchteten Kreißsaal in genau der Art von amerikanischer Kleinstadt geboren, die für alle amerikanischen Kleinstädte steht. Von Kindheit an war er erstaunlich scharfsichtig und sah ständig irgendwelche dem durchschnittlichen Kinogänger nicht ersichtlichen Bedeutungsebenen. Bereits zu seinem sechsten Geburtstag offenbarte St. Ingmar-François-Jean-Jonas-Andrew die bemerkenswerte Doppel-Neigung, zu viel zu schreiben und zu wenig zu erklären.

Zu den vielen Wundern, für die er namentlich gewürdigt wurde, gehört es, Erwachsene dazu zu bringen, tatsächlich ein Jerry-Lewis-Filmfestival zu besuchen, sowie die Aufnahme eines Kurses mit dem Titel «Die Philosophie Busby Berkeleys und ihr Einfluss auf Rainer Werner Fassbinder und Robert Bresson» in den Lehrplan einer renommierten Universität.

Statt selbst das Martyrium zu erleiden, schickte Ingmar-François-Jean-Jonas-Andrew einen seiner Studenten.

Das Dienstbotenproblem

Es ist erst ein paar Jahre her, dass ich dank mir wohlwollender allgemeiner Wertschätzung zu etwas Geld kam, wie man gemeinhin sagt. Dieser unerwartete, aber höchst willkommene Segen erlaubte es mir zum allerersten Mal, eine Bleibe für mich zu ergattern, die man, wenn man so will, als geräumig beschreiben kann. Ich begab mich unverzüglich daran, die Wohnung aufzumöbeln, und erwarb schon bald einige 1a Einrichtungsgegenstände, sorgsam ausgesucht, um einen falschen Eindruck von meinem Bildungs- wie gesellschaftlichen Hintergrund zu vermitteln. Umgeben von diesen ehrwürdigen Objekten bemerkte ich vergnügt, dass ich zu guter Letzt alle meine drei materiellen Ziele erreicht hatte: neues Geld, alte Möbel und ein Extrazimmer zum Schreiben.

Doch infolge meines unseligen Hangs, ein paar schöne Stunden (um nicht zu sagen Jahre) mit der Lektüre von anderer Leute Büchern zu verbringen, fand ich mich binnen Kurzem im Besitz einer Sammlung, die eher nach dem Bestand von sechs kleinen Stadtteilbüchereien aussah, in denen überdies das Rauchen nicht bloß erlaubt war, sondern tatsächlich und sogar knallhart durchgesetzt wurde. Asche zu Asche, Staub zu Staub. Wurde je ein wahreres Wort gesprochen? Ich glaube nicht. Eins stand also außer Frage: Ich brauchte eine Haushaltshilfe, und zwar dringend. Leider hatte ich nicht die leiseste Idee, wie ich zu einer kommen sollte. Was mir ziemliche Sorgen machte. Ich wurde nervös, dann panisch, bis ich schließlich genötigt war, mich an der Hand zu nehmen und mir ruhig, aber bestimmt zu erklären, dass eine Haushaltshilfe schließlich nicht der exotischste Glückstreffer der Welt war und zweifellos auf ganz übliche Weise beschafft werden könnte. Ein paar ganz übliche Methoden kamen mir in den Sinn, wurden aber schnell wieder verworfen. Über einen Laden? Nein, es war Jahre her, dass man Dienstmädchen hatte kaufen können, und selbst dann nicht in einem Laden. Eine Bar? Seien wir nicht albern. Ich suchte nach einer Haushaltshilfe, nicht nach einem Agenten. Wo aber dann? Ich war, wie es schien, mattgesetzt, festgefahren, total blockiert, ohne Perspektive, ohne Ausweg. Ohne Ausweg zumindest, bis ich mich zufällig an eine Freundin erinnerte, die zu *ihrem* Geld von Geburts wegen statt durch harte Arbeit gelangt war. Dies war genau die Person, um mich zu beraten, um mir den Weg zu ebnen, den Pfad zu zeigen.

Ich rief sie schnell an und offenbarte dabei mein Unwissen anscheinend so eindrucksvoll, dass sie bereit war, mir nicht nur zu helfen, sondern tatsächlich eine kleine Gruppe möglicher Kandidatinnen zusammenzustellen. Allerdings bedauerte sie, dass ich nach einer Hilfe suchte, die nur einmal pro Woche kam, weil ich dann nicht die Art von hochwertigem Service erwarten könne, der in ihren eigenen Räumlichkeiten routinemäßig geboten wurde. Ich nahm diese Nachricht erstaunlich gelassen zur Kenntnis und wartete auf weitere Anweisungen. Ein paar Tage später rief sie an, um mir zu verkünden, dass sie ein paar in Frage kommende Personen zum Vorstellungsgespräch vorbeischicken werde – und mit Gespräch, betonte sie, meine sie nicht etwa, diese Leute zu fragen, wo sie ihre Ideen herhätten oder ob sie schon immer lustig gewesen seien, sondern vielmehr, für wen sie sonst arbeiteten, wie viel sie verlangten und welche Aufgaben genau sie zu verrichten bereit seien. Dann sollte ich entscheiden, ob ich sie mochte – *als Dienstboten, nicht als Leute.* Dies betonte sie nicht nur, als schlösse sich beides gegenseitig aus, sondern auch in einem Ton, den ich übertrieben belehrend fand. Als ich diese Wahrnehmung zur Sprache brachte, erwiderte sie, dass sie mich lediglich davor warnen wolle, der Situation unangemessene persönliche Maßstäbe anzulegen. Damit meinte sie vermutlich, dass man beschloss, eine Haushaltshilfe zu mögen, weil sie bügelte, und nicht, weil sie einen aus der *Today*-Show wiedererkannte. Inzwischen begann ich zu argwöhnen, dass eine Haushaltshilfe nicht unbedingt den erwarteten Spaß bedeutete. Dennoch harrte ich aus und sagte zu, gleich das Vorstellungs-Procedere einzuleiten.

Später am selben Nachmittag erschien der erste Bewerber in Form eines extrem gut gepflegten jungen Mannes. Das moderne Leben hat uns offenbar nicht nur Pastorinnen beschert, sondern auch männliche Dienstmädchen. Ich halte von beidem nicht viel, aber wo er nun schon einmal vor der Tür stand, ließ ich ihn herein und fragte ihn höflich, ob ich ihm den Pullover abnehmen dürfe. Er lehnte ab, wahrscheinlich weil er sich diese Mühe nicht machen wollte. Ich versuchte, ihn über den Flur zu führen, doch als wir am Schlafzimmer vorbeikamen, fiel ihm dort etwas ins Auge, und er spazierte hinein, um sich genauer umzusehen. Offenbar hatte ein kleines Gemälde über dem Kamin seine Aufmerksamkeit erregt.

«Ornamentale Kunst», bemerkte er. «Ich nehme an, Sie finden es amüsant.»

«Nein», erwiderte ich, wobei ich mich fragte, wie oft ich diesem Jungen bereits begegnet sein mochte, «ich finde es ornamental.»

«Das Bett?», erkundigte er sich, wobei er eine Augenbraue hochzog.

«Neorenaissance», parierte ich – und stieß dann zu. «Aus der Werkstatt der Herter Brothers.»

«Ah», sagte er, «amerikanisch.»

Jedenfalls von meiner Seite aus war das Interview damit beendet. Wenn er keine amerikanischen Möbel staubwischte, standen die Chancen schlecht, dass er Fenster putzte. Doch bevor ich ihm dies avisieren konnte, hatte er sich schon ins Wohnzimmer begeben, wo ich ihn kurz darauf vorfand – dekorativ hingegossen auf meinem amerikanischen Sofa. Bei meinem Eintreten blickte er auf, lächelte wohlwollend und deutete mit einem ausdrucksvollen kleinen Nicken seines ausdrucksvollen Köpfchens an, ich möge mich setzen. Dann gab er einen langatmigen Monolog zum Besten, dessen Sinn und Zweck offensichtlich darin bestand, mir seine äußerst verfeinerte Sensibilität nahezubringen. Währenddessen versuchte ich mehrmals, ihn zu fragen, wie viel er verlangte, da ich schon vorher auf den Plan verfallen war, seinen Abgang durch das Angebot eines extremen Mindestlohns zu beschleunigen. Doch sobald ich das Thema anschnitt, lenkte er ab. Offensichtlich betrachtete er jede Diskussion über Geld als vulgär, geschmacklos und schockierend parvenühaft. Schließlich ließ er sich dazu herab, Luft zu schöpfen, und ich erkundigte mich leise, ob er, statt bezahlt zu werden, es lieber hätte, wenn ich eine Wohltätigkeitsorganisation seiner Wahl mit einer diskreten Spende bedächte. Dies erfüllte seinen Zweck, und er verzog sich ohne weiteres Tamtam.

Ich konnte meinen Sieg allerdings nur kurz auskosten, denn mir stand noch eine scheinbar endlose Prozession von angehenden Haushaltshilfen bevor. So einig waren sie sich in ihren beiden unhaltbarsten Forderungen, dass sie binnen Kurzem zu einem einzigen nebelhaften Bild verschwammen. Ausnahmslos bestanden sie darauf, tagsüber zur Arbeit zu erscheinen, und machten darüber hinaus klar, dass sie jede Absicht hatten, in die Wohnung zu kommen. Ich war natürlich dagegen, mich auf solche Bedingungen einzulassen, da ich tagsüber zu Hause bin, ohne zu schreiben. Abends bin ich *außer* Haus, ohne zu schreiben, weshalb es mir da natürlich am besten passte. Allerdings war ich ausnehmend erfolglos darin, auch nur eine von ihnen zu einem entsprechenden Arrangement zu überreden, sodass ich mich irgendwann gezwungen sah, die Beste aus dem Haufen unangenehmer und erbärmlich unvernünftiger Individuen auszusuchen. Eingedenk des Ratschlags meiner Freundin entschied ich mich für diejenige, die mir als Haushaltshilfe am besten gefiel, und obgleich ihre Bereitschaft zu bügeln sicherlich zu meiner Vorliebe für sie beitrug, gab die Tatsache, dass sie kein Wort Englisch sprach, letztlich den Ausschlag. Wenn ich schon den gesamten Tag in Gesellschaft einer anderen Person verbringen musste, dann jedenfalls einer Person, die nicht die leiseste Ahnung davon hatte, was ich am Telefon sagte.

Bei ihren ersten paar Einsätzen führten wir eine Art friedliche, wenn auch nicht unbedingt freundschaftliche Koexistenz, aber ab der vierten Woche begann mir die Situation unerträglich auf die Nerven zu gehen. Obwohl ich mir alle Mühe gab, ihr nicht im Weg zu sein, folgte sie mir ständig von Raum zu Raum, wobei sie drohend irgendwelche gefährlich aussehenden Haushaltsgeräte schwang und mich geringschätzig auf Portugiesisch anblickte. Es war ganz offensichtlich, dass sie nichts mit einem Menschen anfangen konnte, der allem Anschein nach den lieben langen Tag damit verbrachte, in der Gegend herumzuliegen, Handtücher zu verbrauchen und in einer fremden Sprache zu telefonieren. Nach einem Vorfall, zu dem unter anderem das besonders ostentative und verächtliche Leeren von Aschenbechern gehörte, akzeptierte ich die Tatsache, dass ich hinfort genötigt sein würde, den Tag außerhalb meiner Wohnung zu verbringen.

Anfangs war es nicht einmal uninteressant, tagsüber auszugehen. Jede Menge öffentliche Räume standen mir offen, sämtlich unbestreitbar gut beleuchtet, obgleich es überall ziemlich voll und eher laut war. Ich tat mein Möglichstes, die Situation vielleicht nicht unbedingt zu genießen, aber mich ihr doch zumindest anzupassen. Aber schon bald war der Reiz des Neuen verflogen, und ich fand es zunehmend schwierig, meine normale Lebensweise in dieser fremdartigen, feindlichen Umgebung beizubehalten. Mehrmals wurde ich belästigt, ja sogar beleidigt von ungehobelten Portiers, die eben nicht strahlend auf mich herablächelten, während ich unter den Vordächern ihrer Hotels herumlümmelte, mit mir selbst bzw. mit dem Kreuzworträtsel im *TV Guide* beschäftigt. Es kam jedes Mal zu einem kleineren Menschenauflauf, bei dem die Stimmung ins Kippeln geriet, während ich versuchte, mit einem größeren Kreis von Freundinnen und Freunden per öffentlichem Fernsprecher in Kontakt zu bleiben. Und immer wieder wurde ich zur unschuldigen Empfängerin anzüglicher Bemerkungen, wenn ich Lektürestoff nachholte, während ich mich auf den Kühlerhauben von fremden, am Straßenrand abgestellten Autos rekelte.

Keine Frage, dies konnte nicht ewig so weitergehen; es musste etwas unternommen werden, und zwar schleunigst. Nun gab es natürlich keine einfachen Antworten. Das Problem war ernst und verlangte entsprechende Mühe, falls es überhaupt je gelöst werden konnte. Diesbezüglich war ich mehr als bereit, jede mir zur Verfügung stehende Möglichkeit zu nutzen. Leider sind die mir zur Verfügung stehenden Möglichkeiten selten solche, bei denen gründliche Recherche und detaillierte Angaben eine Rolle spielen. Zugegebenermaßen gehen sie eher in Richtung ausgeflippte Pläne und durchgeknallte Theorien. Angesichts dessen dürfte es verständlich sein, dass ich letzten Endes unfähig war, zu irgendeinem festen Entschluss zu kommen, weshalb ich nur den klaren schriftlichen Beweis dafür bieten kann, dass ich es versucht habe.

Der klare, schriftliche Beweis,
dass ich es versucht habe

Es war für mich offensichtlich, dass sich eine Wohnung genau wie ein Pullover nicht reinigen lässt, solange man drinsteckt. Dieser Logik zufolge war es dann genauso offensichtlich, dass ein Apartment wie ein Pullover zum Reinigen weggegeben werden sollte. Ich beschloss, dass dies ganz generell durch die Einrichtung von Läden zu diesem Zweck erreicht werden könnte. So weit, so gut. Die Haken an der Sache zeigten sich erst, als in meinen Überlegungen die Abholung der Wohnung anstand. Zu diesem Zeitpunkt fiel mir die Analogie mit dem schmutzigen Pullover wieder ein, und mir sank das Herz. Gleichzeitig sah ich mich vor einem Ladentisch stehen und kreischen: «Das ist nicht meine Wohnung! Denken Sie etwa, ich wüsste nicht, wie meine eigene Wohnung aussieht? Meine war die mit dem Extra-Raum zum Schreiben und den zwei Holzkaminen. Diese Wohnung gehört mir nicht. Diese Wohnung hat keinen Extra-Raum zum Schreiben, nur einen Holzkamin und ein Hochbett. Glauben Sie's mir, ich habe kein Hochbett. Das kann ich Ihnen versichern. Also erzählen Sie mir nicht, das sei meine Wohnung, und die restlichen Teile würden noch nachgeliefert. Und möchten Sie mir freundlicherweise erklären, wie Sie einen Holzkamin verlieren konnten? War ja nicht so, dass er nur noch an einem einzigen Faden hing. Das da ist nicht meine Wohnung, und ich nehme sie nicht. Nein, ich hätte nicht lieber diese Wohnung als gar keine Wohnung. Ich will *meine* Wohnung, die, mit der ich zu Ihnen gekommen bin. Na schön, dann *werde* ich Sie verklagen. Glauben Sie nicht, das würde ich ja doch nicht machen. Sie hören von meinem Anwalt. Ich werde ihn sofort anrufen.»

Und bei diesen Worten sah ich mich auf dem Absatz kehrtmachen und wütend hinausstolzieren. Zu meinem Leidwesen sah ich mich als Nächstes wieder draußen stehen, an einer öffentlichen Telefonzelle, wo es zu einem kleineren Menschenauflauf kam, bei dem die Stimmung ins Kippeln geriet. In dem Moment stand mein Entschluss fest: Wenn ich schon meine Telefongespräche draußen führen müsste, dann könnte ich auch beide Kamine behalten.

DINGE

Dinge

Alle Dinge dieser Welt lassen sich in zwei wesentliche Kategorien aufteilen: natürliche Dinge und künstliche Dinge. Oder besser bekannt als Natur und Kunst. Nun hat die Natur, wie mir sehr wohl bewusst ist, ihre Freunde und Fürsprecher, aber ich gehöre nicht dazu. Im Großen und Ganzen bin ich nicht der Typ, der zurück aufs Land möchte – ich bin der Typ, der zurück ins Hotel möchte. Diese Sachlage verdankt sich zumindest teilweise der Tatsache, dass die Natur und ich einfach so wenig gemeinsam haben. Wir gehen nicht in dieselben Restaurants, lachen nicht über dieselben Witze und, was die größte Rolle spielen dürfte, treffen auch nicht dieselben Leute.

So ist es jedoch nicht immer gewesen. Als Kind fand ich mich häufig in einer natürlichen Umgebung: beim Spielen im Schnee, beim Spazierengehen im Wald, beim Waten im Teich. Alles Standardsituationen in meinem damaligen Alltag. Aber allmählich wuchs ich heran, und während dieses Reifeprozesses begannen mir einige der krasseren Unzulänglichkeiten der Natur aufzufallen. Zunächst einmal macht sich die Natur hauptsächlich im Freien breit, also dort, wo es unbestreitbar nie genügend bequeme Stühle gibt. Zum Zweiten ist es die Hälfte der Zeit draußen Tag, eine Situation, die durch genau die Art von grellem Oberlicht hergestellt wird, das für starke Raucher so wenig schmeichelhaft ist. Und schlussendlich ist die für diese Abhandlung relevanteste Tatsache aufzuführen, dass natürliche Dinge schon per definitionem wild, ungepflegt und eher häufig als selten von Krabbeltieren befallen sind. Daher sind natürliche Dinge offenbar genau die Art von Dingen, auf deren Erwerb man keine große Mühe verschwendet. *Objets d'art* sind eine Sache; *objets d'nature* nicht. Wer käme auch auf die Idee, etwas besitzen zu wollen, für das nicht einmal die Franzosen ein Wort haben?

Angesichts all dessen habe ich eine kleine Liste erstellt, um damit sinnfällig zu machen, wie sehr alles Künstliche dem Natürlichen überlegen ist.

NATUR	KUNST
Die Sonne	Der Toaster
Ihre eigenen zwei Füße	Ihre eigenen zwei Bentleys
Warmer Regen	Warmer Regen
Wurzeln und Beeren	Linguine mit Muschelsoße
Die voranschreitende Zeit	Die Radioshow «Seven Second Delay»
Milch	Butter
Die gute Erde	25 Prozent vom Brutto
Weizen	Linguine mit Muschelsoße
Ein Mann für alle Jahreszeiten	Marc Bohan für Dior
Eis	Eiswürfel

NATUR	KUNST
Gesichtsbehaarung	Rasierklingen
Der Geruch der Scholle nach einem Landregen	Linguine mit Muschelsoße
Tb	TV
Gottes Mühlen	Roulette
Ein plätschernder Gebirgs-bach	Paris

Nun, da Sie Gelegenheit zu einem Überblick über das Thema hatten, ist es Zeit, die Dinge zu vertiefen, Zeit, sich zu fragen, was Sie gelernt haben und wie Sie Ihr neu erworbenes Wissen am besten anwenden können. Offensichtlich ist das Erste und Wichtigste, was Sie gelernt haben, dass Linguine mit Muschel-soße die krönende Errungenschaft der Menschheit schlechthin sind. Da sich diese Aussage auf Anhieb nachvollziehen lässt, ist es unnötig, sich länger damit zu beschäftigen oder sie ausführ-lich zu diskutieren.

Was die Frage betrifft, wie Sie das Gelernte am besten anwen-den können, so glaube ich, es wäre höchst nützlich für alle, wenn wir die gängigen Meinungen zum Thema Dinge untersuchen würden, um zu sehen, wie sie sich im Licht Ihres neu erworbenen Wissens machen:

Die gängigsten Meinungen zum Thema Dinge, und wie sie sich im Licht Ihres neu erworbenen Wissens machen

Gut Ding will Weile haben: Hierbei handelt es sich um ein Konzept, das in vielerlei Hinsicht Parallelen zu einem anderen bekannten Gedanken aufweist, nämlich dem der Sanftmütigen, die das Erdreich besitzen werden. Lassen Sie uns in diesem Sinne eine altehrwürdige Lehrmethode nutzen und die erste Behauptung in ihre beiden wesentlichen Komponenten zerlegen: a) Gut Ding; b) will Weile haben. Sofort wird deutlich, dass wir dank unserer vorhergehenden Untersuchung bereits darüber informiert sind, was genau ein «gut Ding» ist. Erst wenn wir zu «will Weile haben» kommen, betreten wir Neuland. Pädagogen haben herausgefunden, dass es in solchen Fällen oft das Beste ist, Beispiele aus dem wirklichen Leben heranzuziehen. Also müssen wir uns einen Ort vorstellen, den wir aus eigener Erfahrung als einen kennen, wo es etwas «Weile haben», d. h. dauern kann. Ich möchte meinen, dass die Gepäckausgabe eines Großstadtflughafens sich gut dafür eignen würde.

Wenden wir uns jetzt dem mit dieser Frage angeschnittenen elementaren Thema zu – d. h. der Richtigkeit der Aussage «will Weile haben» –, stellen wir in Wirklichkeit die Frage: «Will gut Ding tatsächlich Weile haben?» Indem wir unsere Antwort wiederum in *ihre* beiden wesentlichen Bestandteile zerlegen, erkennen wir, dass wir Folgendes wissen: a) Unter «gut Ding» finden sich Linguine mit Muschelsoße, der Bentley und die ewig faszinierende Stadt Paris.

Wir wissen obendrein, dass: b) «Weile haben» sich auf diejenigen bezieht, die am Flughafen von O'Hare warten. Dann denken wir an unsere eigenen Abenteuer im wirklichen Leben, gehen ein letztes Mal unsere hilfreiche Liste durch und fühlen uns bedauerlicherweise genötigt zu folgern, dass «Gut Ding nicht immer Weile haben will» – wenn sich nicht aufgrund unvorhersehbarer persönlicher Vorlieben aufseiten der oben genannten Wartenden herausstellt, dass zu «gut Ding» auch der Posten mit dem Titel GEPÄCKINHALT VERLORENGEGANGEN gehört.

Ein Ding von Schönheit ist ein Glück für immer: Diese anmutige Zeile aus einem Gedicht von John Keats ist weniger unrichtig denn altmodisch. Mr. Keats war, zur Erinnerung, nicht nur Dichter, sondern auch Kind des Zeitalters, in dem er lebte. Außerdem sollte nicht vergessen werden, dass eins der hervorstechenden Charakteristika des frühen neunzehnten Jahrhunderts aus einer unmäßigen Bewunderung für die simple Fähigkeit des Duldens bestand. Während also ein Ding von Schönheit ganz gewiss ein Glück ist, können wir als Geschöpfe der modernen Zeit, die nicht mehr an veraltete Werte gebunden sind, offen bekennen, dass neun von zehn Malen ein Wochenende lang genug ist.

Jeder tötet, was er liebt: Kein Wunder, wenn man ihm vorgegaukelt hat, es sei ein Glück für immer.

Sein eigenes Ding machen: Die Verwendung des Wortes «Ding» ist in diesem Kontext ungewöhnlich präzise, da diejenigen, die sich dieser Ausdrucksweise besonders befleißigen, tatsächlich Dinge *machen*, im Gegensatz zu denen, die arbeiten – d. h., Töpfern ist ein Dingen, Schreiben ist eine Arbeit.

Das Leben besteht einfach aus einem verdammten Ding nach dem anderen: Und der Tod ist ein Cabaret.

Hinweise für Haustiere

Ich fühle mich regelrecht verpflichtet, diese Abhandlung mit etwas einzuleiten, das ich eigentlich als Stellungnahme betrachte, selbst wenn es mir eher als Eingeständnis ausgelegt werden dürfte: Ich mag keine Tiere. Egal welcher Sorte. Ich mag nicht einmal die Vorstellung von Tieren. Tiere gehören nicht zu meinen Freunden. Sie sind in meinem Haus nicht willkommen. Tiere sind von meiner Liste gestrichen. Trotzdem möchte ich einschränkend sagen, dass ich ihnen nichts Böses wünsche. Ich werde keinem Tier zu nahe treten, sofern es mir nicht zu nahe tritt. Na schön, vielleicht sollte ich den letzten Satz präzisieren. Ich werde keinem Tier *persönlich* zu nahe treten. Allerdings ist für mich ein Teller ohne ein anständiges Stück Fleisch ein Affront gegen jeden, der über einen gesunden Appetit verfügt, und während ich häufig Männern begegnet bin, die tatsächlich als Brokkoli-mit-Kartoffeln-Typ beschrieben werden könnten, kann ich nicht behaupten, dass ich von so jemandem je angetan gewesen wäre.

Daher sollte ich präziser anführen, dass ich keine Tiere mag, von zwei Ausnahmen abgesehen. Die erste bezieht sich auf die Vergangenheit, in welcher Form ich sie durchaus mag, zum Beispiel als krosse Spareribs oder Pennyloafer von Bass Weejun.

Und die zweite auf draußen, womit ich nicht nur draußen – also draußen vor der Haustür – meine, sondern wirklich draußen, also draußen im Wald, oder noch besser im südamerikanischen Dschungel. Das ist immerhin nur fair. Ich begebe mich nicht dorthin, weshalb sollten sie also hierherkommen?

Nachdem das geklärt ist, wird es niemand überraschen, dass ich es nicht gutheiße, Tiere als Haustiere zu halten. «Dass ich es nicht gutheiße», ist zu mild formuliert: Haustiere sollten von Gesetzes wegen verboten werden. Besonders Hunde. Besonders in New York City.

Diese Meinung habe ich nicht selten in der feinen Gesellschaft oder vielmehr dem, was heute dafür durchgeht, zum Ausdruck gebracht, wurde aber unweigerlich mit der Information bedacht, dass selbst dann, wenn Hunde allen oberflächlichen Geistern verwehrt werden sollten, man doch trotzdem die Blinden und krankhaft Einsamen bedenken müsse. Da ich nicht ganz ohne Mitgefühl bin, habe ich nach reiflicher Überlegung die, wie ich glaube, perfekte Lösung für dieses Problem gefunden: Lasset die Einsamen die Blinden führen. Die Umsetzung dieses Plans böte den einen Gesellschaft und den anderen einen Ortssinn, ohne dem Rest der Bevölkerung das sattsam bekannte Schauspiel zuzumuten, dass erwachsene Männer gegenüber Deutschen Schäferhunden respektvolle Töne anschlagen, die eher älteren Geistlichen und Vertretern des Finanzamts vorbehalten sein sollten.

Die Tierliebenden unter Ihnen, die keine Lust haben, Zeitungsverkäufern über belebte Kreuzungen zu helfen, werden ihre Gesellschaft woanders finden müssen. Sollten wahre Freunde außerhalb Ihrer Reichweite sein, darf ich vielleicht vorschlagen, dass Sie sich nach Ihrem Lieblings-VIP richten und in Erwägung ziehen, in eine wirklich richtig gute Entourage zu investieren. Die Vorteile sind unschätzbar: Eine Entourage ist unbestreitbar besser als ein Hund (und natürlich sogar als wahre Freunde) und wird sich ganz schnell bezahlt machen. Eine Entourage müssen Sie nicht spazieren führen, im Gegenteil, eine der wesentlichen Funktionen einer Entourage besteht darin, dass sie *Sie* spazieren führt. Einer Entourage müssen Sie keinen Namen geben. Mit einer Entourage müssen Sie nicht spielen. Mit einer Entourage müssen Sie nicht zum Tierarzt gehen – obwohl der gewissenhafte Besitzer einer Entourage darauf achtet, dass diese komplett durchgeimpft ist. Ihre Entourage müssen Sie zwar auch verpflegen, allerdings kann dies in anständigen italienischen Restaurants erledigt werden – und zwar ganz ohne das Generve und Geklecker mit großen Blechdosen und speziellen Plastikschalen.

Falls Ihnen der Vorschlag einer Entourage nicht zusagt, sollten Sie vielleicht etwas an Ihrem Konzept von Gesellschaft ändern. Lebende Dinge müssen damit überhaupt nichts zu tun haben. Georgianisches Silber und Duncan-Phyfe-Sofas stellen wirklich wunderbare Gefährten dar, ebenso wie alkoholhaltige Getränke und exotische Früchte. Nutzen Sie Ihre Einbildungskraft, knien Sie sich rein in das Thema. Es wird Ihnen schon etwas einfallen.

Falls Ihnen jedoch nichts einfällt – und da Tierfreunde ein einmalig sturköpfiger Haufen sind, besteht die Chance, dass dem bei Ihnen so ist –, habe ich beschlossen, den Rest meiner Bemerkungen an die Haustiere selbst zu richten, in der Hoffnung, dass zumindest sie lernen könnten, sich mit Würde und Anmut aufzuführen:

Wenn du ein Hund bist und dein Besitzer findet, dass du ein Mäntelchen tragen sollst ... schlage ihm vor, dass er sich einen Schwanz anschafft.

* * *

Wenn du nach einem menschlichen Künstler benannt worden bist, dann lauf von zu Hause weg. Das ist unzumutbar, nicht einmal ein Tier sollte gezwungen sein, mit jemandem zusammen-zuleben, der seine Katze Ford Madox Ford nennt.

* * *

Hunde, die ihren Lebensunterhalt damit verdienen, dass sie in Fernseh-Werbespots auftreten, in denen sie unentwegt und aggressiv nach Fleisch verlangen, sollten bedenken, dass zumindest in einem fernöstlichen Land sie *selbst* Fleisch sind.

* * *

Wenn du nur ein Vogel in einem goldenen Käfig bist – sei froh und dankbar.

* * *

Ein Hund, der glaubt, er sei der beste Freund des Menschen, ist ein Hund, der offensichtlich noch keinem Steueranwalt begegnet ist.

* * *

Wenn du eine Eule bist, die als Haustier gehalten wird, applaudiere ich dir für deinen Hang zum Heulen. Hochgelobt solltest du werden dafür, dass du ein solches Gefühl zum Ausdruck bringst. Eine Eule als Haustier geht gar nicht; so etwas ist die unverzeihliche, trübsinnige Schrulle eines ganz schrägen Kauzes.

* * *

Kein Tier sollte je auf ein Esszimmermöbel springen, sofern es nicht absolut sicher ist, dass es sich beim Tischgespräch behaupten kann.

Die Frances-Ann-Lebowitz-Sammlung

Es folgen ein paar ausgesuchte Seiten aus dem bereits angekündigten Auktionskatalog des Hausstands von Frances Ann Lebowitz.

1. KORD (MARKENNAME)

Länge: 48 cm

Siehe Abbildung.

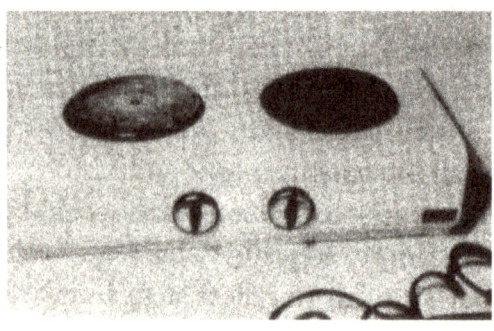

Beispielhaft für eine allgemein gepriesene Kochplatte. Dieses Exemplar in der Ausführung Doppelkochplatte in weißer Emaille mit schwarzer Markennamenbeschriftung und Skalen wurde der aktuellen Besitzerin von Mr. Roper persönlich geliefert, dem ewig unauffindbaren Hausmeister, der lange für einen Mythos gehalten wurde. Während die tatsächliche körperliche Manifestierung Mr. Ropers für die Gelehrten und Sammler, die sich einer detaillierteren und esoterischen Studie von *Memento Pori* oder *Mahnmale der Armut* widmen, von erheblichem Interesse ist, sollte hier angemerkt werden, dass sein Erscheinen ein einmaliges Ereignis war und dass er selbst nicht mit dieser Sammlung angeboten wird.

Die Kord jedoch hat eine frühere Kochplatte ersetzt, von der allgemein angenommen wird, dass sie seinerzeit von sämtlichen Vorgängern Mr. Ropers besessen (und benutzt) wurde.

Die Kord ist interessanterweise so bemessen, dass sie zwei Heizplatten hat, aber nicht ausreichend Platz für zwei Töpfe bietet. Dieses Charakteristikum geht möglicherweise auf das Interesse des Hauswirts zurück, seinen Mietern bloß nicht zu weit entgegenzukommen.

Die Frances-Ann-Lebowitz-Sammlung, eine der größten (in einer Wohnung dieser Größe) von *Memento Pori*, beschreibt eindrucksvoll die menschliche Reaktion darauf, kein Geld zu haben, und zwar vom Ende der Neunzehnhundertsechzigerjahre über spätere Erwerbungen aus den Siebzigern bis zur Gegenwart.

Sämtliche künstlerischen Ausdrucksformen sind vertreten: Schnitzereien, Abdrücke auf Wandfarben und Arbeiten in verschiedensten Metalllegierungen.

All die unterschiedlichen Stimmungen und historischen Momente zu erforschen, welche die Entstehung dieser Objekte beeinflusst haben, wäre ein langwieriges Unterfangen. Manche sind zu brüchig, manche in prekärem Zustand, andere schlicht veraltet, aber alle scheinen die Unterbezahlung von Menschen abzubilden, die auf dieser Erde vom Schreiben leben.

Die Kord-Herdplatte mit ihren zwei Kochplatten und zwei Drehschaltern erinnert uns daran, dass das Fehlen von Geldmitteln äußerste Armut bedeutet und dass man um diese Tatsache nicht herumkommt. Vielleicht macht dies die Beschriftung unter jedem Drehschalter besonders deutlich: *Hoch, Mittel, Niedrig.*

2. BROIL KING, TOASTER
FRÜHE/SPÄTE NEUNZEHNHUNDERTSECHZIGER

Auf der einen Seite mit dem Broil-King-Logo, einer Art Krone, verziert, auf der anderen mit der Legende «Infrarot Bake 'N' Broil». Korpus aus schwarzem Plastik, Aluminium-Gestell, glasartiges Fenster, Schnur mit Stoffverkleidung und Stecker.

Länge: 43 cm

Siehe Abbildung.

3. BEDEUTSAMES «BETT-ODER-SOFA»-
BETTSOFA MARKE ROWE
ZWEITE HÄLFTE NEUNZEHNHUNDERT-
EINUNDSIEBZIG

Ausgeführt in Sperrholz, mit einer schaumartigen Substanz
gepolstert und mit braunem Breitcord bezogen; Matratze in
blauem, grauem und weißem Drillich, schwarz-weißes Stoff-Eti-
kett (Abnahme unter Strafandrohung verboten).

Tiefe: ca. 90 cm (als Sofa)

ca. 180 cm (als Bett)

Siehe Abbildung.

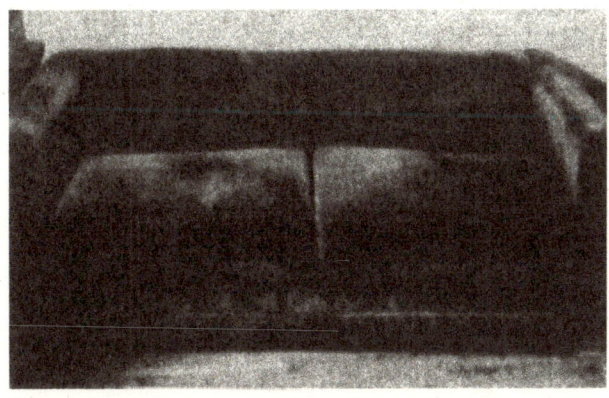

4. PORZELLAN MARKE PRIMROSE, UNTERGLASUR HANDBEMALT, AUS EINER WERKSTATT DER NATIONAL BROTHERHOOD OF OPERATIVE POTTERS, NEUNZEHNHUNDERTNEUNUNDDREISSIG?

Dessert- und Speiseteller, ursprünglich Alltagsgeschirr für Milchspeisen im Haushalt von Mr. und Mrs. Phillip Splaver aus Derby, Connecticut, erworben im West End Movie Theater in Bridgeport, Connecticut. Zufälligerweise (der Inhaber des Lichtspielhauses war Mr. Splavers Schwager) konnten diese prachtvollen Porzellanobjekte (einst Teile einer kompletten Garnitur), bemalt mit grauen, schwarzen und roten Strichen auf weißem Untergrund, erstanden werden, ohne dass die Erstbesitzer an einer langweiligen Reihe von Kinoabenden mit Geschirr als Dreingabe teilnehmen mussten. *3 Teile.*

Durchmesser: 26,6 cm

19 cm

Siehe Abbildung.

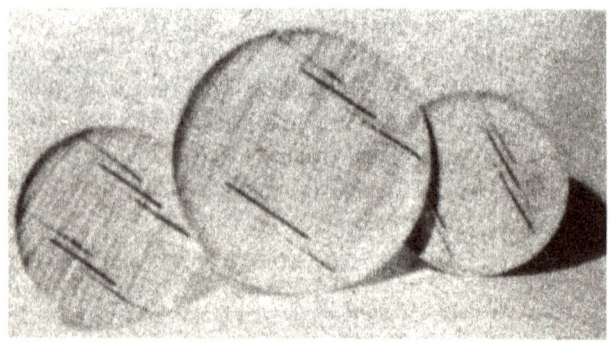

5. KONVOLUT VON KLEINEN SCHACHTELN
MITTE NEUNZEHNHUNDERTACHTUNDSIEBZIG

Die erste eine rot-weiß-blaue Pappschachtel für Zahnstocher,
Marke Ambassador, die noch viele der ursprünglich 250 Exem-
plare enthält; zwei Pappschachteln für Büroklammern Marke
Gem in kühnen Grüntönen; und eine Metallschachtel in vier Far-
ben (darunter ein bedeutendes, halbdurchsichtiges Inkarnat).
Inhalt laut Aufschrift: Heftpflaster in drei Größen von Johnson &
Johnson. Interessanter Irrtum bei der Verpackung (es fehlt die
Kindergröße). *4 Teile.*

Länge: 7 bis 8,2 cm

6. DREI ELEKTRISCHE WECKER,
EINER DAVON FUNKTIONSFÄHIG
EHER SPÄTES ZWANZIGSTES JAHRHUNDERT

Die ersten beiden von Westclock (LaSalle, Illinois), «Kristalle»
fehlend, aber interessantes Design: einer fast vollkommen
schmucklos, der andere mit quergestreifter Umrandung in
Quietschorange und Schwarz. Der dritte eine praktische Uhr mit
pseudofluoreszierenden Ziffern, eine Anmutung von Trompe-
l'Œil, da sie den Eindruck vermitteln, im Dunkeln sichtbar zu
sein; Markennamen lustigerweise Lux. *3 Stücke.*

Länge: 9,5 bis 11 cm

Siehe Abbildung.

7. SCHREIBMASCHINE, ZWANZIGSTES JAHRHUNDERT

Remington Rand, graues Metall, elf Tasten klemmend, verhed-
dertes Farbband, einfach nur schlimm.

Länge: 28 cm

Siehe Abbildung.

8. EINE WEITERE SCHREIBMASCHINE
ZWANZIGSTES JAHRHUNDERT

Leihgabe von generell anonymem Artdirector, Olivetti-Schreib-
maschine Lettera DL, zweifarbig graues Metall; weder Posten
Nummer 7 noch Posten Nummer 8 jemals von aktueller Eigen-
tümerin benutzt.

Länge: 25,4 cm

9. SAMMLUNG VON FÜNF EIERN
NICHT SO SPÄTES ZWANZIGSTES JAHRHUNDERT,
WIE MAN GEHOFFT HÄTTE

Eier in zwei Versionen, hartgekocht und roh: von ersteren drei,
von letzteren zwei. Zusammen mit mittelblauem Eierkarton aus
Pappe und gleichfarbigem Emaille-Kochtopf. *5 Teile (aktuell).*

10. 1 PAAR OHRSTÖPSEL IN INDUSTRIEQUALITÄT
FRÜHER MORGEN

1 Paar knallgelbe Schaumstoff-Ohrstöpsel, nutzlos. *2 Teile.*

Länge: 2,54 cm

11. ZWEI GELBBRAUNE GEGENSTÄNDE
ZWANZIGSTES JAHRHUNDERT

Pfeffermühle, Salatschüssel. Beide sehr abgenutzt. *2 Teile.*

Höhe: 8,16 cm

Durchmesser: 15 cm

Siehe Abbildung.

ZEICHNUNGEN UND PLASTIK

12. ANONYM
ALLIGATOR AUF ASCHENBECHER

Unsigniert.
Keramik, braun, gelb, blau und weiß. Beschriftung: FLORIDA.

Höhe: 54,5 cm

Siehe Abbildung.

13. FRAN LEBOWITZ
EINE REIHE VON KRITZELEIEN

Signiert und datiert 78.
Kugelschreiber unter Druck.

12,7 × 7,6 cm

14. KIND EINER FREUNDIN
«GUTEN MORGEN, MOM!»

Unleserlich signiert.
Buntstift auf Malbuch.

$28 \times 20\,cm$

Siehe Abbildung.

"Good Morning Mom!"

15. REDAKTEUR
SCHREIBEN SIE NICHT,
BEVOR SIE DEN AUFTRAG HABEN

Unsigniert und eher veraltet.
Farbstift auf entwendetem Bürobriefpapier.

21, 5 × 14 cm

Siehe Abbildung.

16. VORLEGER
ZWEI LETZTENS GEWASCHENE
FROTTEE-BADEMATTEN AUS BAUMWOLLE
SPÄTE NEUNZEHNHUNDERTSECHZIGER

Der erste eher mauvefarben, der zweite in außergewöhnlich ver-
breitetem Blauton; beide hübsch. *2 Teile.*

Ca. 90 cm × 50,8 cm

Siehe Abbildung.

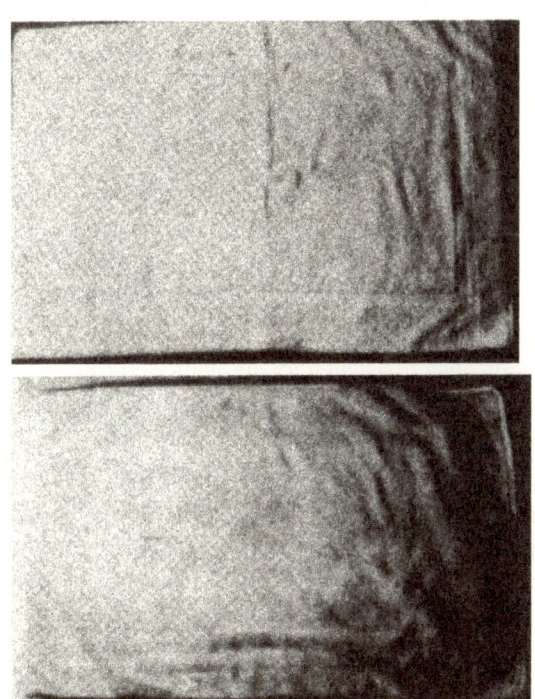

Der Füllfederhalter meiner Tante
auf dem OP-Tisch

Eine möblierte Wohnung? Nein, ich glaube nicht. Ich bin wirklich nicht an einer möblierten Wohnung interessiert. Nein, echt nicht. Ganz und gar nicht. Nicht an einer möblierten Wohnung. Hightech? Ja, ich weiß Bescheid über Hightech. Ja, wirklich. Ich weiß alles über Hightech.

Ich weiß auch Bescheid über die Sloan-Kettering-Klinik, was aber nicht heißt, dass ich Lust habe, dahin zu gehen und mich umzusehen.

Nein. Absolut nein. Welches Haus? Ehrlich? Oh, Sie glauben gar nicht, wie gut mir dieses Haus gefällt. Ein tolles Haus. Ich wusste nicht, dass Sie dieses Haus betreuen. Sie haben einen Exklusivauftrag? Na gut. Ja, gibt es denn keine unmöblierten Wohnungen in dem Haus? Oh. Ja, natürlich, der Markt. Ist klar. Verstehe. Ja, stimmt, es könnte sich dort etwas anderes ergeben. Na gut, aber ich bin wirklich nicht an einer möblierten Wohnung interessiert. Ganz und gar nicht.

Ich kann es nicht glauben. Ich kann nicht glauben, dass ich dort hingehe. Eine möblierte Wohnung. Ich will keine möblierte Wohnung. Eine möblierte Wohnung kommt für mich nicht in

Frage. Ich hasse möblierte Wohnungen. Obwohl ich mir nicht vorstellen kann, etwas, das auch nur im Entferntesten mit High-tech zu tun hat, als möbliert zu bezeichnen. Ausgestattet würde es schon eher treffen, oder vielleicht ausgerüstet. Jedes Mal, wenn ich eine von diesen Räumlichkeiten betrete, bin ich in Versuchung zu fragen, wie hoch dort der Spritverbrauch pro Meile ist. Oder wo sich der Kesselraum befindet. Oder die Intensivstation. Bei meinem letzten Besuch an einer solchen Adresse bin ich fast eine Stunde lang auf der Suche nach einer Messingtafel mit dem Namen des Mäzens herumgeschlichen. Hightech. Ich kann's nicht glauben.

Ja, hallo. Danke, gleichfalls, wirklich schön, Sie wiederzusehen. Aber natürlich, gehen wir gleich hoch.

Aber, aber. Na so was. Hören Sie, es tut mir leid, aber anscheinend habe ich keinen Chip dabei. Meinen Sie, ich könnte mir vielleicht einen von Ihnen borgen? Was? Kein Drehkreuz? Ja, sicherlich nur ein Versehen. Manche Leute haben nicht so den Sinn für Details. Andererseits könnte da jemand auch einfach seinen Sinn für künstlerische Zurückhaltung ausgelebt haben. Wahrscheinlich hat er gedacht, die Urinale im Wohnzimmer seien genug. Eine hübsche Note. Auch sehr zweckmäßig, besonders für jemanden mit seinen Neigungen, ich meine seinem Geschmack. Na, also das ist etwas, worauf ich nie gekommen wäre – ein Basketballkorb aus Neon als Nachtlicht – so was wäre mir nie und nimmer eingefallen. Wirklich mal was ganz anders. Ein echter Denkanstoß. Visueller Humor. Fand ich schon immer gut. Ich frage mich, ob ich jemanden kenne, der Julius Erving kennt. Wahrscheinlich nicht. Schade, denn das hier könnte ihn interessieren. Wie heißt es doch so schön: Rache ist nur eine andere Form von Gerechtigkeit. Vielleicht könnte er im nächsten Spiel der Philadelphia 76ers den Ball in ein Nachtlicht versenken. Wäre bestimmt ein Knaller. Jedenfalls für Zuschauer wie mich.

Hmm, ja da schau her. Muss man mal gesehen haben. Ein echtes OP-Waschbecken mit eingebauten Instrumententabletts.

Nein, nein, das war mir nicht aufgefallen.

Auch das noch, ein kniegesteuerter Wasserhahn. Ist so was nicht nützlich. Muss genau das Richtige sein, um sich die Hände zu waschen, während man sie voll hat. Ja, das passt natürlich wunderbar zu den verchromten Handläufen und der Krankenhausbadewanne. Insgesamt muss man wohl zugeben, dass das Badezimmer nichts zu wünschen übriglässt. Was man hier nicht kriegen kann, kriegt man nirgendwo. Abschrubben, abtrocknen und gerade noch genug Zeit für einen kleinen Gehirnscan vorm Zubettgehen. Nichts Kompliziertes, nur etwas, um zur Ruhe zu kommen und beim Einschlafen zu helfen.

Das Esszimmer? Ja natürlich würde ich gern das Esszimmer sehen.

Hören Sie, jetzt mal ehrlich. Ich würde jetzt gern sonst was sehen. Wer weiß, wie viel Zeit mir noch bleibt? Na ja, vielleicht wird mich das Esszimmer wieder aufheitern. Scherz beiseite. Nach diesem Badezimmer würde mich schon eine OP am offenen Herzen aufheitern. Ein Wochenende in Teheran mit dem Ayatollah Khomeini wäre, wie frische Luft zu schöpfen. Ein Besuch vom Finanzamt wie ein Maientag. Mich aufheitern? Ich will Ihnen sagen, was mich aufheitern würde. Es würde mich aufheitern, wenn die Ford Motor Company als Vergeltungsmaßnahme jede einzelne ihrer Fabrikanlagen mit rosafarbenen Zweisitzersofas, gefransten Zierkissen und Rauchertischen aus Teakholz ausstatten würde. Es würde mich aufheitern, wenn ich heute Abend hierher zurückschleichen und ein paar Spitzendeckchen verteilen könnte. Es würde mich aufheitern, wenn der Kongress morgen früh mit überwältigender Mehrheit dafür stimmen würde, den Besitz von Edelstahlmöbeln bundesweit unter Strafe zu stellen. Es würde mich aufheitern, wenn ich irgendwie dafür sorgen könnte, dass meine Großmutter diese Wohnung in die

Finger kriegt. Oder Sister Parish. Oder Sister Parish und meine Großmutter.

Ja. Unbedingt. Ein echt spektakulärer Flur.

Ein spektakulärer Flur? Hören Sie, das hier würde noch als Rollfeld Eindruck machen. Ich sehe es förmlich vor mir. Eine DC-10, die zum Landen ansetzt, reflektierendes Licht, das durch die Glasbausteine schimmert, genau hier. Perfekt. Meisterhaft. Der Start könnte ein Problem werden, aber was soll's, wenn das hier so bleiben muss, dann muss es so bleiben. So etwas wie zu viel Platz für Gerümpel gibt es nicht.

Ah, das Esszimmer. Das Esszimmer. Ziemlich eindrucksvoll. Kein Amphitheater zwar, aber hier ist möglicherweise etwas am Grundriss verändert worden. Zweifellos befindet sich das Amphitheater in der angrenzenden Wohnung. Wäre typisch für mich: kein funktionierendes Amphitheater. Oh, ganz klar, das hier ist ein sauberes Esszimmer. Mit einem angenehm langen Tisch. Glänzend, echt glänzend. Und zugleich strapazierfähig. Nette Mischung. Muss interessant sein, hier zu essen. Erst ein kleines, aber geschmackvolles Gericht aus 70-mm-Stahlnägeln und danach der Impfstoff gegen Polio. Ich frage mich, welchen Wein man zum Polio-Impfstoff serviert. Ich frage mich auch, worin man den Wein serviert. Womöglich spritzt man sich ihn nur. Ich frage mich, wo die Spritze angesetzt wird. Von links oder von rechts? Und was, wenn es ein großes Dinner ist und Sie mehr als einen Wein servieren? Und das Personal? Was, wenn es ungeschickt ist und ein Gast anfängt, heftig zu bluten? Voll auf den Gummibodenbelag. Geht Blut leicht von Gummi ab? Ich frage mich, ob es eigentlich Gäste von Pirelli gibt. Gute, überzeugende, ökonomisch konstruierte, rein funktionale Gäste. Ja, Gäste aus Gummi, das wär's.

Großes Zimmer. Sehr geräumig. Überdimensioniert. Wäre es meine Wohnung, würde ich wohl zwei röntgentechnische Assistenten etwas seitlich versetzt auf jeder Seite des Raumes auf-

stellen. Keine besonders großen RTAs, so etwa zwischen eins fünfundsechzig und eins achtundsechzig, nicht mehr. Die Proportionen ein bisschen reduzieren, das Ganze etwas wohnlicher machen. Und vielleicht, nur um dem Auge etwas Nettes zu bieten, einen einzelnen blonden Krankenpfleger schräg gegenüber, genau da. Nur einen. Im Winkel. Ja.

Die Küche? Tja, ich selbst bin zwar keine große Köchin, aber klar, wo ich schon mal hier bin, lassen Sie uns die Küche besichtigen.

Dies ist eindeutig die Küche, ja klar, ganz unverkennbar. Die Offiziersmesse dürfte da hinten sein. Jede Menge große Sachen hier drin. Kein Schnickschnack. Und was die Beleuchtung angeht, man könnte hier fast schon einen Sonnenstich kriegen. Unmöglich, dass da eine Depression hochkommt. Beim besten Willen nicht. Auf gar keinen Fall, ganz egal, wie oft man zum Küchendienst abgestellt wird, man müsste einfach lächeln. Netter Tresen übrigens. Hübsche Hocker. Wie wird das hier eigentlich genannt – Joe's ETW & Grill? Hat was, die Küche. Eine Menge Leute könnten so eine Küche gebrauchen. Die Jungs von Father Flanagans Boys Town für Schwererziehbare zum Beispiel. Nairobi. Die Gewerkschaft für Beschäftigte in der internationalen Damen-Oberbekleidung. Die American Federation of Television and Radio Artists (AFTRA). Ja, tatsächlich könnten eine Menge Leute so eine Küche gebrauchen. Aber irgendwie habe ich Sorge, dass ich einfach nicht zu denen gehöre. Ich meine, wie würde es in dem großen Kühlschrank mit den Glastüren rechts auf dem Regal da aussehen – ja, genau da, wo das Plasma sein sollte –, mit zwei Grapefruits, einem ältlichen Stück Schweizer Käse und einer halben Flasche Sprudel drin? Nein, das wäre irgendwie nicht richtig.

Das Schlafzimmer? Ja, das Schlafzimmer. Nein, ich hatte das Schlafzimmer nicht vergessen.

Schlafen? Hier drin? Das soll doch wohl ein Witz sein. Ein

grausamer Witz. Schlafen, sagen Sie? Für wie lange? Und wann?
Bis wann? Übrigens, um wie viel Uhr wird hier zum Wecken ge-
blasen? Um fünf? Um sechs?

Ja, habe ich. Und natürlich ist mir das Bett aufgefallen. Ob ich
so was schon mal gesehen habe? Nein, könnte ich jetzt nicht sagen.

Jedenfalls kein so großes. Mit Sicherheit kein so großes. Wie
haben die ganzen Teile bloß in den Karton gepasst? Und dann
auch noch in dieser Luxusversion.

Nein, eigentlich möchte ich es nicht ausprobieren.

Ich bin seit jeher ein bisschen zartbesaitet. Wahrscheinlich
albern, aber ich habe irgendwie Angst, ich könnte mich schnei-
den. Wohlgemerkt, das ist nicht persönlich gemeint – ich meine,
es ist bestimmt total sicher, wenn man aufpasst. Total.

Ja, selbstverständlich. Machen Sie ruhig weiter.

Für die Hütte hier braucht man ziemlich Schotter, vielleicht
komme ich hier raus, bevor sie fertig ist. Ich habe wirklich keine
Ahnung, was ich ihr sagen soll. Ob sie mich wohl unter Druck
setzen wird? Finanzierungspläne mit mir besprechen will? Muss
man hier eine Hypothek beantragen, oder wird man einem Rich-
ter vorgeführt und verurteilt? Sie hat etwas von wenig Aufwand
gesagt. Ich frage mich, ob sie damit gemeint hat, dass man mit
weniger als 750 Dollar Wohngeld pro Monat davonkommt oder
ob man die ganze Wohnung einfach nur regelmäßig mit dem
Schlauch abspritzen kann.

Und was, wenn so ein Konzept richtig Schule macht und
solches Zeug in Spielshows als Gewinn ausgelobt wird? Ja, ganz
recht, Mrs. Smith, zwanzig Pfund Metallregalelemente, und
das ist noch nicht alles – ja, Mrs. Smith, ganz recht, auch dieses
hübsche dreiteilige Fahrradkörbe-Set aus Draht – alles für Sie,
Mrs. Smith, und vielen Dank, dass Sie bei uns mitgespielt haben.

Oh nein, da kommt sie. Was soll ich ihr sagen? Ich möchte es
mir mit ihr ja nicht verscherzen. Immerhin könnte eines Tages

in diesem Haus eine richtige Wohnung auf den Markt kommen. Jetzt weiß ich's. Ich werde ihr sagen, dass ich sie mir einfach nicht leisten kann, dass sie eine Nummer zu groß für mich ist, dass sie für mich zu aufwendig wäre. Trotzdem schade. Ich mag das Haus. Ich frage mich, was es kosten würde, den Zement rauszureißen und die ursprüngliche Mahagonitäfelung freizulegen. Nein, keine Frage. Nur noch so ein verrückter Traum.

ORTE

Orte

Eins der vielleicht bemerkenswertesten Charakteristika zeitgenössischen Lebens ist die beispiellose Erweiterung der Idee
der Gedankenfreiheit. Dies hat zu jeder Menge unangenehmer
Entwicklungen geführt, von denen allerdings keine verwirren-
der ist als die Tatsache, dass «Ort», einst die stabilste aller Begrifflichkeiten, mittlerweile eine Einstellungssache geworden
ist. Dies zeigt sich bereits in vielerlei Hinsicht, und man kann
nicht länger Trost und Bestärkung daraus ziehen, an seinem angestammten Ort zu sein, ortsfest also und sich vor Ort zu ver-
orten.

Damit ist die Liste natürlich noch nicht zu Ende. Ich könnte
und würde sie auch gern fortführen, ginge es nicht um etwas
Größeres. Denn die auf dieser Liste dargestellten Risiken, so
gewichtig sie auch sein mögen, zählen doch relativ wenig, wenn
man sie danach bemisst, dass der eigene Wohnort, traditionell
eine beinharte Tatsache, mittlerweile zum Gegenstand subjekti-
ver Sichtweisen geworden ist. Das darf eindeutig nicht so weitergehen. Daher muss ich – auf die Gefahr hin, als Kassandra zu
gelten – eines unmissverständlich klarstellen: Wenn das eigene
Zuhause, historisch gesehen eine gegenständliche Kunstform,
anfällig für etwas wird, was man nur als fortschreitende Kon-

zeptualisierung bezeichnen kann, ist es höchste Zeit, dass etwas geschieht.

Zu spät, sagen Sie? Die Zeit sei abgelaufen? Alles schon zu weit fortgeschritten? Ich glaube nicht. Es gibt immer noch viele von uns, die auf die Frage, wo wir leben, mit Logik und Überzeugung antworten. New York, sagen wir, oder Boston. Philadelphia. Des Moines. Wir sind eine kleine, aber bunt gemischte Truppe, und ich habe den starken Eindruck, dass wir durch harte Arbeit und Ausdauer diejenigen unter uns endgültig überwinden können, die aus der Erkenntnis heraus, dass sie nie gewinnen konnten, auf Platz gesetzt haben.

Bei jedem erfolgreichen Schlachtplan besteht der erste Schritt darin, den Feind auszumachen, und in diesem Geiste habe ich die folgenden Begrifflichkeiten definiert:

Leute, die sich selber als Bewohner dieses Planeten betrachten, oder: Der Erdmann

Erkennbar zu maßloser Verallgemeinerung neigend, ist der Erdmann leicht erkennbar durch eine Beziehung zu grünem Blattgemüse, die sich am besten mit Kameradschaft umschreiben lässt. Er isst und denkt weit unten in der Nahrungskette und glaubt oft an Reinkarnation – eine Theorie, die zumindest erklärt, woher er sein Geld bezieht. Sein Lieblingsbuch ist etwas, das sich *The Whole Earth Catalog* nennt, aus dem er offensichtlich seine Kleidung bestellt, und man sieht ihn häufig zu den Sternen hochstarren, weshalb man nur hoffen kann, dass er umziehen will.

Leute, die sich selber als Weltbürger betrachten, oder:
Der Globalmann

Den Globalmann verkörpert niemand besser als der immens berühmte italienische Modedesigner, der in der ganzen Welt zu Hause ist. Er kennt die besten Restaurants, die besten Sprachen und ist einer der letzten noch lebenden Menschen, die Bargeld mit sich herumtragen – von Gemälden ganz zu schweigen. Obwohl er auf Partys für Unterhaltung sorgt, strahlt der Globalmann etwas aus, das man nicht anders als *bagatellisierend* charakterisieren kann. Was hat London jemandem zu bieten, für den der gesamte Nahe Osten nichts weiter als eine schlechte Gegend und die gesamte Küste Südafrikas einfach der Strand ist?

Und wie kann es sein, dass der Globalmann, für den es doch so viel zu tun und zu sehen gibt, solche Unmengen von Zeit und Aufmerksamkeit auf das Hochtreiben der Preise für Eigentumswohnungen im Bezirk Manhattan verwendet? Eine Anstrengung, die wahrscheinlich irgendwann in die Umwandlung der gesamten Stadt New York in ein Erholungsgebiet übergehen wird, vergleichbar mit Acapulco in den Fünfzigern. Hier werden ehemals heimische Schriftsteller gezwungen sein, in den Küchen von Luxusrestaurants für ihren Lebensunterhalt Grapefruits in kunstvolle Formen zu schneiden – zum Pläsier des Globalmanns, eines Kunden, der übrigens wahrscheinlich nicht besonders interessiert daran sein dürfte, Ihre jungfräuliche Schwester kennenzulernen.

Leute, die zu weit Downtown wohnen, oder:
Der Loftmann

Leute, die in Lofts wohnen, sollten nicht mit Steinen werfen, insbesondere wenn sie in der beneidenswerten Lage sind, sie verkaufen zu können. Obwohl Ihnen jetzt vielleicht spontan Soho in den Sinn gekommen ist, habe ich, wie ich Ihnen versichern darf, keinen so beschränkten Horizont und kann aus unglücklicher persönlicher Erfahrung berichten, dass man solche Viertel heute in praktisch jeder kleineren amerikanischen Großstadt findet. Üblicherweise in einem renovierten Hafengebiet gelegen, hat der Quiche District, wie ich ihn gern nenne, dem Begriff «Gewerbegebiet» eine neue und unerfreuliche Bedeutung hinzugefügt.

Also Achtung: Sie dürfen sich nicht täuschen lassen, der Loftmann ist in Wirklichkeit ein Genosse des Erdmanns, den es deshalb sorgsam zu meiden gilt.

Leute, die aussehen, als würden sie am Flughafen von
Seattle wohnen, oder: Der Geschäftsmann

Der Geschäftsmann, unter welcher Bezeichnung er allgemein bekannt ist, sieht ziemlich mitgenommen aus. Wenn er, wie es seine Art ist, von Gate zu Gate wandert, mag es nicht verwundern, dass er häufig an seiner eigenen geistigen Gesundheit zweifelt. Ständig hört er Stimmen, die Anweisungen an diejenigen richten, die ausdrücklich als «ankommende Passagiere von Northwest Airlines» bezeichnet werden. Das klingt sehr offiziell; ja, es klingt sogar echt. Der Geschäftsmann lässt sich jedoch nichts vormachen und weiß sehr wohl, dass es so etwas wie einen ankommenden Passagier von Northwest Airlines nicht gibt – dass es sich bei einem Passagier von Northwest Airlines nur um einen abreisenden handeln kann. Tatsächlich bestehen an jedem beliebigen Flughafen zu jeder beliebigen Zeit drei Viertel der Flughafenbewohner komplett aus abreisenden Passagieren von Northwest Airlines.

Man kann also nur erwarten, dass Leute, die so viel Zeit miteinander verbringen, sich als eine Gemeinschaft begreifen, mit allem, was das bedeutet. Folglich haben sie sich zu ihren eigenen kurzlebigen romantischen Liebesbeziehungen zusammengefunden, haben ihre eigene Kochkultur auf Grundlage der einheimischen Rauchmandel entwickelt und bleiben beneidenswerterweise von sozialen Unruhen verschont, da sie bereits von der Fluggesellschaft in Klassen aufgeteilt wurden.

Doch trotz alldem ist der Geschäftsmann unglücklich, weil er weiß, dass er zwar auf dem Weg steil nach oben ist, sich aber etwas vormacht, wenn er glaubt, dass er je wirklich dort ankommen wird.

Lektion eins

Los Angeles (ausgesprochen mit ulkigem landestypischen Akzent mit langgezogenen Vokalen), Kalifornien, ist eine großstadtartige Gegend rings um das Beverly Hills Hotel, die – ob per Telefon oder Flugzeug – leichten Zugang zu New York bietet (auch wenn dies umgekehrt nicht der Fall ist).

1956 zählte Los Angeles 2 243 901 Einwohner. Bis 1970 war ihre Zahl auf 2 811 801 gestiegen, wovon aktuell 1 650 917 für eine Serie im Gespräch sind.

Frühe spanische Siedler nannten Los Angeles El Pueblo de Nuestra Señora la Reina de los Angeles, was Die Stadt unserer Lieben Frau, Königin der Engel bedeutet. Der erste Teil des Namens wurde fallen gelassen, als Los Angeles im Jahre 1835 eine mexikanische Stadt wurde. Heute lässt man sich gern aus Los Angeles anrufen.

DAS LAND UND SEINE BODENSCHÄTZE

Lage, Größe und Oberflächenstruktur

Los Angeles, ca. dreitausend Meilen von Midtown Manhattan entfernt, liegt an der Pazifikküste. Die Bodenbeschaffenheit variiert und rangiert von Sand über Rasen bis Kunstbelag, je nachdem, auf welchem Platz Sie am liebsten spielen. Mit seiner Fläche von über vierhundertfünfzig Quadratmeilen ist Los Angeles eher groß, weshalb es sich empfiehlt, dicht am Netz zu bleiben.

Zu den zahlreichen Oberflächenmerkmalen gehören Hügel, Palmen, große Werbetafeln mit Abbildungen ehemaliger und zukünftiger Backgroundsängerinnen und -sänger, bunte Blumen, Schönheitskliniken, Parkwächter und gigantische Buchstaben, die das Wort «Hollywood» bilden und deren Zweck es ist, darauf hinzuweisen, dass man tatsächlich das Flugzeug verlassen hat.

Währung

Das beliebteste Zahlungsmittel in Los Angeles ist der Prozentpunkt. So bekommen etwa Autoren Punkte statt Geld. Eigenartigerweise ist es aber nicht möglich, Punkte zum Kauf von Waren oder Dienstleistungen zu nutzen, eine Situation, die den Besitz eines Rückflugtickets dringend erforderlich macht.

Klima

Im Allgemeinen ist es in Los Angeles recht sonnig, was es den Einheimischen erlaubt, Verträge bei natürlichem Licht zu lesen. Das milde Wetter ist eines der Hauptgesprächsthemen in Los Angeles, das andere ist dessen Ausbleiben in New York.

Viele Touristen kommen des Klimas wegen nach Los Angeles, zweifellos angelockt vom strahlenden Licht und von den fröhlichen Farben, mit denen die Luftqualität angezeigt wird.

Haupterzeugnisse

Die Haupterzeugnisse von Los Angeles sind Romanfassungen von Filmen, Salat, Moderatoren von Spielshows, Punkte, Muskeltonus, Miniserien und Script-Überarbeitungen. All das wird auch exportiert – mit Ausnahme von Muskeltonus und Prozentpunkten, die sich beide nicht gut halten.

DIE MENSCHEN

Viele Leute in Los Angeles wirken so lebensecht, dass man ein scharfes Auge braucht, um Gesprächen mit denen zu entgehen, die zu tot sein könnten, um überhaupt noch Punkte anbieten zu können. Eingeweihte werden das goldene Halskettchen eines potenziellen Produzenten genau betrachten und erst dann anfangen zu reden, wenn feststeht, dass es sich rhythmisch bewegt.

Die Bewohner von Los Angeles sind ein warmherziges Völkchen, und die Familienbande sind so stark, dass ein Blumenhändler einem vielleicht schon die Information aufdrängt, dass die Stiefmutter seiner Schwägerin mit Lee Majors' Großonkel verheiratet war, bevor man überhaupt gefragt hätte.

Alltagsleben und Gebräuche

Das Alltagsleben in Los Angeles ist leger, aber außerordentlich klassifiziert und lässt sich vielleicht am besten verstehen, wenn man sich klarmacht, dass seine Bewohner am glücklichsten mit einem Telefonbuch wären, das die Vornamen der Teilnehmer auflistet, gefolgt von der Erklärung, dass dieser Anschluss vier Nebenleitungen hat, sechzehn Nebenanschlüsse und eine streng gehütete Geheimnummer.

Essen und Trinken

Sehr viele Leute in Los Angeles folgen einer Spezialdiät, mit der die Aufnahme von künstlichen Zusatzstoffen in Nahrungsmitteln eingeschränkt wird. Ursächlich dafür scheint der weitverbreitete Glaube zu sein, dass Obst und Gemüse aus biologischem Anbau Kokain schneller wirken lassen. Ein beliebtes Gericht der Einheimischen, das sich Gambei nennt, wird exklusiv bei Mr. Chow's angeboten, einem reizenden kleinen China-Restaurant am North Camden Drive. Die Beschreibung für Gambei auf der Speisekarte liest sich folgendermaßen: «Dieses geheimnisvolle Gericht ist ganz besonders beliebt. Die Leute bestehen darauf, dass es sich um Seetang handelt, weil es wie Seetang schmeckt und aussieht. Aber das stimmt nicht. Es ist ein Geheimnis.» Ein Geheimnis, das kürzlich von einer zu Besuch weilenden New Yorker Autorin gelüftet wurde, die einen Bissen von dieser Überraschung probierte und sagte: «Gras.»

«Gras?», erkundigte sich ihr Begleiter. «Meinen Sie Marihuana?»

«Nein», erwiderte die Autorin. «Gras – Sie wissen schon, wie beim Rasen. Das Geheimnis besteht darin, dass die Gärtner von Beverly Hills jeden Nachmittag hinten vorfahren, der Koch nimmt die Ware entgegen, und wenige Minuten später verzehren die fröhlichen Gäste begeistert – zu $ 3,50 pro Portion – kross frittiert – ihren eigenen Rasen.»

Kunst

Los Angeles ist eine moderne Stadt und als solche frei von den beengenden Normen herkömmlicher Kultur. Daher genießen die Bewohner dieses zeitgenössischen Athens auch die Freiheit, ihre ganz eigenen neuen und innovativen Formen zu entwickeln. Die interessanteste davon ist die Romanversion eines Films, da sie es einem vielleicht zum allerersten Mal ermöglicht, die Redewendung «ein Bild sagt mehr als tausend Worte» zu schätzen.

Kleidung

Die Tracht von Los Angeles ist bunt, wobei Zitronengelb, Himmelblau und Limettengrün vor allem in der Kleidung von Männern mittleren Alters dominieren, von denen die meisten aussehen wie Alan King. Diese Männer sind es gewohnt, die obersten fünf Knöpfe ihrer Hemden offen zu lassen, um ihre verwegen graue Brustbehaarung vorzuzeigen. Gäste nehmen besser davon Abstand, die Polizei zu rufen, damit die sich diese Leute mal richtig vorknöpft; es wird niemand kommen.

Teenager beiderlei Geschlechts tragen T-Shirts, die die Theorie widerlegen, dass die jungen Leute sich nicht mehr fürs Lesen interessieren, und machen dazu ein Gesicht, das die T-Shirts widerlegt.

Frauen mittleren Alters bevorzugen tagsüber so ziemlich dasselbe Outfit wie weibliche Teenager, neigen aber nach sechs Uhr abends dazu, sich aufzuhübschen, im Allgemeinen Richtung Ballgarderobe.

Die Sprache

Sowohl Alphabet als auch Aussprache wurden dem Englischen entlehnt, genau wie die Tradition, Kassenzettel von links nach rechts zu lesen. Der Wortgebrauch ist jedoch irgendwie exotisch, und Besucher tun gut daran, die folgende Liste von Wörtern und Floskeln durchzugehen:

Abendanzug: lange Hosen

Idee: Verfolgungsjagd im Auto

Regieassistent: die Person, die den Autos sagt, wohin sie fahren sollen. In New York lautet der Begriff dafür Verkehrspolizist.

Regisseur: die Person, die dem Regieassistenten vorgibt, welche Richtung er den Autos vorgeben soll. In New York lautet der Begriff dafür Verkehrspolizist.

Kreative Leitung: keine Punkte

Sarkasmus: was es in New York anstelle von Jacuzzis gibt

Ein Meeting wahrnehmen: Dieser Ausdruck wird anstelle von «ein Meeting abhalten» verwendet und leitet sich von der Tatsache ab, dass die Einheimischen mit dem «nehmen» besonders vertraut sind.

Transportmittel

In Los Angeles gibt es zwei Transportmittel: Auto und Krankenwagen. Besuchern, die so wenig wie möglich auffallen wollen, wird geraten, letzteres zu wählen.

Architektur

Die Architektur von Los Angeles ist das Ergebnis von spanischem Erbe und reichem Innenleben. Öffentliche Gebäude, die auch Tankstellen oder Restaurants genannt werden, sind geprägt von mangelnder Höhe und im Allgemeinen nicht größer als ein normaler Agent der William-Morris-Agentur, obwohl sich gelegentlich mehr Leute darin aufhalten. Häuser, die Zuhause genannt werden, lassen sich von öffentlichen Gebäuden durch die Anzahl von draußen geparkten Mercedes-Limousinen unterscheiden. Wenn es mehr als zwölf sind, kann man relativ sicher davon ausgehen, dass American Express akzeptiert wird.

Tagebuch einer New Yorker
Wohnungssuchenden auf der Jagd

Freitag:

In aller Herrgottsfrühe von einem Boten geweckt, der die Immobilienanzeigen der kommenden Sonntagsausgabe der *New York Times* vorbeibringt. Die ersten sechs Wohnungen sind bereits weg. Eine gute Viertelstunde damit verbracht, die Anzahl von *New York Times*-Redakteuren in die wahrscheinliche Anzahl von Leuten aufzuteilen, die nach einer Dreizimmerwohnung suchen. Eine weitere halbe Stunde damit verbracht, mich zu fragen, wie um alles in der Welt jemand, der tagtäglich eine Zeitung herauszubringen hat, die Zeit haben könnte, elfhundert Freundschaften aufrechtzuerhalten. Eingesehen, dass diese Theorie nicht plausibel ist, und stattdessen zu dem Schluss gelangt, dass die Schriftsetzer allesamt in Eigentumswohnungen mit Holzkaminen leben. Mich kurz gefragt, warum die Angebote immer *Holz*-Kamine anführen. Dann befunden, dass dies angesichts der Preise, die verlangt werden, wahrscheinlich nur eine Warnung an diejenigen sein soll, die sich ansonsten denken würden, was soll's, und Geld verbrennen.

V. F. angerufen und mich höflich erkundigt, ob irgendjemand in seinem absolut begehrenswerten Wohnhaus über Nacht verstorben ist. Antwort negativ. Ich fasse es einfach nicht. Das ist nun wirklich ein großes Haus, und seit Monaten ist niemand darin gestorben. In meinem winzigen Wohnhaus sterben sie wie die Fliegen. Habe den Gedanken notiert, um später zu eruieren, ob hohe Decken und dekorativer Stuck das Leben verlängern. Kurz gefröstelt bei dem Gedanken, dass jemand, der in einer übleren Behausung als der meinen wohnt, darauf warten könnte, dass *ich* sterbe. Schlagartig phantastische Laune, als mir klar wird, dass a) niemand in einer übleren Behausung wohnt als ich und b) insbesondere diejenigen nicht, die darauf warten, dass ich sterbe.

Samstag:

Unterwegs, um mir eine Eigentumswohnung in ehrwürdigem Midtown-Haus anzusehen. Maklerin in der Lobby getroffen. Eine westliche Version von Tokyo Rose. Sie stürzte sich sofort in eine Beschreibung all der *seriös* beschäftigten Leute, die für diese Wohnung Schlange ständen. Zeigte mir zuerst das Wohnzimmer. Groß, luftig, mit herrlichem Blick auf wohlbekannte Billigdrogerie. Drei Zimmer, tatsächlich. Eine Art Küche. Als ich fragte, wieso der derzeitige Bewohner es für angebracht gehalten habe, mit drei fünf Fuß hohen Bögen die Innenwand des Master-Schlafzimmers zu durchbrechen, murmelte sie etwas von Querlüftung. Als ich sie darauf hinwies, dass es auf der Wand gegenüber keine Fenster gebe, zog sie ostentativ ein Bündel Papiere aus ihrer Aktentasche und vertiefte sich darin. Vermutlich enthielten sie die Namen aller Richter am Supreme Court, die auf genau diese Wohnung warteten. Ich ließ aber nicht locker, sondern fragte, was man mit drei fünf Fuß hohen Bögen in der Schlafzimmerwand anstellen könne. Sie schlug Buntglas vor.

Ich schlug Kirchenbänke im Wohnzimmer und allsonntägliche Gottesdienste vor. Sie zeigte mir einen Raum, den sie als Master-Bad bezeichnete. Ich fragte sie, wo die Sklaven badeten. Sie raschelte unheilverkündend mit ihren Papieren und zeigte mir noch einmal das Wohnzimmer. Ich verzog das Gesicht, worauf sich ihres erhellte und sie mir etwas zeigte, das sich Spaß-Badezimmer nannte. Es war von jemandem, der offenbar keinerlei Scheu vor Mustermixen empfand, vom Boden bis zur Decke mit Stoff verkleidet worden. Ich teilte ihr ohne Umschweife mit, dass ich nie wieder im Leben ein Spaß-Badezimmer gezeigt haben wolle. Ich will keinen Spaß im Badezimmer; ich will nur meine Sklaven baden.

Sie zeigte mir noch einmal das Wohnzimmer. Entweder, sie konnte nicht genug von der Billigdrogerie bekommen, oder sie versuchte, mich zu dem Glauben zu verleiten, es gäbe tatsächlich drei Wohnzimmer. Daraufhin fragte ich dreist, wo man hier essen wolle, da mir ja kein Esszimmer gezeigt worden war und die Küche etwa die Ausmaße eines Brandyschwenkers hatte.

«Tja», sagte sie, «manche Leute nutzen das zweite Schlafzimmer als Esszimmer.» Ich erwiderte, das zweite Schlafzimmer bräuchte ich zum Schreiben. Ein Fehler, denn es erinnerte sie an alle UN-Botschafter auf ihrer Liste möglicher Interessenten.

«Wissen Sie», sagte sie, «das Master-Schlafzimmer ist ja ziemlich groß.»

«Hören Sie», sagte ich, «ich esse jetzt schon auf meinem Bett. In einer mietpreisgebundenen Ein-Zimmer-Slumwohnung würde ich auch auf dem Bett essen. In einer hochpreisigen, unterhaltsaufwendigen Eigentumswohnung möchte ich an einem Tisch essen. Nennen Sie mich albern, nennen Sie mich blöd, aber so bin ich nun mal.» Sie begleitete mich aus der Wohnung und ließ mich in der Lobby stehen, während sie davonlief – zweifellos ganz erpicht darauf, Kardinal Cooke anzurufen und ihm zu sagen, die Wohnung gehe an ihn.

Sonntag:

Den ganzen Tag damit verbracht, mich von einem Anruf bei einem Makler zu erholen, der als Erwiderung darauf, dass mir eine Wohnung gezeigt worden war, in der das, was am ehesten einem begehbaren Kleiderschrank ähnelte, sich als Wohnzimmer entpuppt hatte, nur sagte: «Tja, Fran, was wollen Sie denn für vierzehnhundert pro Monat erwarten?» Er legte auf, bevor ich ihm antworten konnte, dass ich ehrlich gesagt für vierzehnhundert pro Monat den Winterpalast erwartete – möbliert. Mit vollem Personal, nicht zu vergessen.

Montag:

Heute Morgen die oberste Etage eines Hauses besichtigt, das ich privat Onkel Toms Brownstone getauft habe. Das eine Ende des Fußbodens senkte sich immerhin so weit, dass ich in der Lage war, mich aufzurichten und zu fragen, weshalb der Kühlschrank im Wohnzimmer stehe. Wurde prompt vom Eigentümer in meine Schranken gewiesen, der mir direkt in die Augen sah und sagte: «Weil er nicht in die Küche passt.»

«Stimmt», räumte ich ein und schaute genauer hin, «das ist ein Problem. Aber ich will Ihnen was sagen, worauf Sie vielleicht noch nicht gekommen sind: Diese Küche passt in den Kühlschrank. Wollen Sie's nicht mal so herum ausprobieren?»

Ging, bevor er auf meinen Vorschlag reagieren konnte, und habe mich zu einer Telefonzelle begeben. Sterblichkeitsrate in V. F.s Haus immer noch erstaunlich niedrig.

Weiterer Anruf wegen Wohnung, die in der heutigen Zeitung annonciert ist. Wurde darüber informiert, dass die Ablöse $ 100 000 beträgt. Meine Reaktion: Falls nicht Rembrandt persönlich die Wände bekritzelt habe, seien $ 100 000 keine Ablöse, sondern eine Reparationszahlung.

Dienstag:

Ließ mich von der Verzweiflung überwältigen und ging eine Wohnung ansehen, die als «interessant» beschrieben wurde. «Interessant» bedeutet im Allgemeinen, mit Dachluke, kein Fahrstuhl, aber dafür ist die Klarsichthülle umsonst. Diese war sogar interessanter als üblich, weil – wie mich der Makler informierte – Jack Kerouac einst hier gelebt habe. Da hat Sie jemand auf die Schippe genommen, teilte ich ihm mit; Jack Kerouac wohnt immer noch hier.

Mittwoch:

Zufällige Begegnung mit einem flüchtigen Bekannten auf der Seventh Avenue. Wie sich herausstellt, ist er ebenfalls auf der Suche nach einer Dreizimmerwohnung. Wir tauschten Erfahrungen aus.

«Hast du die mit dem Kühlschrank im Wohnzimmer gesehen?», fragte er.

«Allerdings», sagte ich.

«Tja», sagte er, «heute habe ich mir eine Zahnarztpraxis in den East Fifties angeschaut.»

«Eine Zahnarztpraxis», wiederholte ich. «War denn der Stuhl noch drin?»

«Das nicht», erwiderte er, «aber in jedem Zimmer gab es ein Waschbecken.» Für irgendwen war das bestimmt ein gutes Geschäft. Ich überlegte, ob ich irgendwelche Engelmacherinnen kenne, die eine Dreizimmerwohnung suchen. Aber spontan kam mir keine in den Sinn.

Maklerin angerufen und mich nach Preis von neu inserierter Eigentumswohnung erkundigt. Beachtliche sechsstellige Summe. «Was ist mit Finanzierung?», fragte ich.

«Finanzierung?» Sie erschauerte hörbar. «In dem Haus gilt: Bares ist Wahres.»

Ich sagte ihr, für mich sei Bares ist Wahres das, was man auf die Badstraße oder Schlossallee setzt. Sie empfahl mir, mich weiter uptown umzusehen. Ich entgegnete ihr, wenn ich mich weiter uptown umsähe, müsse ich Karateunterricht nehmen. Sie fand, das klinge nach einer guten Idee.

Donnerstag:

Besichtigung der Eigentumswohnung eines kürzlich verstorbenen Schauspielers. Mittlerweile so abgehärtet, dass ich beim Anblick des Waschbeckens im Master-Schlafzimmer nicht einmal mit der Wimper zuckte. Ich vermutete, dass er entweder nebenbei als Zahnarzt gearbeitet hatte oder es nicht ins Badezimmer passte. Letztere Vermutung erwies sich als zutreffend. Konnte allerdings nicht begreifen warum; wenn es dort schon keine Dusche gab, hätte man doch meinen sollen, dass damit jede Menge Platz für ein Waschbecken gewesen wäre. Makler wies auf unlängst vorgenommene Verbesserungen hin: mandarinenfarbige Küchenausstattung; mit bronzierten Spiegeln verkleideter Kamin; ein Spaß-Wohnzimmer. Teilte dem Makler mit, dass ich es mir angesichts des geforderten Preises, des Unterhalts und der Kosten für den Verbesserungsrückbau nicht leisten könne, dort zu wohnen und mir zugleich regelmäßig die Schuhe besohlen zu lassen.

Wieder V. F. angerufen. Zuerst die gute Nachricht: In seinem Haus ist eine Frau gestorben. Dann die schlechte Nachricht: Sie hat beschlossen zu bleiben.

Fran Lebowitz' Reisehinweise

Diese Hinweise sind das Ergebnis erschöpfender und gewissenhafter Recherche, durchgeführt während einer kürzlich beendeten Lesereise durch vierzehn Städte. Damit will ich nicht sagen, dass Sie diese Informationen ignorieren sollten, wenn Ihre eigenen Reisepläne keine Lesereise durch vierzehn Städte beinhalten. Stimmen Sie einfach die Hinweise mit Ihren persönlichen Bedürfnissen ab, rechnen Sie mit Pilotenfehlern, und Sie werden enorm davon profitieren.

1. Wenn Sie Economy fliegen, ist es unumgänglich, dass Sie jedwede Tendenz zu lebhaftem Phantasieren unter Kontrolle halten. Denn selbst wenn es kurzzeitig genau danach aussieht, dürfte es doch höchst unwahrscheinlich sein, dass die Kabine ausschließlich von Dauernörglern bevölkert ist, die preiswerte Zigarren aus inländischer Produktion rauchen.

2. Wenn Sie erster Klasse fliegen, müssen Sie vielleicht regelmäßig an diese Tatsache erinnert werden, denn allzu oft scheint der einzige wahrnehmbare Unterschied darin zu bestehen, dass die Nörgler Verbindungen nach Kuba haben. Die endgültige Bestätigung erhalten Sie, wenn die

Stewardess Ihren Drink fallen lässt und das Glas zu Bruch geht.

3. Bei Flugzeugen werden ausnahmslos Abflugzeiten wie 7:54, 9:21 oder 11:37 angesetzt. Diese extreme Genauigkeit hat beim Neuling zur Folge, ihm den Doppel-Irrglauben einzupflanzen, er werde um 10:08, 13:43 oder 16:22 *ankommen* und müsse sich zeitig zum Flughafen begeben. Diese Vorstellungen sind nicht nur unrichtig, sondern geradezu ungesund und könnten mit Leichtigkeit widerlegt werden, würden sich die Fluggesellschaften um mehr Realitätsnähe bemühen. Verständlicherweise dürften sie zögern, auf einen Schlag eine derart radikale Veränderung vorzunehmen. Im Bemühen, den Übergang einfacher zu gestalten, empfehle ich folgende abgestufte Alternativen zu «Flug 477 nach Minneapolis wird um 8:03 abfliegen»:

a) Flug 477 nach Minneapolis wird um, sagen wir, acht Uhr herum abfliegen.

b) Flug 477 nach Minneapolis wird so um acht, halb neun abfliegen.

c) Flug 477 nach Minneapolis wird abfliegen, solange es noch dunkel ist.

d) Flug 477 nach Minneapolis wird abfliegen, bevor die Taschenbuchausgabe erscheint.

4. Stewardessen sind nicht verrückt nach Mädchen.

5. Stewards genauso wenig.

6. Sie *können* in Omaha, Nebraska, umsteigen.

7. Es ist sogar ratsam.

8. Ob Sie selbst der Angewohnheit frönen oder nicht, setzen Sie sich im Flugzeug immer in die Raucherzone. Das Gehuste wird die Reise auflockern.

9. Wenn irgend möglich, nehmen Sie neben jemandem Platz, der farbenblind ist. Ihm den Eindruck von rostfarbigen, orangenen und gelben Streifen vor einem Hintergrund aus

Aquamarinblau zu beschreiben, dürfte die Zeit ausfüllen, die Ihnen zwischen dem Husten bleibt.

10. Wenn Sie in Gegenden, die dicht bevölkert von künstlerischen Typen sind, eine Lesung in einer Buchhandlung anbieten, beschränken Sie sich auf weniger als zehn Exemplare, die Sie mit «Für Douglas und Michael» oder «Joseph und Edward» oder «Diane und Katy» signieren. Sie werden etwa genauso viel Zeit brauchen, um sich von der Erkenntnis überraschen zu lassen, wie sich das auf Ihre Verkaufszahlen auswirkt. Erklären Sie freundlich, aber bestimmt, dass ja allgemein bekannt ist, wie kurzlebig gerade homosexuelle Beziehungen sind, und dass es irgendwann zum Streit um Ihr Buch kommen wird. Sollte dies nicht unmittelbar Wirkung zeigen, erinnern Sie die Herrschaften schlicht an die Anzahl der französischen Schaumschläger, die ihnen im Laufe der Jahre abhandengekommen sind.

11. Es ist nicht drei Stunden früher in Kalifornien; es ist vielmehr so, dass dort die Tage drei Stunden länger sind.

12. Zimmerservice-Speisekarten, bei denen es keinen Zuschlag für Käse in Hamburgern gibt, wollen Ihnen etwas mitteilen.

13. Flüchtige Liebesbeziehungen in fremden Städten sind vollkommen akzeptabel, besonders dann, wenn Sie den Film schon gesehen haben. Stellen Sie einfach nur sicher, dass Ihre Begleitung den Namen Ihres Verlages falsch verstanden hat.

14. Talkshow-Moderatoren lokaler Fernsehsender interessieren sich nicht für die Information, dass die *Today*-Show mehr als eine Kamera benutzt.

15. 24-Stunden-Zimmerservice bezieht sich im Allgemeinen auf die Länge der Zeit, die es dauert, bis das Club-Sandwich da ist – wirklich deprimierend, insbesondere wenn Sie Rührei bestellt haben.

16. Überlassen Sie Ihre Kleidung nie einem Hausdiener, ohne ihm erst klipp und klar zu erklären, dass Sie sie wieder-haben wollen.

17. Einen Weckruf für vier Uhr nachmittags zu bestellen führt garantiert zu einem Verlust von Respekt seitens der Rezep-tion und plumper Vertraulichkeit seitens der Pagen und Zimmerservice-Kellner.

18. Wenn Sie nach Amerika reisen: Bringen Sie Ihr eigenes Es-sen mit.

19. Wenn Sie während Ihres Aufenthalts in einem sündteuren Hotel in Nordkalifornien bemerken, dass einer der ande-ren Gäste seine Turnschuhe vor seine Zimmertür gestellt hat, bemühen Sie sich um Würde.

20. Bestellen Sie unter keinerlei Umständen beim Zimmer-service etwas, das sich «Das Käsefestival» nennt, es sei denn, Sie sind darauf vorbereitet, Ihren Traum von farben-froh kostümierten Mädchen aller Länder, die riesige Gru-yère- und Jarlsberg-Räder herumrollen, durch drei Käse-scheibletten und eine Menge Zahnstocher mit Hütchen aus rotem Zellophan ersetzt zu sehen.

21. Die Suche nach einem Taxi in Texas gleicht der Suche nach einem Rabbi in Irak.

22. Lokale Fernseh-Talkshows stellen in der Regel keine Mas-kenbildner zur Verfügung. Die einzige Ausnahme findet sich in Los Angeles, einer in der Hinsicht ungewöhnlich großzügigen Stadt, da dieser Service dort sogar für Auf-tritte im Radio geboten wird.

23. Wagen Sie sich nicht einmal in die Nähe eines Restaurants, das sich bewegt.

24. Wenn ein Zeitungsfotograf künstlerisch interessante Re-quisiten vorschlägt, dürfen Sie ruhig ein wenig Unhöflich-keit riskieren.

25. Warten Sie unbedingt, in jedem Fall, unter allen Umstän-

den damit, sich die Haare schneiden zu lassen, bis Sie nach New York zurückgekehrt sind.

26. Nehmen Sie Bargeld mit.
27. Bleiben Sie drinnen.
28. Führen Sie R-Gespräche.
29. Schreiben vergessen Sie besser.

IDEEN

Ideen

Man musste ja damit rechnen, dass die Ära, die uns das Wort «Lebensstil» beschert hat, früher oder später mit dem «Denkstil» ankommen würde. Denkstil lässt sich wahrscheinlich am besten durch die Feststellung definieren, dass uns der Begriff «Lebensstil» das perfekte Beispiel dafür bietet, dass das Ganze weniger als die Summe seiner Teile ist, da diejenigen, die das Wort «Lebensstil» benutzen, meist weder über das eine noch das andere verfügen.

Genauso verhält es sich mit Denkstil, und folglich dürfen wir uns als Zeitgenossen einer Ära betrachten, die sich nicht gerade durch große Ideen auszeichnet – Bürger einer Zeit, in der wir bestenfalls auf ein paar halbwegs vernünftige Einfälle hoffen können. Doch worin besteht der Unterschied, mögen Sie jetzt fragen, zwischen einer Idee und einem Einfall? Nun, der wichtigste Unterschied ist natürlich, dass Sie einen Gedanken verkaufen können, eine Idee aber nicht einmal verschenken. Selbstverständlich gibt es noch andere Unterschiede, die ich, wie man anhand der folgenden Liste leicht sehen kann, keineswegs zu vernachlässigen gedenke.

IDEEN	EINFÄLLE
Rückgeld	Algebra
Englisch	Esperanto
Heidelbeerkuchen	Heidelbeeressig
Dichtkunst	Dichter
Literatur	Tatsachenroman
Auswählen	Herauspicken
Toiletten in Museen	Gemälde in Toiletten
Glühbirnen	Glühwein
Thomas Jefferson	Jerry Brown
Frühstück	Brunch
Detroit	Sausalito

Auch wenn es dem Neuling vielleicht so vorkommt, als sei der Fall damit erledigt, erliegt dieser Neuling bedauerlicherweise einem gewaltigen Irrtum. Ideen sind schließlich ein Thema von gewisser Komplexität. Es gibt gute Ideen, schlechte Ideen, große Ideen, kleine Ideen, alte Ideen und neue Ideen. Es gibt Ideen, die wir mögen, und Ideen, bei denen das nicht der Fall ist. Aber die Idee, die ich nun aufgreife, ist noch nicht ganz zu Ende gedacht – eine Idee, die kraftvoll loslegt, für die es aber letztendlich doch nicht ganz reicht. Natürlich gibt es von der Sorte mehr als eine, weshalb ich Ihnen im Folgenden biete, was man nur so benennen kann:

EIN HAUFEN HALBGARER IDEEN

Schöffen	Gericht
Erwachsenen	Bildung
Der Edle	Wilde
Helden	Verehrung
Unbefleckte	Empfängnis
High	Tech
Pop	Kultur
Spar	Politik
Umsatz	Steuer
Menschliches	Potenzial
Super	Man
May	Day
Hack	Klotz
Sexual	Politik
Method	Acting
Moderne	Medizin
Gut leben	Ist die beste Rache

When Smoke Gets in Your Eyes ...
Einfach zumachen

Als aktives Mitglied mehrerer unterdrückter Minderheiten finde ich, dass ich mich insgesamt mit größtem Anstand verhalte. Ich habe es stets unterlassen, zu demonstrieren, Sprechgesänge anzustimmen, in der *David Susskind Show* zu erscheinen oder anderswie irgendetwas zu machen, das auch nur im Entferntesten als Ärger ausgelegt werden könnte. Auf dieses exemplarische Verhalten möchte ich nicht einfach deshalb aufmerksam machen, um mich in einem guten Licht zu zeigen, sondern auch, um den Ernst der gegenwärtigen Lage zu unterstreichen. Die gegenwärtige Situation, von der ich spreche, ist die gegenwärtige Situation, die es einem praktisch unmöglich macht, in der Öffentlichkeit eine Zigarette zu rauchen, ohne eine Geld- bzw. Freiheitsstrafe zu riskieren oder womöglich mit jemandem streiten zu müssen, der nicht zu meiner Klasse gehört.

Sollte der letzte Teil dieser Erklärung die eher egalitär Gesinnten unter Ihnen beunruhigen, möchte ich gleich hinzufügen, dass ich das Wort «Klasse» im engeren Sinne benutze, um die Gruppe zu bezeichnen, die man im Allgemeinen als «meine Art von Leuten» ansieht. Auch wenn es bei meiner Art von Leuten eine ganze Menge Forderungen nach Einbindung gibt, vertreten sie doch eine absolute Nichteinmischungspolitik, wenn es ums Thema Rauchen geht.

Rauchen ist zwar vielleicht nicht mein Leben, aber jedenfalls mein Hobby. Ich liebe das Rauchen. Rauchen macht Spaß. Rauchen ist cool. Rauchen ist aus meiner Sicht das Einzige, was dafür spricht, erwachsen zu sein. Es macht das Aufwachsen echt lohnenswert. Ich bin mir der Gefahren des Rauchens durchaus bewusst. Rauchen ist, wohl wahr, kein gesunder Zeitvertreib. Rauchen ist in der Tat kein erfrischendes Bad im Meer, keine anstrengende Reihe von Leibesübungen, keine zwei Runden um den Stausee. Andererseits hat Rauchen den Vorteil, eine stille Betätigung zu sein. Eigentlich ist Rauchen ein würdevoller Sport. Dem Raucher wird es nicht zuteil, das übertriebene Getue, wie man es vom Abfahrtslauf, vom Profi-Football und vom Autorennen kennt. Und doch ist Rauchen – wie ich bereits weiter oben konstatiert habe – riskant. Sehr riskant. Rauchen ist sogar ausgesprochen gefährlich. Die meisten Leute, die rauchen, werden sich irgendwann eine tödliche Krankheit zuziehen und sterben. Aber sie geben nicht damit an, oder? Die meisten Leute, die Ski fahren, professionell Football spielen oder Autorennen fahren, werden nicht sterben – zumindest nicht in Ausübung dieser Tätigkeiten –, und dennoch sind sie diejenigen mit den glamourösen Bildern, der teuren Ausrüstung und den legendären Proportionen. Warum das so sein muss, kann ich nicht sagen, falls es nicht einfach daher kommt, dass der Durchschnitts-Amerikaner einen Teufelskerl nicht einmal erkennt, wenn er vor ihm steht. Und es ist der Durchschnitts-Amerikaner, an den ich diese Darlegungen richte, weil es der Durchschnitts-Amerikaner ist, der verantwortlich ist für den neuesten Schwall an Nichtrauchergesetzen und Antiraucherfront-Emotionen. Dass es der Durchschnitts-Amerikaner ist, der die Schuld dafür auf sich nehmen muss, daran habe ich keinen Zweifel, denn fraglos hat der *Über*durchschnitts-Amerikaner etwas Besseres zu tun.

Natürlich verstehe ich, dass viele Leute das Rauchen anrüchig finden. Das ist ihr Recht. Ich wäre, das kann ich Ihnen versichern, die Allerletzte, die Genervten zu kritisieren. Ich persönlich finde viele – sogar die meisten – Dinge anrüchig. In seinen Gefühlen verletzt zu werden ist das natürliche Risiko, das man eingeht, wenn man seine eigenen vier Wände verlässt. Ich mag kein Rasierwasser, keine Erwachsenen auf Rollschuhen, keine Kinder, die Französisch sprechen, oder Leute, die übermäßig gebräunt sind. Ich laufe allerdings auch nicht herum und erlasse Rechtsvorschriften oder stelle Schilder auf. Privat vermeide ich Kontakt mit solchen Leuten; in der Öffentlichkeit haben sie das Sagen. Ich bleibe zu Hause, sooft es geht, und das sollten die auch. Wenn es jedoch erforderlich ist, das Haus zu verlassen, müssen sie darauf gefasst sein, genau wie ich es bin, mit den unangenehmen persönlichen Angewohnheiten anderer zurechtzukommen. Das ist es, was «öffentlich» bedeutet. Wenn Sie die Hitze nicht vertragen, kehren Sie in die Küche zurück.

Da vielen von Ihnen das ganze Ausmaß dieser privaten Einmischung in den öffentlichen Sektor nicht bewusst sein dürfte, biete ich hier den folgenden Bericht:

Krankenhäuser

Krankenhäuser sind in Hinsicht auf Rauchverbote vielleicht die allerschlimmsten Übeltäter. Nicht nur, weil der unschuldige Besucher wirklich immer meilenweit gehen muss, um zu einer Raucherzone zu gelangen, sondern auch, weil ein Krankenhaus der absolut unlogischste Ort der Welt ist, das Rauchen zu verbannen. Ein Krankenhaus ist schließlich genau die Art von unangenehmem, nervenstrapazierendem Ort, an dem sich das

Rauchen wirklich lohnt. Ganz davon zu schweigen, dass der häufigste Einwand von Nichtrauchern (*Ihr* Rauch gefährde *ihre* Gesundheit!) in einem Krankenhaus zu vernachlässigen ist, da dort ja alle bereits krank sind. Abgesehen vom Besucher – der nicht rauchen darf.

Restaurants

Im Großen und Ganzen ist die Sorte von Restaurant, die «Nichtrauchertische» hat, auch genau die Sorte von Restaurant, die am meisten davon profitieren würde, die Gaumen ihrer Gäste abzustumpfen. Während ich dies schreibe, sind New Yorker Restaurants noch nicht von dieser polarisierenden Regelung betroffen. Vielleicht ist denen an der Macht klar, dass es, wäre der New Yorker gezwungen, auch nur einen weiteren Faktor bei seiner Entscheidung für ein Restaurant zu berücksichtigen, eine massenhafte Rückkehr zu heimischem Herd und Hausmannskost gäbe. Denn in meinem speziellen Kreis ist nach einem vierzigminütigen Telefongespräch, bei dem sich nach langem Hin und Her alle auf Thai-Essen downtown um halb zehn geeinigt haben, niemand robust genug, dann auch noch unter den Belastungen, die dem Konzept von Raucher- und Nichtrauchertischen innewohnen, Haltung zu bewahren.

Minnesota

Aufgrund einer Regelung, die sich Minnesotas Clean Air Act nennt, ist es illegal, in der Gepäckausgabe des Flughafens von Minneapolis zu rauchen. Diese spezielle Neuigkeit ist insofern überraschend, als meinen persönlichen Beobachtungen zufolge selbst Nichtraucher dazu neigen, sich eine anzustecken, während sie am Gepäckband warten und nicht wissen, ob ihre Koffer sie bis zum Zielort begleitet haben. Da ich mir denken kann, dass dieses Gesetz eine eher heftige Reaktion hervorgerufen hat, habe ich mir anfangs den Kopf darüber zerbrochen, warum Minnesota es riskieren sollte, die wenigen Besucher zu vergraulen, die es überhaupt hatte herlocken können. Dieses Rätsel löste sich auf, als ich schon nach einem einzigen Tag dort erfuhr, dass Minnesotas Clean Air Act eine Touristenattraktion ist. Es mag zwar nicht das Centre Pompidou sein, aber es ist ganz allein auf ihrem Mist gewachsen. Ich fand dies ein interessantes, feinsinniges Konzept und habe staatlichen Stellen vorgeschlagen, seine kommerziellen Möglichkeiten weiter auszuschöpfen, indem man schlichte blaue Postkarten mit dem Aufdruck Downtown Minneapolis zum Verkauf anbietet.

Flugzeuge

Es liegt mir fern, die allgemeine Öffentlichkeit mit der Behauptung aufwiegeln zu wollen, dass Leute, die rauchen, schlauer sind als Leute, die nicht rauchen. Dennoch möchte ich gern darauf hinweisen, dass ich zu meinen Bekannten nicht einen einzigen Nikotinfreak zähle, der auch nur eine Sekunde lang den Gedanken in Erwägung ziehen würde, fünfzehn Zentimeter vor einem Raucher zu sitzen könnte in irgendeiner Hinsicht gesünder sein, als fünfzehn Zentimeter hinter ihm.

Taxis

Vielleicht eine der unerquicklichsten Besonderheiten des New Yorker Lebens ist es, den Taxameter in einem Taxi ticken zu hören, bevor einem das Schild BITTE NICHT RAUCHEN, FAHRER ALLERGISCH aufgefallen ist. Man kann natürlich von der Möglichkeit Gebrauch machen, sofort auszusteigen, sollte es einem egal sein, einen Dollar dreinzugeben, oder man kann sich, was wirtschaftlicher ist, die Zeit mit dem Versuch vertreiben, herauszufinden, wie es nur möglich ist, dass ein Mann, der nicht einmal den Weg vom Pierre Hotel zur East Seventy-eighth Street finden kann, es geschafft haben mag, das englische Wort für allergisch zu lernen.

Wer zuletzt lacht

Da ich aus einer Familie stamme, deren literarisches Vermächtnis sich weitgehend auf Ansichtskarten beschränkte, wird es niemanden überraschen, dass es mir nie so recht gelungen ist, meiner Großmutter zu erklären, was ich eigentlich genau mache. Es ist nicht so, als wäre meine Großmutter beschränkt, ganz im Gegenteil. Nur ist sie so gründlich im Möbel-Einzelhandel verwurzelt, dass sie nicht anders kann, als alle anderen Beschäftigungen aus diesem eher eingeschränkten Blickwinkel zu betrachten. Daher bin ich jedes Mal, wenn ich meine Großmutter sehe, auf folgenden Gedankenaustausch vorbereitet:

«Na, wie geht's dir?»

«Bestens, Großmama. Und dir?»

«Bestens. Und wie läuft das Geschäft, gut?»

«Sehr gut, Großmama.»

«Viel zu tun um diese Jahreszeit? Ist das eine gute Zeit für dich?»

«Sehr gut, Großmama.»

«Gut. Es ist gut, wenn man zu tun hat.»

«Ja, Großmama.»

Worauf sie sich, zufrieden mit meinen Antworten, meinem Vater zuwendet und ihm genau dieselben Fragen stellt – ein etwas gehaltvollerer Dialog, da er nicht von der Lebowitz'schen Tradition des Handels mit feinen Polstermöbeln abgewichen ist.

Dieser Mangel an Verständnis zwischen meiner Großmutter und mir hat mich lange beunruhigt, weshalb ich zu Ehren ihres fünfundneunzigsten Geburtstags, der erst kürzlich gefeiert wurde, folgende Unternehmensgeschichte vorbereitet habe, um ihr ein klareres Bild von meinem Leben und meiner Arbeit zu vermitteln.

Meine Anfänge waren natürlich bescheiden, aber ich schäme mich nicht dafür. Ich habe mit einer Humor-Handkarre auf der Delancey Street angefangen: humoristische Versuche zu vierzig Cent das Stück, vier für einen Dollar. Es war hart da draußen auf der Straße, die Konkurrenz mörderisch, aber die beste Ausbildung der Welt, weil auf der Delancey Street «ziemlich amüsant» nicht genügte – man musste *lustig* sein. Ich arbeitete zehn Stunden pro Tag, sechs Tage die Woche, und schon bald hatte ich eine nette kleine Anhängerschaft. Vielleicht nicht gerade eine Fangemeinde, aber es lief okay für mich. Ich hatte ein Auskommen. Ich war imstande, etwas Geld beiseitezulegen, und es sah ziemlich gut aus für meinen Plan eines eigenen Ladens in nicht allzu ferner Zukunft. Ja, natürlich hatte ich auch Sorgen, aber wer hat die nicht? Die Hausfrauen, die sämtliche Sketche auf der Karre durchblätterten und sich dabei Mühe gaben, ihr diebisches Vergnügen zu verbergen, in der Hoffnung, ich würde ein bisschen im Preis heruntergehen. Die Kinder, die sich ein paar Absätze schnappten, sobald ich ihnen den Rücken zuwandte. Und Mike, der Polizist, der unentwegt die Hand aufhielt, um einen Lacher umsonst zu ergattern. Aber ich ließ mich nicht beirren, verlor nie mein Ziel aus den Augen, und nach Jahren der Schinderei war ich bereit, mich ins kalte Wasser zu stürzen.

Ich begab mich zur Canal Street, um nach einem Laden zu suchen, meinem eigenen Laden. Da ich keine halben Sachen mache, ging ich gründlich vor und fand schließlich einen guten Standort. Jede Menge Laufkundschaft, auf der einen Seite Sanitärartikel, auf der anderen Umstandskleidung – das waren Leute, die bestimmt auch mal was zum Lachen brauchen konnten. Ich arbeitete wie verrückt, um die Eröffnung vorzubereiten. Ich hatte eine echt erschwingliche Hör-Bar im Angebot, einen Tisch mit amüsanten Gedanken, eine Auswahl an Epigrammen, Aphorismen und dem Neuesten an Witz und Ironie. Schließlich war ich bereit; *Frans Humorhimmel: Heimat der hinreißenden Doppeldeutigkeit* öffnete seine Pforten. Anfangs hatte ich ziemlich zu kämpfen, aber meine Unkosten waren niedrig. Ich schrieb meinen gesamten Vorrat selbst. Und irgendwann zeichnete sich ein hübsches, solides Brutto ab und ein Netto, mit dem ich leben konnte.

Ich weiß nicht, wann das Unheil seinen Lauf nahm – wer kann solche Dinge schon kommen sehen, ich bin Humoristin, keine Wahrsagerin –, aber das Geschäft geriet in Schieflage. Zuerst ging ich mit ein paar gepfefferten Kommentaren baden, die neu im Angebot waren, dann blieb ich auf einem Haufen unterhaltsamer Anekdoten sitzen. Ich hoffte, dass es sich nur um einen saisonalen Einbruch handle, aber es ging einfach so weiter, und bevor ich mich's versah, war die Karre in den Dreck gefahren. Ich versuchte alles, das können Sie mir glauben. Bot Sonderaktionen im großen Stil an – «Zwei Epigramme zum Preis von einem», «Zwanzig Prozent Rabatt auf Wortspiele». Ich führte sogar einen «Jetzt kaufen, später sagen»-Plan ein. Aber nichts half. Ich war mit meinem Latein am Ende. Geriet immer tiefer in die Kreide. Steckte schließlich bis zum Halskragen in Schulden. Also begab ich mich eines Tages, Griffel in der Hand, zu Morris «Der Thesaurus» Pincus – einem Gangster aus der East Houston Street, der in die Klemme geratenen Humoristen Geld lieh. Die Zinsen waren astronomisch, aber ich musste mich auf Gedeih und Verderb ausliefern und unterschrieb.

Und dennoch reichte es nicht, sodass ich mich gezwungen sah, einen Mitarbeiter ins Boot zu holen. Anfangs schien es gut mit ihm zu klappen. Er war auf Parodien spezialisiert, die richtig gut ankamen, doch schon bald roch ich Lunte. Ich meine, ich hatte Mühe, mein täglich Brot zu bezahlen, während er in einem häuserblocklangen Cadillac durch die Gegend fuhr. Eines Abends kehrte ich nach dem Essen in den Laden zurück und filzte die Geschäftsbücher gründlich. Und genau, wie ich gedacht hatte: Da hatte ich es schwarz auf weiß, dass der Kerl ein Dieb war. Er hatte die ganze Zeit über meine Pointen gestohlen. Ich konfrontierte ihn mit den Beweisen, und was konnte er da schon machen? Er versprach, mir ein paar Seiten pro Woche zurückzuzahlen, aber ich wusste, die konnte ich abschreiben.

Ich warf ihn raus und arbeitete sogar noch härter. Achtzig-Stunden-Wochen, jeden Abend bis zehn geöffnet, aber ich kämpfte auf verlorenem Posten. Jetzt, wo die großen Humorketten im Anmarsch waren – welche Chance hatte da jemand Unabhängiges wie ich? Dann kam der Tag, als ich wusste, dass alles verloren war. *Sols Satire-Discount* eröffnete direkt auf der anderen Straßenseite. Er schrieb en gros; ich konnte mit seinen Preisen nicht mithalten. Natürlich war ich geistreicher als er, aber niemand interessierte sich mehr für Qualität. Die allgemeine Haltung war: Dann ist es vielleicht etwas platt, aber für vierzig Prozent unter Listenpreis können wir schon mal auf ein bisschen Raffinesse verzichten. Ich ging ins Hinterzimmer des Ladens und setzte mich, verzweifelt bemüht, mir etwas einfallen zu lassen. Plötzlich klopfte es kräftig an meiner Tür, und hereinmarschiert kam Morris, einen Schlägertyp auf jeder Seite, bereit zum Abkassieren. Ich sagte ihm, dass ich das Geld nicht hätte. Ich bettelte um Aufschub. Ich flehte um mein Leben. Morris starrte mich kühl an, ein hartes Glitzern in den Augen, während er sich mit einem höchst gefährlich aussehenden Füllfederhalter die Nägel säuberte.

«Ach, Fran», sagte er, «Sie brechen mir das Herz. Entweder Sie zahlen bis nächsten Montag, oder ich werde in der ganzen Szene verbreiten, dass Sie Ihre Metaphern vermischen – dass Sie unter Bildbruch leiden.»

Mit diesen Worten drehte er sich auf dem Absatz um und marschierte, gefolgt von seinen beiden Gorillas, zur Tür hinaus.

Ich schwitzte Blut und Wasser. Wenn Morris seine Drohung wahrmachte, würde ich mein Leben lang keine Lacher mehr auf meine Seite ziehen. Mir wurde schwindelig, so viele verrückte Pläne schossen mir durch den Kopf, und als ich schließlich erkannte, was ich zu tun hatte, schlug mein Herz wie ein Pressluft-hammer.

Später am Abend kehrte ich zum Laden zurück. Ich ließ mich durch die Seitentür ein und ging zu Werk. Vergoss eine Menge Benzin, warf einen letzten Blick auf alles, dann ein Streichholz, und weg, so schnell ich konnte. Ich war zwanzig Blocks entfernt, als mich die volle Erkenntnis dessen traf, was ich getan hatte. Überwältigt von Reue lief ich den ganzen Weg zurück, aber es war zu spät. Die Tat war vollbracht; ich hatte meine humoristi-schen Versuche verbrannt, um an die Versicherung zu kommen.

Am nächsten Tag traf ich mich mit dem Gutachter von «So ist das Leben». Gottseidank kaufte er mir das Feuer ab und zahlte das Geld aus. Es reichte gerade dafür, meine Schulden bei Morris zu bezahlen, und schon war ich wieder pleite.

Ich begann, freiberuflich für andere Läden zu schreiben, na-türlich unter Pseudonym. Ich war nicht mit dem Herzen dabei, aber ich brauchte die Kohle. Ich kloppte die Sachen raus wie Massenware und versuchte dabei, wieder Rücklagen zu bilden. Das Zeug war zu simpel, und ich wusste es, aber es gab einen Markt dafür, also machte ich das Beste daraus.

So vergingen die Jahre, und ich war gerade an den Punkt ge-langt, wo ich alles ein bisschen leichter nehmen konnte, als mir urplötzlich eine Idee kam, die nicht nur mein eigenes Leben verändern sollte, sondern das aller im Humorgeschäft. Die Idee? Schneller Humor. Schließlich hatte sich das Tempo seit meiner Zeit in der Delancey Street rasant erhöht. Die Welt hatte sich verändert und mit ihr auch die Humorgewohnheiten. Alle waren in Eile. Wer hatte noch Zeit für einen langen humoristischen Versuch mit allmählichem Hochfahren bis zum ausgiebigen Ablachen? Alles ging dalli, dalli, dalli. Inzwischen war schneller Humor gefragt.

Noch einmal fing ich klein an, mit einem bescheidenen Lädchen weg vom Schuss auf dem Queens Boulevard. Ich nannte es *Rasende Schlagfertigkeit* und nutzte jede verfügbare moderne Designtechnik. Alles Chrom und Glas, alles glatt und sauber. Und getreu meinem Ruf in der Branche für ausgekochte und spitzbübische Einfälle konnte ich mir den kleinen Scherz nicht verkneifen, einen goldenen Bogen als Logo zu nehmen. Niemand kapierte es. Also fügte ich einen zweiten hinzu und traf auf Riesenresonanz. Man muss die Leute wirklich mit der Nase drauf stoßen, finden Sie nicht? Aber wie dem auch sei, der Laden wurde auf Anhieb ein Riesenerfolg. Ich konnte keine Vorräte an schlagfertigen Antworten mehr anlegen, und der Große Brüller war der Hit des Jahrhunderts. Nun begann ich, Konzessionen zu erteilen, war aber nicht bereit, die Qualitätskontrolle aus der Hand zu geben. Das Geschäft boomte, und heute kann ich Ihnen sagen, dass ich echt gut dastehe. Ich habe alles: ein Penthouse in der Park Avenue, eine Jacht in der Größe der *Queen Mary* und einen Rolls, in dem man wohnen könnte. Und dennoch überkommt mich ab und an der alte schöpferische Drang. Wenn das passiert, binde ich mir eine Schürze um, setze ein Käppi auf, trete hinter einen meiner tausend Tresen, lächle den Kunden freundlich an und sage: «Einen schönen guten Morgen, vielleicht ein vergiftetes Kompliment gefällig?» Sollte man mich erkennen, taugt das immer für einen Lacher, denn glauben Sie mir: Wenn Sie in diesem Geschäft keinen Sinn für Humor haben, sind Sie tot.

Fran Lebowitz' Hochstress-
Diät- und -Fitnessprogramm

Jahr für Jahr versuchen Millionen von Leuten, ihr Übergewicht mittels strapaziöser Diäten und Fitnessübungen loszuwerden. Sie knabbern Möhrenstifte, vermeiden kohlenhydratreiche Lebensmittel, entsagen dem Alkohol, laufen um Stauseen herum, stemmen Gewichte, schwingen sich von Trapezen und verhalten sich insgesamt in einer Weise, die eine fatale Neigung zum großen Bohei verrät. All das natürlich vollkommen unnötigerweise, denn es ist absolut möglich – ja, sogar einfach –, ohne die leiseste Willensanstrengung abzunehmen und sich in Form zu bringen. Man muss lediglich sein Leben in einer Weise führen, durch die Pfunde und Kleidergrößen wie aus eigenem Entschluss schwinden.

Zauberei, sagen Sie? Phantasie? Eitle Illusion? Sehnsucht aus der untersten Schublade? Ganz und gar nicht, kann ich Ihnen versichern, ganz und gar nicht. Keine Zauberei, keine Phantasie, keine verträumten Hoffnungen gleich welcher Art. Aber ein Geheimnis, ja, das gibt es schon. Das Geheimnis, sich ein in unserem Alltagsleben präsentes Element zunutze zu machen, die ihm innewohnenden, nahezu unendlichen Ressourcen auszuschöpfen.

Das Element? Stress. Ja, Stress; gewöhnlicher, stinknormaler, alltäglicher Stress. Genau die Art von Stress, den wir alle zu jeder Tages- und Nachtzeit sozusagen parat haben. Nennen Sie's, wie Sie wollen: Ärger, Arbeit, Druck, Kunst, Liebe, es ist dennoch Stress, und Stress wird Ihre Geheimwaffe sein, wenn Sie sich auf mein narrensicheres Programm für körperliche Fitness und Schönheit einlassen.

Diät

Die Krux der meisten Diäten besteht darin, dass sie Ihre Nahrungszufuhr beschränken. Das ist natürlich höchst ärgerlich und führt zwangsläufig zum Scheitern. Die Fran-Lebowitz-Hochstress-Diät (kurz D. F. L. H. S. D.) erlaubt dagegen unbegrenzte Mengen von allen Nahrungsmitteln. Sie können essen, was Sie wollen. Wenn Sie es runterkriegen, dann sollen Sie es auch haben. Natürlich lässt sich hier aus Platzgründen keine vollständige Liste aufführen. Wenn Sie also etwas essen können, das nicht auf der Liste steht – viel Glück für Sie.

ERLAUBTE NAHRUNGSMITTEL

Fleisch	Süßigkeiten	Reis
Fisch	Nüsse	Spaghetti
Geflügel	Getreideflocken	Zucker
Eier	Kekse	Sirup
Käse	Cracker	Pizza
Butter	Honig	Kartoffelchips
Sahne	Speiseeis	Salzstangen
Mayonnaise	Ketchup	Kuchen
Obst	Marmelade	Wein

Gemüse	Makkaroni	Spirituosen
Brot	Milch	Bier
Torte	Pfannkuchen	Ale

Wie Sie sehen, erlaubt Ihnen D. F. L. H. S. D. eine Vielfalt von Nahrungsmitteln – ein beispielloser Unterschied zu den meisten Diäten. Und wie ich weiter oben bereits festgestellt habe, stellt die Menge kein Problem dar. Ich muss Sie lediglich bitten, Ihre Nahrungsaufnahme und körperliche Aktivitäten aufeinander abzustimmen. Das Programm dafür wird nachstehend genauer beschrieben.

Ausrüstung

Sie können das Fran-Lebowitz-Hochstress-Fitnessprogramm (D. F. L. H. S. F. P.) ohne die Anschaffung einer speziellen Ausrüstung in Angriff nehmen; es erfordert lediglich bestimmte Requisiten, die Ihnen zweifellos bereits zur Verfügung stehen. Es folgt eine unvollständige Liste:

Zigaretten
Streichhölzer oder Feuerzeug
Eine Karriere
Ein oder mehrere Anwälte
Ein Agent oder Manager
Mindestens eine, vorzugsweise aber zwei äußerst
    komplizierte Liebesaffären
Eine Postadresse
Freunde
Verwandte
Ein Vermieter

Diese notwendige Ausrüstung dürfte natürlich von Fall zu Fall variieren, aber D. F. L. H. S. F. P. ist flexibel und lässt sich fast jeder Situation anpassen. Dies lässt sich deutlich an folgendem Musterbeispiel für eine Ein-Tages-Diät samt Fitnessprogramm ersehen. Sie dürfen allerdings nicht vergessen, dass es obligatorisch ist, den Übungsanweisungen beim Essen zu folgen.

ESSENSPLAN MIT ÜBUNGSPROGRAMM

Frühstück

1 großes Glas Orangensaft
6 Pfannkuchen mit Butter, Sirup und/oder Marmelade
4 Scheiben Schinkenspeck und/oder 4 Würstchen
Kaffee mit Zucker und Sahne
11 Zigaretten

a) Nehmen Sie den ersten Bissen Pfannkuchen.
b) Rufen Sie Ihren Agenten an. Erfahren Sie, dass Sie zum Schreiben eines Drehbuchs für drei Monate nach Kalifornien ziehen und sich auf die Zusammenarbeit mit einem dortigen Autor einlassen müssen, der sechzehn Folgen *Partridge Family*, eine nicht autorisierte Biografie von Ed McMahon und die Romanfassung der vorgesehenen Fortsetzung von *Missouri Breaks* vorzuweisen hat. (Hervorragend geeignet, um Kieferkonturen zu straffen.)

Vormittagssnack

2 Donuts mit Zuckerguss
Kaffee mit Zucker und Sahne
8 Zigaretten

a) Nehmen Sie den ersten Schluck Kaffee.
b) Machen Sie Ihre Post auf und finden Sie die letzte Ankündigung Ihrer Telefongesellschaft, Ihren Anschluss endgültig zu sperren, einen Drohbrief vom Ehepartner ihrer neuesten Flamme und die Nachricht eines Freundes, der Sie darüber informiert, dass Sie kürzlich im Fernsehen plagiiert worden sind. (Kräftigt Faustmuskulatur.)

Mittagessen

2 Wodka Tonic
Kiewer Kotelett
Pumpernickel und Butter
Grüner Salat
Weißwein
Ein oder mehrere Stückchen aus der Gebäckschale
Kaffee mit Zucker und Sahne
15 Zigaretten

a) Vereinbaren Sie ein Mittagessen mit Ihrem Anwalt.
b) Nehmen Sie den ersten Bissen Kiewer Kotelett.
c) Erkundigen Sie sich beim Anwalt, wie die Chancen bei einem Rechtsstreit mit CBS liegen. (Sorgt schnell für flachen Bauch.)

Abendessen

3 Wodka Tonic
Spaghetti al Pesto
Piccata milanese
Zucchini
Rucola-Salat
Käsekuchen
Kaffee mit Zucker und Sahne
Brandy
22 Zigaretten

a) Verabreden Sie sich zum Abendessen in kleiner Gruppe, zu
der drei Personen gehören, mit denen Sie heimliche Liebesbeziehungen unterhalten, Ihre jüngere Schwester von
auswärts, ein geschäftlicher Rivale, dem Sie einen Haufen
Geld schulden, und zwei Anwälte von CBS. Es bringt immer
mehr, zusammen mit anderen zu trainieren. (Stählt die
Muskeln.)

Wie schon gesagt, dies ist nur ein Beispiel, und jede andere Kombination aus Nahrung und praktischen Übungen funktioniert genauso gut. Ihr täglicher Gewichtsverlust sollte im Durchschnitt
drei bis vier Pfund betragen, wobei es hauptsächlich darauf ankommt, ob Sie eine ausreichende Menge an Zigaretten rauchen.
Das ist eine häufige Stolperfalle, und genau hier gilt es aufzupas-
sen, da ungenügendes Rauchen unweigerlich zu Stressverrin-
gerung führt. Denjenigen unter Ihnen, die einfach nicht ihr Soll
erfüllen können, wird dringend angeraten, dies durch andere
praktische Übungen zu ersetzen, als da wären: in die Wohnung
direkt unter einer aufstrebenden Salsa-Band ziehen und/oder
erschreckend ehrlich zu Ihrer Mutter sein. Falls auch diese Methoden nichts fruchten, versuchen Sie zu essen, während Sie den

Immobilienteil der *New York Times* lesen. Das ist zugegebenermaßen eine drastische Maßnahme, die nicht in Angriff genommen werden sollte, bevor Sie sich nicht zuerst mit mindestens sechs Seiten vom Kulturteil und dem Geschlechtsverkehr mit einer für Ihre Karriere wesentlichen Person warmgelaufen haben.

Ab und zu begegne ich zufällig jemandem mit einem trotz Diät ungewöhnlich hartnäckigen Gewichtsproblem. Sollten Sie in diese Kategorie fallen, empfehle ich Ihnen als letzte verzweifelte Maßnahme, Ihre Mahlzeiten mit einem Zeitschriftenredakteur einzunehmen, der Ihre Arbeit wirklich und wahrhaftig versteht, und einem Friseur, der etwas Neues und Interessantes ausprobieren möchte.

Die unnatürliche Ordnung

New Yorker, die ihre prägenden Jahre in eher ländlicher Umgebung verbracht haben, haben häufig das Problem, dass sie die Jahreszeiten nicht mehr unterscheiden können. Wo solch herkömmliche Anzeichen wie Raupen, gelbes Laub oder Reif auf dem Kürbis fehlen, sehen sich diese verstörten Bürger alle drei Monate vor der Frage, in welcher Jahreszeit sie sich gerade befinden. In einem Versuch, diese Art von Verwirrung auszuräumen, biete ich den folgenden Leitfaden an:

Herbst

Der Herbst bezieht sich auf die Periode, die Ende September beginnt und knapp vor Januar endet. Sein hervorstechendstes visuelles Merkmal besteht darin, dass die Weißen überall in der Stadt anfangen, ihre gebräunte Haut abzuwerfen. Da die New Yorker jedoch ein bisschen reserviert sind, ist es nicht angebracht, sie zusammenzuharken und auf ihr herumzutrampeln. Laut kürzlich erlassenen Gesetzen gegen die Luftverschmutzung ist auch das Verbrennen untersagt, ganz gleich, welche nostalgischen Gefühle man für den heimeligen Duft eines prasselnden

Lagerfeuers empfindet. Ein weiteres markantes Merkmal für diese Jahreszeit – und nicht ohne Bezug zum vorherigen – ist, *dass* es überall in der ganzen Stadt Weiße gibt, eine Tatsache, die es in diesem Zusammenhang festzuhalten lohnt, da sie die massenhafte Rückkehr aus den Hamptons anzeigt (siehe Sommer).

Noppigere, gröbere Stoffe treten in Erscheinung, und Schuhe werden allmählich stiefelähnlicher.

Politiker fangen an, farbenfrohe, wildwuchernde Versprechungen abzusondern, doch besonders zu Saisonbeginn ist es ratsam, die Finger davon zu lassen. Im Übrigen sollte man sich sicherheitshalber an die Nützlinge halten.

Winter

Der Winter beginnt, wenn der Herbst sich vom Acker macht, hat aber eine Menge mehr Ausdauer als sein quecksilbriger Vorgänger. Während diese Jahreszeit voranschreitet, beginnt man, weniger Weiße auf der Straße zu sehen (siehe Barbados) und dafür mehr Schwarze im Fernsehen (siehe Haltung von Vermietern bezüglich Bereitstellung von Heizungen; siehe Vermieter in persona auf Barbados).

Modeaufnahmen im Freien werden selten und ersetzt durch illegale Ausländer, die übergroße Pretzels und kalte Kastanien verkaufen.

Um sich vor der eisigen Luft zu schützen, finden sich Busse zu Herden zusammen, und die Taxis retirieren paarweise in ihre Garagen, um nicht allein zu sein und sich aneinander zu wärmen.

Obwohl der Boden hartgefroren und unnachgiebig ist, tauchen oft Verträge für städtische Dienstleistungen aus der Versenkung auf und wollen verlängert werden (siehe auch Herbst, Frühling und Sommer), und es gibt ein üppiges Angebot an Pressekonferenzen des Bürgermeisters.

Um den Februar herum werden die Literaturagenten unruhig, während sie mit ihren Partnern in der Filmindustrie telefonieren, und ziehen wie in einem Schwarm nach Westen, wo sie verhandeln. Kaum sind sie wieder zurück, verlieren sie ihre Bräune. Der Neuling sollte das keineswegs als Zeichen für den Herbst missverstehen, da es sich nur um eine Ausnahme handelt, die die Regel bestätigt. Es ist immer noch Winter, also versuchen Sie, die Orientierung wiederzugewinnen, indem Sie ermitteln, welche zu dieser Jahreszeit exotischen Obstsorten die teuersten sind.

Frühling

Der Frühling, Gerüchten zufolge eine Jahreszeit, die Winter und Sommer trennt, ist in New York eine eher legendenhafte Erscheinung und als solche für eine etwas exklusivere Gruppe attraktiv. Um den April herum beginnen Kreative und Vertreter des ästhetischen Realismus ihre Pullover abzuwerfen, und wohlkonstruierte junge Männer machen sich daran, die kommenden Herbstfarben zu planen. Die Immobilienpreise im Osten von Long Island steigen stark an (siehe Weiße), während der Pegel von Vernunft und Kulanz an den Ufern sinkt.

Kioske zeigen sich in zarteren Tönen, da die Titelbilder der Illustrierten abermals in jahreszeittypischen Pastellfarben gehalten sind, und das Wort «Beziehung», das in der Luft liegt, hält sich zum Glück über Wasser.

Um den Mai herum beginnen Filmagenten unruhig zu werden, während sie mit ihren Partnern aus der Literaturbranche telefonieren, und fliegen wie im Schwarm nach Osten, wo sie verhandeln. Kurz nach der Ankunft beginnen sie, ihre Bräune zu verlieren, was sie dazu zwingt, wieder abzureisen, bevor selbst der unerfahrenste Neuling auf die Idee kommen könnte, es wäre Herbst.

Sommer

Obwohl der nüchternste Teil der Bürger dabei bleibt, dass der Sommer die Zeit sei, wenn es nicht Winter ist, handelt es sich dabei rein technisch um die Phase zwischen Frühling und Herbst und zeigt sich am deutlichsten durch das üppige Anwachsen von Stromrechnungen. Die Luft wird sichtbarer, und zahlreiche Erwachsene, fassungslos ob der reichen Ausbeute umherschweifender Straßengangs und an Dominospielern auf den Bürgersteigen, vergessen vollkommen, wie furchtbar sie in Shorts aussehen. Wieder einmal wird auf Sommerzeit umgestellt, aufs Wärmste willkommen geheißen von Schlaflosen, die jetzt weniger Nacht zum Wachsein haben.

Der Geist wird träge, das Fleisch des Großstädters nimmt einen kräftigen Grauton an, und das Wort «Beziehung» ist ins Wasser gefallen, hat aber zum Glück die Stadt verschont.

Was zukünftige Mitarbeitende bei der Telefonauskunft wissen sollten: ein Leitfaden

Einführung

Zunächst sollten Sie immer daran denken, dass Ihre Arbeit bei der Telefonauskunft ein Dienst an der Allgemeinheit ist. Sie müssen selbstverständlich hilfsbereit und zuvorkommend sein, aber der Öffentlichkeit zu dienen ist eine schwere Verantwortung und besteht aus einigem mehr, als auf den ersten Blick ersichtlich sein mag. Die gewünschte Nummer herausgeben, ja sicher, aber dabei darf nicht vergessen werden, dass sich die Öffentlichkeit hauptsächlich aus Leuten zusammensetzt und Leute nun mal Bedürfnisse haben, die über bloße Telefonnummern hinausreichen. Das moderne Leben gestaltet sich so, dass die Öffentlichkeit mittlerweile ziemlich stark auf Bequemlichkeit setzt, wobei Wert und Anerkennung anstrengender unermüdlicher Arbeit oftmals in Vergessenheit geraten. Das menschliche Wesen verspürt einen instinktiven Drang zur Herausforderung, und Sie, als Mitarbeiter oder Mitarbeiterin in der Telefonauskunft, können dazu beitragen, Ihren Schützlingen diesen Umstand wieder zu veranschaulichen. Also dienen Sie der Öffentlichkeit nach bestem Willen, aber machen Sie nicht den Fehler zu glauben, dieser Dienst verpflichte Sie dazu, jeder ihrer Launen nachzugeben – denn das, liebe zukünftige Mitarbeitende in der Telefonauskunft, wäre nicht nur ein Wahrnehmungsfehler, sondern auch ein stillschweigendes Eingeständnis von Verantwortungslosigkeit.

Erste Lektion: Ist das ein Geschäfts- oder ein Privatanschluss?

Wenn sich ein Mitglied der Öffentlichkeit (hinfort Anrufer genannt) nach einer Telefonnummer erkundigt, lassen Sie sich nicht dazu verleiten, sie nachzusehen, bevor Sie in freundlichem, dabei bestimmtem Ton nachgefragt haben: «Ist das ein Geschäfts- oder ein Privatanschluss?» Von diesem Vorgehen darf keinesfalls abgewichen werden, da sich ansonsten eine unpassende, ja unverzeihliche Anmaßung Ihrerseits offenbaren würde. Nur weil Russian Tea Room sich *für Sie* nicht nach einem Personennamen anhört, bedeutet das noch lange nicht, dass es auch keiner ist. Amerikaner haben *häufig* seltsame Namen – eine Tatsache, die Ihnen zweifellos zur Kenntnis gelangt ist, ganz gleich, wie kurz Sie sich erst in unserem Land aufhalten.

Zweite Lektion: Haben Sie die Adresse?

Diese Lektion ist von äußerster Bedeutung für Sie, dient sie doch einem doppelten Zweck. Der erste besteht darin, den Vorgang der Nummernsuche für die Fälle zu erleichtern, bei denen es viele Anschlüsse auf denselben Namen gibt. Beachten Sie, dass das für den bereits genannten Russian Tea Room nicht zutrifft, da der arme Mann leider keine lebende Verwandtschaft zu haben scheint, zumindest nicht in Manhattan. Der zweite und wichtigere Grund für diese Frage besteht darin sicherzustellen, dass der Anrufer sich wirklich für die *Telefonnummer* interessiert und nicht Ihre Zeit und Energie mit dem hinterlistigen Versuch in Beschlag nimmt, Ihnen als Mitarbeitendem in der Telefonauskunft die genaue Adresse abzuluchsen. Sie sind schließlich bei der New Yorker Telefongesellschaft angestellt und dürfen sich unter keinerlei Umständen von irgendeinem diebischen Anrufer missbrauchen lassen, der Sie nur übers Ohr hauen will.

Dritte Lektion: Können Sie das bitte buchstabieren?

Auf diese Frage reagiert der Anrufer häufig mit einem hörbaren, unangenehmen Seufzen, im Extremfall sogar mit einem deutlichen Kraftausdruck. Ignorieren Sie das vollkommen. Sie tun nur Ihre Arbeit, und welchen guten Grund könnte er überhaupt haben, jemanden anzurufen, dessen Namen er nicht buchstabieren möchte oder vielleicht nicht einmal buchstabieren kann?

Vierte Lektion: Ist das ein «b» wie in boy?

In neuester Zeit stellt diese traditionelle, ja geradezu klassische Frage ein recht heikles Problem dar. Demonstrationszüge sind durch die Lande gezogen, Gesetze sind erlassen, Rechte durchgesetzt worden. Die Sensibilität des durchschnittlichen Mitglieds der Dritten Welt hat sich bis zu dem Punkt erhöht, an dem die Frage: «Ist das ein ‹b› wie in boy?», und wenn sie noch so respektvoll gestellt wird, geeignet ist, eine ungehörige Antwort zu provozieren. Da es aber bei aller Empathie rein logisch unmöglich ist zu fragen: «Ist das ein ‹b› wie in Mann?», ist der moderne Mitarbeiter in der Telefonauskunft hier mehr oder weniger auf sich allein gestellt. Vermeiden Sie jedoch «Ist das ein ‹b› wie in Black?», weil man heutzutage ja nie weiß. Und wie die Zeiten nun einmal sind, sollten sich männliche Mitarbeiter in der Telefonauskunft beim Gespräch mit weiblichen Anruferinnen hüten, auch nur den leisesten Gedanken auf die Formulierung zu verschwenden: «Ist das ein ‹b› wie in Baby?»

Fünfte Lektion: Sie können diese Nummer im Telefonbuch finden

Dieser letzte Vorgehensschritt, der ja am Ende Ihres langen, oftmals stressigen Kontakts mit dem Anrufer steht, ist der am häufigsten vernachlässigte, insbesondere von einem neuen Mitarbeiter. Seine Bedeutung sollte jedoch nicht unterschätzt werden, da der letzte Eindruck bekanntlich der bleibende ist. Der Mitarbeiter in der Telefonauskunft sieht sich, wie in diesem Leitfaden häufig angesprochen, jeder Art von unschönem und herablassendem menschlichen Benehmen ausgesetzt. «Sie können diese Nummer im Telefonbuch finden» ist nun *Ihre* Gelegenheit zu beweisen, dass Mitarbeitende in der Telefonauskunft sich nicht zum Narren halten lassen. «Sie können diese Nummer im Telefonbuch finden» gibt dem Anrufer unmissverständlich zu verstehen, dass Sie nicht gewillt sind, sich von *irgendjemandem* herumschubsen zu lassen, ganz zu schweigen von jemandem, der allem Anschein nach noch nicht einmal das Telefonbuch lesen kann. Also vergessen Sie um Himmels willen nie «Sie können diese Nummer im Telefonbuch finden». Das macht sie jedes Mal fertig.

Nachtrag

Die wahrhaft engagierte Mitarbeitende in der Telefonauskunft versäumt es nie, den Anruf mit einem munteren «Einen schönen Tag noch» abzuschließen. «Einen schönen Tag noch» ist das perfekte letzte Wort, nicht nur, weil es ein für alle Mal klarstellt, wer von Ihnen beiden wahre Größe besitzt, sondern auch, weil es die höchst befriedigende Nebenwirkung hat, dafür zu sorgen, dass der Anrufer die Nummer vergisst.

Steuererklärung

Die Armen sind wirklich arm dran. Sie frieren viel, sind ständig knapp bei Kasse, müssen oft hungern und haben deshalb, was kaum jemand bestreiten wird, allen Grund zur Klage. Die Armen sind also weitgehend von dem ausgeschlossen, was man unter dem sogenannten «guten Leben» oder dem «amerikanischen Lebensstandard» versteht. Dieser Zustand ist weder der Regierung noch den Regierten entgangen, und es ist nicht wenig unternommen worden, um die Situation zu verbessern. Sobald irgendwo ein Mangel ausgemacht wurde, gab es einen Lösungsvorschlag. Kein Geld? Sozialhilfe. Kein Dach über dem Kopf? Sozialwohnung. Kein Frühstück? Lebensmittelmarken. Nix Abholschein, du nix Wäsche. Nein, das ist eine andere Geschichte. Aber Sie verstehen schon, worauf ich hinauswill. Die Armen brauchen Hilfe. Wer selber nicht arm ist, ist dazu bereit – und mancher sogar mehr als nötig.

Wer nicht arm ist und sich ernsthaft der guten Sache widmet, dürfte nicht weiter davon überrascht sein, dass das Problem der Armen weit über das Materielle hinausreicht. Damit niemand auf falsche Gedanken kommt, möchte ich vorausschicken, dass ich mich hier nicht über das allgemein-menschliche Bedürfnis nach Liebe und Zuwendung auslassen werde. Soweit ich weiß, bekommen die Armen beinahe mehr Liebe und Zuwendung, als sie überhaupt verkraften. Irgendwo muss die Idee der unvernünftigen Liebesheirat ja herkommen.

Nein, ich spreche hier nicht von emotionalen Bedürfnissen, eher von denen, die sich in Gesellschaft auftun. Diese Bedürfnisse sind außerordentlich vielschichtig und als Thema entsprechend unangenehm; dennoch muss sich jemand darum kümmern.

Zum besseren Verständnis möchte ich, dass Sie sich eine Abendgesellschaft (der allerbesten Sorte) vorstellen, veranstaltet von einem, der nicht arm ist, für seinesgleichen, und Sie sind auch eingeladen. Als Begleitung haben Sie sich einen notleidenden Freund ausgesucht. Er hat nichts Passendes anzuziehen. Sie leihen ihm etwas aus dem eigenen Kleiderschrank. Ihr Gastgeber hat für reichlich Essen und Getränke gesorgt. Ihr Freund ist vorübergehend glücklich. Er fühlt sich nicht arm, Sie fühlen sich großzügig, Ihr Gastgeber fühlt sich als Wohltäter, alle sind zufrieden. Für einen kurzen Moment spielen Sie mit dem Gedanken, dass sich die Armut auf einen Schlag beseitigen ließe, wenn die Armen immer bei den Nicht-Armen zum Essen eingeladen würden. Der Kaffee wird serviert. Nun kommen die ernsten Themen dran. Das Gespräch wendet sich wie immer den Steuern zu.

Glauben Sie mir, genau an diesem Punkt ist für den Armen zu Ihrer Linken die Party vorbei. Er fühlt sich mit einem Schlag wieder arm. Schlimmer als arm – ausgeschlossen. Er hat keine Steuerprobleme. Er ist, so sagt man wohl, ausgestoßen und entrechtet, ein Außenseiter, er gehört nicht zur Mitte der Gesellschaft. Und solange er arm bleibt, wird er im herrschenden System nie aus dieser entwürdigenden Situation herausfinden. Wenn es kommt, dann dicke. Solange er arm ist, hat er keine Steuerprobleme, und solange er keine Steuerprobleme hat, wird er, das wollen wir nicht vergessen, auch keine Steuervorteile haben. Man nennt es Demokratie. Eine Demokratie, in der für den einen fünfzig Prozent Steuern fällig werden und für seinen

Tischnachbarn gar keine. Nicht genug damit, dass jemand nichts zu essen, nichts zum Anziehen und kein Dach über dem Kopf hat, nein, er hat auch keinen Steuerberater, keinen Anlageberater, keine Abschreibungen, keine Schlupflöcher. Und wahrscheinlich keine Quittungen zum Absetzen.

Das ist natürlich unerträglich und kann, nachdem Sie ja nun Bescheid wissen, keine Minute länger so weitergehen, jedenfalls nicht, solange wir unsere Gesellschaft als fair bezeichnen wollen. Glücklicherweise gibt es für das Problem eine verblüffend einfache Lösung, die unverzüglich in die Tat umgesetzt werden sollte.

Besteuert die Armen. Und zwar kräftig. Keine halben Sachen. Keine Krümel vom Tisch des Reichen. Ich meine *Steuern*. Steuersatz 50 Prozent, Vermögensteuer, Kapitalertragsteuer, Erbschaftsteuer – das volle Programm.

Wer jetzt gut oder zumindest ein bisschen aufgepasst hat, wird bemerkt haben, dass hier irgendetwas nicht ganz hinkommt. Da stimmt was nicht, werden Sie sagen und sofort hinzufügen, dass die Armen ja nichts haben, das man besteuern könnte. Sie können sich das nicht leisten. Das habe ich natürlich bedacht und halte Ihnen entgegen, dass Ihre Unfähigkeit, meine Lösung anzuerkennen, nur eine Frage der Verhältnismäßigkeit ist. Das ist alles relativ. Lassen Sie uns jeden Punkt einzeln betrachten.

Steuersatz: fünfzig Prozent

Das ist natürlich am leichtesten zu verstehen, denn es müsste doch allen einleuchten, dass jedem die Hälfte bleibt, auch den Armen. Wenn jemand nur 1000 Dollar im Jahr verdient, bleiben ihm immer noch 500 Dollar für die Steuer. Sicher kein Vermögen, aber auch nicht zu verachten.

Vermögensteuer

Das Problem liegt hier zweifellos am Begriff. Sie verstehen unter Vermögen sicher Dinge wie Bauland, Immobilien südlich vom Central Park, steuerbegünstigter Hauptwohnsitz und dergleichen. Und selbstverständlich sind das alles wunderbare Beispiele für Vermögen, aber in einer Demokratie fände es doch wohl keiner von uns wirklich fair, wenn man den Begriff Vermögen auf die ausgezeichneten Beispiele beschränken würde. Schließlich bedeutet Vermögen nichts anderes als Besitz. Was man besitzt, das ist Vermögen. Also kann man problemlos das Vermögen der Armen besteuern und sollte es auch. Gleiche Freiheit, gleiche Verantwortung. Also keine Ausnahmen mehr für Kochplatten, Oberbekleidung aus Vinyl oder Heizstrahler.

Kapitalertragsteuer

Das ist jetzt kompliziert, aber nicht unlösbar. Wie vermutet, hilft das Wörterbuch. Die Definition von «Kapital» in *Webster's Unabridged Second Edition* lautet: «Dieser akkumulierte Bestand an durch Arbeit geschaffenen Mitteln heißt Kapital.» Und von «Kapitalertrag»: «Der Gewinn aus dem Verkauf von Kapitalanlagen wie Aktien etc.» Sehen Sie? Das ist jetzt wieder relativ. Ähem, öh, ja. Hm, öh. Ach, na gut, ich geb's zu: Das wird wahrscheinlich nicht so oft vorkommen. Aber die Armen sollten besser gar nicht erst versuchen, die Reste von ihrem aufgewärmten Dosenfleisch zu verkaufen, ohne das anzugeben.

Erbschaftsteuer

Als Gewohnheitstiere denken wir bei Erbschaftsteuer automatisch an Todesfälle. Strenggenommen müssen wir das nicht. Auch hier erweist sich das Wörterbuch als nützlich, wenn es als Definition für «erben» Folgendes anbietet: «Einen Besitz durch Erbe oder Nachfolge erlangen.» Nachfolge ist hier natürlich das maßgebliche Wort. Wir sehen also glasklar: Während das Wort «erben» bei manchen vielleicht Bilder von ehrwürdigen Landsitzen und Smaragden im rechteckigen Facettenschliff heraufbeschwört, haben andere, das heißt die Armen, etwas ganz anderes vor Augen. Eine geerbte Hose aus Polyester ist natürlich kein rechteckiger Smaragd, aber andererseits sind 500 Dollar, wie ich glaube eingangs schon erwähnt zu haben, sicher auch kein Vermögen.

Neujahrsvorsätze für andere:
ein Alphabet

Als Mitarbeiterin eines telefonischen Auftragsdienstes werde ich mir beim Entgegennehmen eines Kundenanrufs alle erdenkliche Mühe geben, nicht so zu stöhnen, als müsste ich dafür eine unglaublich komplizierte neurologische Operation unterbrechen, was übrigens mein richtiger Beruf ist.

Bei meiner bescheidenen Körpergröße und weil ich auch kein ganz junger Hüpfer mehr bin, werde ich fürderhin auf alles verzichten, was auch nur im Entferntesten einer ledernen Jodhpur-Hose ähnelt.

Chocolate Chips als Backzutat erleben derzeit eine etwas überhitzte Konjunktur. Ich werde diesen Zustand nicht zusätzlich dadurch verschlimmern, dass ich einen weiteren pseudowitzig betitelten Keksladen aufmache, der dieses Backwerk zu Preisen anbietet, die eher an den Studiengebühren für die Harvard Law School orientiert sind.

Drollige kleine Kritzeleien mögen dem Geschriebenen Leichtigkeit und Farbe hinzufügen, dennoch werde ich meine persönliche Korrespondenz nie, nie, *niemals* solchermaßen verunzieren.

Es wird mir nie wieder passieren, dass ich, die ich zwar alle mit meiner perfekten Zweisprachigkeit beeindrucken kann, in mühsam einstudiertem Französisch nach der Weinkarte frage, um mich bei den Kellnern anzubiedern.

Friseure wie ich müssen sich eins merken: Zehn Zentimeter sind mehr als «ein bisschen kürzen».

Geopolitik ist zwar meine Stärke, aber ich werde es fortan unterlassen, meine Fahrgäste damit zu behelligen.

Heiliges Ehrenwort, dass ich auch dem heftigsten Drängen nicht nachgeben werde, ein Geheimnis auszuplaudern, das mir durch einen Freund zugetragen wurde, der einem berühmten Maler das Leinen spannt.

Ich schwöre hiermit feierlich, dass ich nie wieder behaupten werde, ich würde nie ausgehen, obwohl ich doch ein oft, wenn nicht sogar ständig gesehener Gast selbst bei den unbedeutendsten Veranstaltungen bin.

Jeffrey ist kein Name für ein Kalb, und deshalb werde ich, auch wenn es mein Restaurant ist, in Zukunft davon absehen, das Steak auf der Speisekarte nach mir zu nennen.

Küchen eignen sich nicht für Auslegeware, auch nicht in Profiqualität, in strapazierfähig oder in Anthrazit. Das wird mir jetzt klar.

Liegekissen, ganz gleich, wie kostbar bezogen oder wie bezaubernd und großzügig verstreut, sind leider keine Möbel. Ich werde mir ein Sofa kaufen.

Möge mich auf der Stelle der Blitz treffen, sollte ich noch einmal auf die Idee kommen, dass sich irgendjemand dafür interessiert, wie unglaublich schön und warmherzig ich die Brasilianer fand, als ich letztes Jahr beim Karneval in Rio war.

Nein zu Hüten.

Opulent in teuren Restaurants zu speisen und anschließend mit übertriebener Begeisterung darüber zu schreiben, schlägt auf den Magen. Ich suche mir jetzt einen richtigen Job.

Persönliche Gespräche gehen dann zu weit, wenn wie beiläufig die Frage aufkommt, wo denn dieser süße dunkle Tänzer abgeblieben ist, den der andere das letzte Mal dabeihatte.

Quasi sofort und auf der Stelle höre ich auf, das Wort «brillant» zu benutzen, wenn ich auf Redakteure zu sprechen komme, die in europäischen Modemagazinen die Rubrik Accessoires betreuen.

Radikal werde ich meine Haltung zu Himbeeren überdenken. Sie unterliegen nicht dem Betäubungsmittelgesetz, auch nicht außerhalb der Saison. Als Restaurantbesitzer verfüge ich uneingeschränkt über beste Quellen und werde in Zukunft damit großzügiger sein.

Sobald ich reich und berühmt bin, werde ich mich entsprechend anziehen, vorher auf keinen Fall. Großes Indianerehrenwort.

Trau niemandem über den Weg, der dir etwas von engen Bindungen erzählt, die reden wahrscheinlich nur vom Skifahren. Solchen Leuten werde ich in Zukunft mit Vorsicht begegnen.

Ungebeten werde ich mich nicht mehr zu japanischen Science-Fiction-Filmen aus spezifisch künstlerischer Sicht äußern.

Violett ist erst dann eine gute Tönung für Haare, wenn Blumen anfangen, braun zu blühen. Ich werde es mir merken.

Wenn mich jemand bei antiken Möbeln um Auskunft bittet, werde ich alle Fragen vernünftig und in gemessener Tonlage beantworten, um nicht mit dem typischen überzüchteten Sammler verwechselt zu werden, der den Wert von allem kennt, aber keinen einzigen Preis.

X ist kein Buchstabe, der sich für diese Art Alphabet eignet, auch wenn man sich allergrößte Mühe gibt. Ich verspreche, dass ich es gar nicht erst versuchen werde.

YMCA – die Jugend der Welt trifft sich in New York, und sie genießt es in vollen Zügen. Ich muss ein Auge drauf haben.

Zelda Fitzgerald, auch wenn sie offenbar faszinierend war, werde ich trotzdem ab sofort nicht mehr nacheifern.

Haben und keine Arbeit damit haben

Vor nicht allzu langer Zeit handelte ein Agent aus meiner näheren Bekanntschaft einen Buchvertrag für den Autor sehr erfolgreicher Unterhaltungsromane aus. Das betreffende Buch ist noch nicht geschrieben. Nichts davon. Keine einzige Zeile. Dennoch wurde das zukünftige Buch aufgrund der Reputation des Autors und der Expertise des Agenten für die erfreuliche Summe von einer Million Dollar verkauft. In der darauffolgenden Woche verkaufte der Agent dieses selbe Möchtegern-Buch für noch einmal dieselbe Summe *nach Hollywood*, wie es so schön heißt.

Kurz darauf saß ich bei einem Dinner zufällig neben dem Kerl, der die Filmrechte an besagtem Buch gekauft hatte. Ich lächelte ihn höflich an. Er lächelte zurück. Ich brachte das Gespräch auf das Thema.

«Stimmt es, dass Sie gerade für eine Million Dollar das ungeschriebene Buch eines Autors sehr erfolgreicher Unterhaltungsromane gekauft haben?»

«Ja», sagte er. «Warum schreiben *Sie* nicht mal ein Drehbuch für uns?»

Ich erklärte ihm, dass für so etwas wegen meiner Überlastung durch chronische Schlafsucht, substanzlose Gerüchte und oberflächliche Freundschaften in meinem Terminkalender derzeit kein Platz sei. Wir schwiegen ein wenig. Wir aßen. Wir tranken. Dann hatte ich eine Idee.

«Sie haben gerade für eine Million Dollar das ungeschriebene Buch eines Autors sehr erfolgreicher Unterhaltungsromane gekauft, oder?»

Er bestätigte dies.

«Also», sagte ich, «dann sag ich Ihnen mal was. Mein nächstes Buch ist auch ungeschrieben. Und mein ungeschriebenes Buch ist ganz genauso wie das ungeschriebene Buch eines Autors sehr erfolgreicher Unterhaltungsromane. Ich weiß, dass ich ohne meine Agentin nicht übers Geschäft reden sollte, aber ich würde Ihnen *mein* ungeschriebenes Buch für denselben Preis verkaufen, den Sie für das ungeschriebene Buch eines Autors sehr erfolgreicher Unterhaltungsromane bezahlt haben.»

Mein Tischgenosse lehnte höflich ab und bot mir dann eine sechsstellige Summe für mein ungeschriebenes Buch.

«Rufen Sie meine Agentin an», antwortete ich und wendete mich meinem Nachbarn zur Rechten zu.

Am nächsten Morgen weckte mich ein Anruf von besagter Agentin, die mir mitteilte, dass sie gerade ein sechsstelliges Angebot für die Filmrechte an meinem ungeschriebenen Buch bekommen und abgelehnt habe.

«Ich denke, da können wir mehr rausholen», sagte sie. «Wir reden später.»

Ich überlegte hin und her und rief sie dann zurück. «Hör mal», sagte ich. «Letztes Jahr habe ich viertausend Dollar mit den Sachen verdient, die ich geschrieben habe. Dieses Jahr wurden mir zwei Mal sechsstellige Summen für Sachen geboten, die ich nicht geschrieben habe. Ich bin das offenbar vollkommen falsch angegangen. Wie sich herausstellt, macht das Nicht-Schreiben nicht nur Spaß, sondern ist anscheinend auch ungeheuer einträglich. Ruf den Filmfritzen an und sag ihm, dass ich mehrere ungeschriebene Bücher habe – vielleicht so an die zwanzig.»

Ich zündete mir die nächste Zigarette an, hustete ausgiebig und stellte mich der Realität. «Na ja, auf jeden Fall mindestens zehn. Wir machen einen Räumungsverkauf.»

Wir plauderten noch ein bisschen, dann legte ich widerwillig auf, denn ich wusste ja nur zu gut, wie wichtig das Telefonieren für meine zweite, gewinnbringende Karriere im Nicht-Schreiben war. Aber ich kämpfte mich durch und kann nun voller Genugtuung berichten, dass ich durch den sorgfältig dosierten Einsatz purer Willenskraft den ganzen Tag lang kein einziges Wort geschrieben habe.

Am selben Abend ging ich zu einer Ausstellung der Werke eines bekannten Künstlers. Ich erkundigte mich nach den Preisen der ansprechend gehängten Bilder, stellte mich tapfer unbeeindruckt und verbrachte den Rest des Abends erfüllt von einer quälenden Gier.

Am nächsten Tag rief ich gleich nach dem Aufwachen meine Agentin an und erklärte, dass ich mein Tätigkeitsfeld erweitern und mehr ins Visuelle gehen wolle. Nicht zu schreiben war ja ganz in Ordnung, um ein wenig Kapital anzuhäufen, aber das ganz große Geld war offenbar mit dem Nicht-Malen zu holen. Ich wollte mich nicht länger auf nur eine Ausdrucksform beschränken. Von nun an würde ich auf zwei Feldern arbeiten.

Die nächsten Tage war ich glücklich damit beschäftigt, über meinen kommenden Reichtum nachzudenken. Zwar waren bisher noch keine echten Schecks eingetroffen, aber ich bin ja nicht von gestern und weiß, dass solche Sachen Zeit brauchen. Meine Entdeckung beflügelte mich, und ich begann, die Dinge in ganz neuem Licht zu betrachten. Als ich an einem Wochenende über Land fuhr, ging mir auf, dass Land nicht zu den Dingen gehört, die ich beackere.

Am Montagmorgen rief ich als Erstes meine Agentin an und sagte: «Hör mal, ich weiß, das ist jetzt nicht ganz dein Gebiet, aber ich wäre dir dankbar, wenn du beim Landwirtschaftsministerium anrufen und denen mitteilen könntest, dass ich derzeit und genaugenommen schon seit Längerem keinen Weizen anbaue. Ich weiß, die Anbaufläche in meiner Wohnung ist klein, aber lass uns mal sehen, was wir so herausholen können. Und wenn du schon dabei bist, frag doch vielleicht gleich mal bei der Sozialbehörde nach. Ich habe auch keinen Job. Das muss doch ein paar Kröten wert sein.»

Sie sagte, sie wolle sich drum kümmern, legte auf, und ich musste mich wieder allein durchschlagen.

Ich malte nicht – Kleinigkeit. Ich baute keinen Weizen an – ein Leichtes. Ich war arbeitslos – auch kein Kunststück. Und was das Nicht-Schreiben angeht, also wenn es darum geht, nicht zu schreiben, darin bin ich Meister, absolute Spitzenklasse, ein alter Hase. Außer, wie ich zugeben muss, wenn ein Abgabetermin naht. Gegen einen Abgabetermin kann ich nichts machen. Da muss man an andere denken, muss Verpflichtungen erfüllen. Wenn ein Abgabetermin droht, knicke ich regelmäßig ein, und wie Sie sehen, ist dieses Mal keine Ausnahme. Dieser Text war fällig. Ich habe ihn geschrieben. Aber wie die Aufmerksameren unter Ihnen vielleicht feststellen werden, habe ich immerhin eine Spur von Zurückhaltung walten lassen. Dieser Text ist zu kurz – viel zu kurz. Bitte um Nachsicht, aber ich brauchte das Geld. Wenn Sie schon etwas tun, hören Sie mittendrin auf. Geschäft ist Geschäft.

Weitere Titel

Mr. Chas und Lisa Sue treffen die Pandas

New York und der Rest der Welt

Die Rowohlt Verlage haben sich zu einer nachhaltigen Buchproduktion verpflichtet. Gemeinsam mit unseren Partnern und Lieferanten setzen wir uns für eine klimaneutrale Buchproduktion ein, die den Erwerb von Klimazertifikaten zur Kompensation des CO_2-Ausstoßes einschließt.
www.klimaneutralerverlag.de